ORTNER

1903–2013

Verbindungen schaffen

Eisenbahntunnel Münster-Wiesing
der Unterinntaltrasse (Porr AG)

Neue Wege beschreiten

M6 Autobahn von Erd bei Budapest nach Dunaújváros, 60 km, Ungarn

Elektroinstallationen von Elin für das OMV-Rechenzentrum, Wien

Lötschbergtunnel in der Schweiz, Neubau Alpen Transversale, Tunnelbohrmaschine der Porr

Vorgaben übertreffen

Europlaza Bürozentrum in Wien:
Porr als GU mit Haustechnik von Ortner,
zirka175.000 m² Bürofläche

Pumpspeicherkraftwerk
Limberg II, errichtet
von der Porr

Energie kultivieren

Revitalisierung des Theaters in der Josefstadt in Wien durch Porr: Komplette Haustechnik (HKLS), Elektrotechnik, Bühnentechnik (Medientechnik, Beleuchtung etc.) von der IGO-Ortner Gruppe (Bacon/Elin)

Vorwort

Seit Gründung der Firma Ortner im Jahr 1903 in Innsbruck hat es zu keinem Zeitpunkt Veranstaltungen oder Publikationen bei Jubiläen oder besonderen Anlässen gegeben – sei es aufgrund schwieriger Zeiten, sei es, weil wir bei hohem Anspruch unsere Energie dem täglichen Geschäft widmeten.

Nicht nur anlässlich des 110-jährigen Bestehens haben wir uns entschlossen, mit Unterstützung von Herrn Dr. Wailand und des GEWINN-Verlages, diese Publikation herauszugeben.

Gründe dafür waren vor allem, dass ich nach 45-jähriger Tätigkeit den operativen Bereich des Unternehmens weitestgehend verlassen habe, in die Holding gewechselt bin und meine Töchter 25 Prozent der Unternehmensgruppe übernommen haben. Die Führung der operativen Bereiche wurde überwiegend mit familienfremden Managern neu geordnet.

Es soll keine Festschrift sein, sondern ein Bericht über die Leistung der Familie und der Mitarbeiter im Unternehmen, eingebettet in die politische, kulturelle, wirtschaftliche und technische Entwicklung unserer Gesellschaft.

Abschließend möchte ich festhalten, dass Schwierigkeiten und Probleme rasch vergessen sind, wenn sie zufriedenstellend gelöst werden, der Erfolg durch Leistung – oft auch begünstigt durch Zufall und Glück – aber bleibt.

Mein Dank gebührt allen Geschäftspartnern, den Mitarbeitern, den Freunden und der Familie, die diesen Erfolg ermöglicht haben.

KLAUS ORTNER
INNSBRUCK-WIEN, MÄRZ 2013

Ein Buch der besonderen Art

Wenn ein Unternehmer, der jahrzehntelang nicht in der Öffentlichkeit aufscheint bzw. aufscheinen wollte, plötzlich seine Bereitschaft erklärt, er könne sich schon eine Unternehmensgeschichte in Buchform vorstellen – dann ist das für einen Verlag eine spannende Herausforderung. Wir haben sie gerne angenommen, durchaus in dem Bewusstsein, dass das nicht ein Buch wie viele andere werden wird. Sondern eine umfassende, präzise und authentische Darstellung verschiedener Epochen, wo Unternehmen und Familien schicksalhaft unterwegs sind, wo Mitarbeiter Werte schaffen und eine Firmengruppe herangewachsen ist, die weit über die Grenzen Österreichs hinaus Respekt und Anerkennung bekommt.

So ein Buchprojekt ist komplex und in vielschichtiger Weise heikel. Dipl.-Ing. Klaus Ortner haben wir im Rahmen dieser Zusammenarbeit als offenen und standfesten Gesprächspartner kennen- und schätzen gelernt. Ansteckend ist seine Begeisterung für sein unternehmerisches Tun, seine „Arbeit" beschäftigt ihn wirklich leidenschaftlich – sein Bedürfnis hingegen, öffentlich gelobt zu werden, hält sich in (erfrischenden) Grenzen.

Plötzlich entwickelt sich ein scheinbar trockenes Wirtschaftsthema zu einem packenden Stoff: Ein ganzes Autorenteam hat daran gearbeitet, die lange Liste reicht von Dr. Herbert Hutar über Fini Trauttmanstorff und Mag. Friedrich Ruhm bis Mag. Robert Wiedersich und aus der IGO-Ortner-Gruppe Mag. Siegfried Carli, der mit seiner wissenschaftlichen Aufarbeitung der Firmengeschichte eine wesentliche Basis für diese Publikation bereitgestellt hat. Als Koordinator und Artdirektor steuerte Dr. Johann Berger dieses Projekt souverän, bis es erfolgreich ans Ziel gelangte.

Viele Gespräche mit Dipl.-Ing. Ortner, seinen Töchtern und seinen Mitarbeitern waren neben den sonstigen Recherchen erforderlich. Klaus Ortner blieb uneitel bis zuletzt und respektierte die redaktionelle Freiheit, er unterzog sich aber, gewissenhaft wie er nun einmal ist, der aufwendigen Arbeit, die Rohtexte auf ihre fachliche Richtigkeit (Namen, Jahreszahlen etc.) durchzusehen. Im GEWINN-Herausgeber Dr. Georg Wailand wusste er sich fachlich verlässlich aufgehoben.

Der Rohtext zu diesem Buch hat Klaus Ortner wohl einen Urlaub lang beschäftigt. Uns aber gibt es die Gewissheit, ein autorisiertes Standardwerk der heimischen Wirtschaftsliteratur geschaffen zu haben.

In diesem Sinne danken wir allen Mitwirkenden und wünschen bestes Lesevergnügen.

GEORG WAILAND
WIEN, IM MÄRZ 2013

„Lieber ein Netz spannen,
als um einen Fisch bitten …“

Klaus Ortner: Ein Unternehmer, fest wie ein Handschlag

VON GEORG WAILAND

Dunkler Anzug, korrekt geknüpfte Krawatte, klarer Blick durch die elegante Brille: Klaus Ortner ist in jedem Gespräch präsent. Nicht aufdringlich und schon gar nicht effekthascherisch. Aber sehr bestimmt. Wenn er was zu sagen hat, dann tut er es. So hat er es Zeit seines Lebens gehalten. Er zählt zu den ganz wenigen Unternehmern, denen man im heute so schnelllebigen Geschäft so etwas wie Handschlagqualität nachsagt. Egal, ob man mit ihm zu einer Einigung kommt oder nicht. Man weiß, woran man ist.

Und weil er so gar kein Typ für die „Bussi-Bussi-Gesellschaft" ist, hat man ihn auch lange unterschätzt. Während andere in der Society-Szene glänzten, sammelte er Aufträge. Erst kleine im Land Tirol, wo sein Vater den in der Nazi-Zeit stillgelegten Betrieb ab 1946 wieder eröffnen konnte. Ing. Josef Ortner wurde sogar Finanzlandesrat von Tirol und auch Vizepräsident der Handelskammer. Sein bester Freund hieß Thurner und war der Beamte, der Tirols Budget erstellte; dieser wiederum hatte einen intelligenten Sohn namens Klaus, der nach der Matura in Inns-

„Wer Erfolg hat, der macht auch die Knochenarbeit."

Dipl.-Ing. Klaus Ortner

bruck an der ETH in der Schweiz Maschinenbau studiert und anschließend in der Schweiz praktiziert hatte.

Da Ing. Josef Ortner damals gerade in Wien ein großes Bauvorhaben begonnen hatte und dafür eine Vertrauensperson benötigte, machte er diesem jungen Klaus Thurner 1968 ein Angebot, das dieser nicht ablehnen konnte: Er hatte die Firma in Wien aufzubauen. Zwei Jahre später adoptierte ihn Josef Ortner, weil er auch einen Nachfolger für eine doch recht groß gewordene Firma benötigte.

In Innsbruck zählte die Firma damals hundert Mitarbeiter. „In Wien habe ich mit einer Aktentasche und mit einer Halbtageskraft angefangen", erinnert sich Klaus Ortner im Interview. Heute zählt seine international tätige Firmengruppe gut 500 Millionen Euro Umsatz, der mit rund 3.500 Beschäftigten erzielt wird.

Der Aufstieg und Werdegang der einzelnen Firmen in den unterschiedlichen Märkten wird in diesem Buch ausführlich beleuchtet. Hier an dieser Stelle seien nur einige wenige, besonders typische Situationen hervorgehoben.

Wie Ortner die härtesten Nüsse in Wien knackte ...

Sensationell etwa war, wie es dem bescheidenen Brillenträger aus Tirol gelang, das Bau-Establishment in Wien zu knacken. In Tirol war er wer, verfügte über beste Kontakte, die Bekanntheit der Familie half – doch in Wien? Da krähte kein Hahn nach ihm, er wurde eher als lästiger Eindringling aus Westösterreich empfunden, als einer, dem man schon zeigen werde, wo es in Wien bei der Auftragsvergabe und überhaupt langgehe.

Viele andere wären an dieser Situation zerschollen. Der kleine Ortner aus Tirol sah sich einer Phalanx von damals 25 mächtigen und renommierten Konkurrenten gegenüber. Von Mannesmann abwärts war alles vertreten, internationale Konzerne ebenso wie bestens eingeführte heimische Betriebe. Aber das schreckte den zähen Tiroler Klaus Ortner nicht: Mit klarem Kopf beobachtete und analysierte er die Stärken und Schwächen der Konkurrenten und arbeitete sich mit dem ihm eigenen Fleiß nach vorne. Er war nicht nur gelernter Maschinenbauer, sondern auch ein Meister der Kalkulation und wusste – im Unterschied zu seinen Mitbewerbern – stets seine Kosten präzise einzuschätzen, ehe er ein Anbot abgab. „Ja", gibt er freimütig zu, „das Kalkulieren beherrsche ich zu 100 Prozent, das habe ich von der Pike auf gelernt. Ich habe immer bei den Verhandlungen gewusst, was mich ein Meter Rohrleitung tatsächlich kostet." Da nimmt es nicht wunder, dass er in seiner näheren Umgebung eher die Kaufleute als die Techniker versammelte.

Und er selbst liebte es, die Dinge im Detail zu studieren. Gemäß seinem Grundsatz: „Wer Erfolg hat, der macht auch die Knochenarbeit." Täglich ab sieben Uhr früh im Büro, da lässt sich produktiv sein.

Es war keine schnelle Schlacht in Wien. Aber Ortner und seine Mitarbeiter schafften einen Terraingewinn nach dem anderen. Und am Ende war klar: Da ist kein Stein auf dem anderen geblieben. Einige der ursprünglich 25 Konkurrenten hat er günstig übernommen, andere wurden verkauft und wieder andere sind in die Insolvenz geschlittert.

Klaus Ortner war dabei seinem Motto treu geblieben: „Lieber ein Netz spannen, als um einen Fisch bitten ..."

Ins Ausland, aber stets mit Augenmaß

Als er in Wien nach ein paar Jahren Fuß gefasst hatte, wagte er 1976 den ersten Sprung ins Ausland: Mit dem Fo-

Kalkulation als Grundlage des unternehmerischen Erfolges: Dipl.-Ing. Klaus Ortner weiß „bei Verhandlungen immer genau, was mich ein Meter Rohrleitung tatsächlich kostet".

rum-Hotel in Budapest hatte er einen dicken Auftrag an Land gezogen. Statt wie andere gleich protzig eine Firma in Ungarn mit tollem Büro zu eröffnen, entschied sich Ortner für die sogenannte „Insel-Lösung", bei der alles von Österreich aus gemanagt wurde. Erst 1995 folgte ein eigenes Büro in Polen.

In Polen ist die Ortner-Gruppe heute Marktführer in der Gebäudetechnik (eine seiner Töchter hatte sich dort im Management bewährt), auch in Deutschland ist man längst etabliert.

Dazwischen bewies Klaus Ortner mit seinem Team, dass man sich auch sehr pragmatisch an unterschiedlichste Anforderungen anzupassen vermag. So wurden mehrere Krankenhäuser in Ghana und auch eines in Gabun errichtet, Bauten in Alma Ata genauso wie in Nowgorod oder in St. Petersburg, in Indonesien oder in Indien.

Es spricht für das Ortner-Team, dass diese Vorhaben nicht zu finanziellen und organisatorischen Abenteuern wurden, sondern die Unternehmensgruppe daran und dadurch weiter reifte und Anerkennung gewann.

Wie ein Eichhörnchen Konkurrenten aufgekauft

Typisch Klaus Ortner auch, wie er mit strategischem Weitblick begann, sein Firmennetz auszuweiten. Es war im Jahr 1997, da hatte die Ortner-Gruppe schon blendend verdient, man verfügte über eine Liquidität, die den Jahresumsatz erreichte. „Wohin mit dem Geld?", lautete die Frage. Etwa Pfandbriefe kaufen, um auf Nummer sicher zu gehen? Zunächst stieg er gemeinsam mit Siemens zu je 50 Prozent beim Konkurrenten Bacon ein, Firmen wie Elin, EBG und Babak kamen hinzu.

Dank Porr-Aktien in die oberste Liga aufgestiegen

Weitblick zeigte Klaus Ortner bei seinem Einstieg bei Porr: Jahrelang hatte er gemeinsam mit der Porr große Projekte erfolgreich abgewickelt, der Kontakt war erstklassig. Da „juckte" es Klaus Ortner: Dank seiner hohen Liquidität begann er ab 1998 Porr-Aktien zu erwerben. Ein Prozent Porr-Stammaktien kosteten damals 1,3 Millionen Euro, Ortner hatte zu dieser Zeit ausreichend Liquidität auf dem

„Wenn die Banken einen Betrieb sehen, der zwei Prozent Gewinn macht, aber über 45 Prozent Eigenkapital verfügt, und einen anderen, der sechs Prozent Gewinn erzielt, aber nur 15 Prozent Eigenkapital besitzt, dann gefällt ihnen der Zweite besser. Und das halte ich für nicht richtig."

Dipl.-Ing. Klaus Ortner

Konto. Langsam stockte er auf, Porr-Aktienpaketchen für Porr-Aktienpaketchen. Acht Prozent konnte er von der Bank Austria erwerben, zwei Prozent aus Deutschland, weitere gut acht Prozent von Raiffeisen und Uniqa. Auch von der französischen Suez-Gruppe kaufte er zu und schließlich auch von Hans Peter Haselsteiner, der sich damals ganz seiner Strabag widmen wollte.

Als Ortner heimlich still und leise 25 Prozent und eine Aktie zusammengekauft hatte, gab es beim Porr-Hauptaktionär, der B & C Holding, damals ein „Aha"-Erlebnis. Der „kleine Installateur und Haustechniker aus Tirol", wie ihn die überheblichen Konkurrenten immer noch sahen, befand sich plötzlich in einer Schlüsselrolle: Da auch die Wiener Städtische ihre Anteile an der Porr reduzieren wollte, genoss es Ortner, auf einmal vom „Establishment" umworben zu sein: Er war der Schlüssel für einen neuen Porr-Syndikatsvertrag.

Aber selbst das sollte noch nicht das Ende der Fahnenstange sein: Ortner landete den nächsten Coup und verfügt nun mit dem neuen Porr-General und Aktionär Karl-Heinz Strauss über die Mehrheit an dem traditionsreichen Baukonzern, der knapp unter 600 Millionen Euro Kredite, jedoch auch Immobilien im Wert von einer Milliarde Euro besitzt.

Ortner selbst hat es in seinen Firmen stets so gehalten, dass er ohne Kredite auskommen wollte. Zu den Banken hat er in seiner direkten Art ein eher kritisches Verhältnis: „Wenn die einen Betrieb sehen, der zwei Prozent Gewinn macht, aber über 45 Prozent Eigenkapital verfügt, und einen anderen, der sechs Prozent Gewinn erzielt, aber nur 15 Prozent Eigenkapital besitzt, dann gefällt ihnen der Zweite oft besser. Und das halte ich für nicht richtig."

Seit Ortner jedoch maßgeblicher Porr-Aktionär ist, gilt er nun auch in der heimischen Finanzszene als Schwergewicht, das es zu etwas gebracht hat und eine wichtige Rolle spielt. Selbst jene, die ihn früher bei offiziellen Anlässen übersehen haben, steuern heute freundlichst auf ihn zu.

Eine Situation, über die Klaus Ortner mit der ihm eigenen Nüchternheit und Selbstkritik gerne schmunzelt. Denn was die wenigsten wissen: Ortner verfügt über ein „Elefantengedächtnis", er merkt sich ganz genau, wer zu ihm korrekt war oder nicht.

Er selbst ist stolz darauf, dass er als „Handschlagtyp", der auch wirklich hält, gilt. Trotz härtester Verhandlungen („ich kenne stets mein Ziel") ist das, was vereinbart wird, für ihn verbindlich. Das war auch sichtlich mit ein Grund, dass er bei so vielen Deals als Außenseiter zum Zug gekommen ist.

Die Firmengruppe auf eine breite Basis gestellt

Es gibt wenige Unternehmer, die in ihrer Berufslaufbahn so viel bewegt, verändert und aufgebaut haben, wie Klaus Ortner es mit seinem Team tat.

Und wiederum schlägt sein analytisches und strategisches Denken durch: Er hält sich nicht für „unsterblich", sondern mitten im besten Schaffensalter hat er seine Firmengruppe neu aufgestellt und mit der IGO (Details dazu siehe auch Seite 202) auf eine breite Basis gestellt, in der er noch eine Rolle spielt, aber seine beiden Töchter mit jeweils 12,5 Prozent beteiligt wurden und im Management der IGO, die quasi das „Dach" bildet, künftig vermehrt das Sagen haben werden.

Klaus Ortner, ein Mann wie ein Handschlag, ein Unternehmer im wahrsten Sinn des Wortes, hat auch für die Zukunft die Weichen rechtzeitig gestellt.

Innsbruck um 1900:
Neben Pferdefuhrwerken die
dampfbetriebene Straßenbahn

Ignaz Ortner gründet mit
Anton Haller 1903 das Installations-
geschäft Haller & Ortner

ORTNER – im Spiegel der Geschichte

Der Glaube an den technischen Fortschritt machte die Industrie zur treibenden Kraft für die rasanten Veränderungen in der Gesellschaft der Jahrhundertwende

Aufbruch und Untergang – nach der Jahrhundertwende

1900

Gustav Klimt, Arthur Schnitzler, Albert Einstein, die Secession – das Fin de Siecle blickt bereits weit hinein ins 20. Jahrhundert

Wirtschaft und Gesellschaft, Wissenschaft und Kunst

Am 13. Juni 1903 erschien in den „Innsbrucker Nachrichten“ auf Seite 13 ein Inserat mittlerer Größe. „Geschäfts-Eröffnung und Empfehlung“ stand da. Es ging um ein „Installations-Geschäft für Wasser- und Gasleitungen“ in Innsbruck-Wilten. Abschließend hieß es: „Indem wir um geneigten Zuspruch bitten, zeichnen Hochachtungsvollst Haller & Ortner.“ Telefonnummer gab es keine. Das war das erste öffentliche Lebenszeichen des heute mittelständischen Konzerns IGO-Ortner Gruppe, nachdem die bürokratischen Hürden wie Konzessionserteilung und Anmeldung bei Krankenkasse und Finanzamt genommen waren.

Als Ignaz Ortner den Sprung in die Selbstständigkeit wagte, war er 36 Jahre alt. Das Porträt von damals zeigt ein nahezu hageres, ruhiges Gesicht, wache Augen, die Lippen unter dem nach Art der Zeit nach oben gezwirbelten Schnurrbart sind schmal und fest geschlossen. Sein Sohn Josef, der ihm in der Firma nachfolgen und unter dem Druck der Verhältnisse nach dem zweiten Weltkrieg Finanzlandesrat in Tirol werden sollte, war gerade vier. Von Anton Haller wissen wir wenig. Er sollte später in der Innung der Installateure, damals Genossenschaft genannt, eine führende Rolle spielen und sich auch um Aufträge im Zusammenhang mit dem Ausbau der öffentlichen Wasserversorgung bemühen. Haller zeichnete für den technischen Part verantwortlich, Ortner für den kaufmännischen.

Vier- und fünfstöckige Häuser veränderten das Stadtbild Ende des 19. und Anfang des 20. Jahrhunderts

Samstag den 13. Juni 1903. Innsbrucker Nachrichten Nr. 132. Seite 13.

Wagner'sche Universitäts-Buchhandlung in Innsbruck.

Soeben erschien Lieferung 1 von

Andree's

Neuer allgemeiner und Oesterreich-Ungarischer

Handatlas

123 Haupt- und 116 Nebenkarten auf 189 Kartenseiten, nebst alphabetischem Namensverzeichnis

herausgegeben von **A. Scobel**

in 40 wöchentlichen Lieferungen à 1 Krone.

Diese neue Ausgabe des bekannten vortrefflichen Andree'schen Handatlasses ist durch eine Anzahl guter neuer Karten der **Länder der österr.-ungar. Monarchie** vermehrt, ein unumgänglich notwendiges Nachschlagewerk für jeden Gebildeten.

Lieferung 1 soeben erschienen.

Zu beziehen durch die

Wagner'sche Universitäts-Buchhandlung in Innsbruck.

Geschäfts-Eröffnung und Empfehlung

Die Unterzeichneten erlauben sich höflichst anzuzeigen, daß sie in Innsbruck-Wilten, Müllerstraße Nr. 4, ein

Installations=Geschäft

für

Wasser= und Gasleitungen

rc. unter der Firma **Haller & Ortner** eröffnet haben.

Durch unsere langjährige Tätigkeit in diesem Fache und zwar in der Firma **Franz Seif**, Innsbruck, sind wir in der Lage, allen Anforderungen, welche an uns gestellt werden, zu entsprechen.

Wir empfehlen uns besonders zur **Projektierung und Ausführung kompleter Wasser-, Gas-, Bade-, Warmwasser- (Boileranlagen), Ventilations-, Pumpen-, Widder- und Kanalisations-Anlagen für Behörden, Städte, Gemeinden und Private.**

Großes Lager aller in dieses Fach einschlägigen Artikel. Klosets bestbewährtester Systeme.

Für solide und fachgemäße Ausführung mit Verwendung von besten Materialien leisten wir reelle Garantie. Reparaturen werden schnellstens und billigst ausgeführt.

Projekte und Kostenvoranschläge auf Wunsch.

Indem wir um geneigten Zuspruch bitten, zeichnen

Hochachtungsvollst

8578 **Haller & Ortner.**

Im Verlage der Wagner'schen Univ.-Buchhandlung in Innsbruck ist erschienen und durch alle Buchhandlungen zu beziehen;

Die erste ärztliche Hilfeleistung

bei

Erkrankungen u. Unglücksfällen

auf Alpenwanderungen.

Nach seinen Vorträgen in zwei Führer-Instruktionskursen zusammengestellt von

Dr. August Lieber.

Zweite Auflage. 83 Seiten. Preis 40 Heller.

Ein größeres

Bauerngut

16 Jauch Acker und Wiesgrund, zirka 50.000 Klft. guter Waldung, alles im besten Stand, ist mit allen Zubehör zu verkaufen. Näheres unter Nr. 8628 in der Exped. dieses Blattes. 3|1

Sommer-Wohnung

zu vermieten mit 2 Zimmer und Küche nebst schönem Garten. Näheres beim Vorsteher in Sans. 8618

Kleineres Restaurant

in verkehrsreicher Straße billig abzulösen. Näheres durch A. v. Guggenberg, Museumstraße 19. 8620

Die Kegelbahn

im „Abambräu" ist noch für einige Abende zu vergeben.

W 1272 **Franz Marsoner** Restaurateur.

Guten bürgerlichen

Mittag- und Abendtisch

finden solide Arbeiter für billigen Preis. Fischergasse Nr. 30, III. Stock links.

Neue Möbel

eine Schlafzimmer-Einrichtung, Nuß, mit St. Anna Marmor und gebeizt, und gravierte, verschiedene Tische und Wandschränkchen, wegen Raummangel billig zu verkaufen gesucht. Dreiheiligenstraße Nr. 7, I. Stock. 8616

Zwei anständige, ältere

Mädchen

suchen Stelle für alle Arbeiten, bei anständiger Familie, am liebsten zu Kinder; eine kann auch etwas kochen. Näheres in der Exped. d. Blattes unter Nr. 8622.

Zimmer

freundlich, möbliert, freie Aussicht, an soliden, stabilen Herrn zu vermieten. (Electr. Beleuchtung). Zeughausgasse Nr. 10, II. Stock rechts. 8623

Das erste Inserat aus dem Jahre 1903. Installateur war ein junges Gewerbe mit großer Zukunft im modernen Bauwesen der Jahrhundertwende

1900 – 1910

Das Risiko für die beiden Jungunternehmer schien überschaubar, die Chancen haben sicherlich überwogen. Sie hatten berufliche Erfahrung, und sie wagten den Sprung in die Selbstständigkeit, als Innsbruck rasant wuchs: Von 1900 bis 1910 stieg die Einwohnerzahl um mehr als 30 Prozent auf über 65.000. Dieses Wachstum war auch eine Folge der Errichtung der Eisenbahnstrecken von Kufstein über den Brenner und der Arlbergbahn in der zweiten Hälfte des 19. Jahrhunderts. Die Eisenbahnverbindungen machten Innsbruck zu einem Verkehrsknotenpunkt von kontinentaler Bedeutung. Wirtschaftlich waren Landwirtschaft und Gewerbe, Geschäfts- und der neu entstehende Ferientourismus die Triebfedern.

Luftschiff mit Pedalantrieb (oben: Alberto Santos-Dumont) oder Flugzeug mit Motor (unten: Wilbur und Orville Wright) – noch ist die Zukunft der Luftfahrt nicht entschieden; Mitte: Viktor Kaplan – Turbinen bis zur heutigen Zeit

Rechts: Technik verändert die Gesellschaft – die Nacht wird zum Tag in der modernen Großstadt

Peter Rosegger – Heimatdichter mit sozialkritischem Engagement

Guglielmo Marconi schickte am 12. Dezember 1901 das erste Funksignal über den Atlantik und verband per Funk US-Präsident Theodore Roosevelt und König Eduard VII.

Zuzug aus anderen Landesteilen und die Landflucht waren für das rasante Bevölkerungswachstum maßgebend. Das Leben auf den Bergbauernhöfen war hart. Peter Rosegger hat 1902 in seinen Erzählungen vom Waldbauernbub ziemlich schonungslos mit den Vorstellungen vom einfachen, romantischen Landleben aufgeräumt. Hinter den absichtlich süßlichen und gekonnt holperigen Texten des Heimatdichters verbirgt sich knallharte Sozialkritik. Etwa wenn eine Magd ihr Baby dem Dienstherren, dem Rüsenbauer, auf Gedeih und Verderb übergeben und den Hof wegen der „Sünde" verlassen muss. Drei Stufen in den Himmel verhieß sie dem Bauern, wenn der sich um ihr Kind kümmern wolle. „Die Magd schluchzte wohl…",

Hotel Österreichischer Hof in Innsbruck-Wilten: Zu den Geschäftsreisenden kamen bald auch die Feriengäste

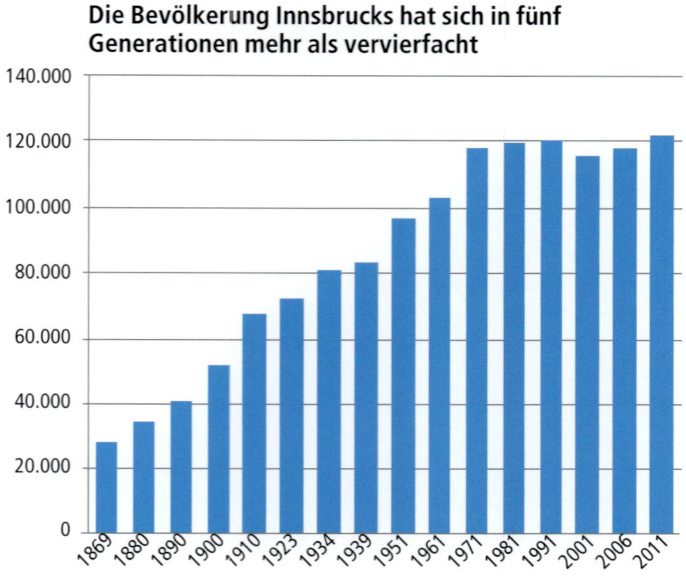

Innsbruck wuchs rasch – Haller & Ortner nutzten die Baukonjunktur

schrieb Rosegger, jedoch: „Dachte sich der Rüsenbauer, das wäre nicht dumm ... nach etlichen Jahren eine brauchbare Halterdirn, und nachher eine eigene Knechtin, die nicht viel kostet. 's täte sich." – Kein Wunder, dass das Leben in der Stadt, wenn auch als Haushaltshilfe oder Industriearbeiterin am unteren Ende der Sozialleiter, verlockend erschien. Hinfahren konnte man ja nun mit der Eisenbahn. Tatsächlich war die Lebensqualität relativ hoch: Es gab Gas und Strom, Krankenhäuser, öffentliche Bäder.

Das Bevölkerungswachstum bewirkte einen Bauboom in und um Innsbruck, besonders vor 1900. Neue Siedlungsgebiete wie die Gegend um den Bahnhof wurden erschlossen, andere ausgeweitet, wie die Gegend westlich der Maria-Theresien-Straße, und in Pradl wurden Arbeiterhäuser errichtet. Eingemeindungen trugen zum Wachstum bei. 1904 kamen Wilten und Pradl zu Innsbruck. Wilten – erster Firmensitz von Haller & Ortner – wurde wegen der frühen Errichtung städtischer Wohnhäuser von Historikern auch erste Satellitenstadt Innsbrucks genannt. Der Ortsteil Pradl wurde von Amras abgetrennt und der Landeshauptstadt zugeschlagen.

Die Infrastruktur konnte nur mit Mühe dem Wachstum folgen. Aber Bürgermeister Wilhelm Greil, ein erfolgreicher Textilkaufmann und eine der herausragenden Gestalten der Innsbrucker Stadtgeschichte, nahm energisch die Zügel in die Hand. Wirtschafts- und Bevölkerungswachstum beflügelten die Steuereinnahmen, sodass im Jahrestakt zukunftsweisende Projekte realisiert werden konnten: Ein E-Werk 1901/03, dann 1904 die Stubaitalbahn, 1905 die städtische Straßenbahn und 1906 die – zunächst privat finanzierte – Standseilbahn auf die Hungerburg. 1903 bis 1907 entstand ein modernes Kanalnetz.

Die Wasserversorgung war – bis in die Dreißigerjahre – ein kommunalpolitischer Dauerbrenner. Die erste städtische Hochdruck-Trinkwasser-Versorgungsanlage wurde 1891 fertig. „Dieses Projekt muss derart eingerichtet sein, dass dessen Ausführung nicht nur die Zuleitung des erforderlichen reinen Trinkwassers zu den öffentlichen Brunnen und zu den Privatbrünnen in allen Stockwerken der Gebäude, sondern auch die wirksame Speisung der ... Hydranten ermöglichet ...“, stand in der Ausschreibung. In den einschlägigen Akten konnte die Stadtverwaltung abschließend festhalten: „Von der durch den Gemeinderath genehmigten Voranschlagssumme von rund 400.000 Gulden hat Herr Ingenieur Philipp Altmann (Projektleiter, Anm. d. Verf.) ... 30.000 Gulden erspart ...“ Aus heutiger Sicht durchaus bemerkenswert, und ebenso bemerkenswert war, dass die Wasserversorgung auf die doppelte Einwohnerzahl von 1890 ausgelegt war. Trotzdem musste sich Bürgermeister Wilhelm Greil um die Jahrhundertwende erneut um die Erschließung neuer Quellen für die Wasserversorgung Innsbrucks kümmern.

Die Gasversorgung stammte aus der Mitte des 19. Jahrhunderts. 1858 erhellten 206 Gaslaternen die Innsbrucker Abende, nur elf der Gaslichter brannten die ganze Nacht hindurch. 1897, also wenige Jahre vor der Firmengründung von Haller & Ortner, wurden die ersten Gassteigleitungen in Häusern installiert, und zwar kostenlos. Das Förderprogramm war erfolgreich: Der Gasverbrauch stieg so stark, dass 1904 das städtische Gaswerk um eine sogenannte Wassergasanlage erweitert werden musste, berichtet der Tiroler Gasversorger Tigas. Dabei wurde durch Einleiten von Wasserdampf aus dem Koks erneut weiteres Gas gewonnen.

Gas- und Wasserinstallationen dürften also ein vielversprechendes Geschäft gewesen sein. Inwieweit die Firma Haller & Ortner von dem Boom des frühen 20. Jahrhunderts profitieren konnte, ist im Detail nicht bekannt. Aber „dass Ignaz Ortner bereits 1909 die finanziellen Möglichkeiten hatte, in der Templstraße ein Grundstück zu erwerben und ein Gebäude zu errichten, bestätigt durchaus die wirtschaftliche Prosperität jener Zeit“, hält Firmenchronist Siegfried Carli fest. Die Templstraße 5 blieb bis in die 1950er-Jahre Sitz der Firma Ignaz Ortner & Co.

Carli meint jedoch, weder damals noch später habe irgendjemand an das Verfassen einer Firmenchronik gedacht. Daher sei die Dokumentation früher Projekte äußerst dürftig: „Es ist davon auszugehen, dass grundsätzlich sämtliche Geschäftsunterlagen nur so lange aufbewahrt worden sind, als es die Gesetze verlangten.“

Wenn man in den „Innsbrucker Nachrichten“ vom 13. Juni 1903 von Seite 13 mit dem ersten Inserat von Haller & Ortner nach vorne blättert, liest man auf Seite eins Dramatisches: Die Ermordung des serbischen Königs Alexander I.: „In einem Gemetzel ohne Gleichen ist ... der letzte Obrenowitsch zugrunde gegangen. Den König, die Königin, ihre Angehörigen, den General Markowitsch und mehrere andere seiner treuen Anhänger haben Verschworene ermordet ... Man steht entsetzt vor diesem Massenmord und vor den Zuständen, die ihn möglich machten, ... vor der Nichtachtung menschlichen Lebens.“ Gleichwohl wird die Nachfolge in Gestalt von König Peter I. aus dem Haus Karageorgewitsch begrüßt: „ ... die Mitglieder des Hauses Karageorgewitsch unterhielten mit den hiesigen Kreisen (das Außenministerium, Anm. d. Verf.) stets die besten Beziehungen.“ Die Innsbrucker Nachrichten stützten sich auf das „Wiener Fremdenblatt“, das gute Verbindungen zum Außenministerium hatte.

Der Königsmord von Belgrad sollte noch ungeahnte verheerende Folgen haben. Denn König Peter meinte, dem Drahtzieher des Anschlages etwas schuldig zu sein. Das war niemand anderer als der großserbisch nationalistische Offizier Dragutin Dimitrijec alias „Apis“ (Biene). Er durfte unter König Peter die Geheimorganisation „Schwarze Hand“ ausbauen, die 1914 die Attentäter von Sarajevo steuern sollte. Ein Wetterleuchten vor den Stürmen des Ersten Weltkriegs.

Ein zweites Wetterleuchten folgte ein paar Jahre später: Österreich-Ungarn sperrte 1908 – durch andere handelspolitische Querelen dazu gezwungen – Einfuhren von Schlachtvieh aus Serbien. Das war existenzbedrohend für viele Bauern. Der Historiker Heinrich Benedikt urteilt: „Der Zollkrieg mit Serbien erfüllte die serbischen Bauern ... mit unauslöschlichem Hass gegen die Monarchie, der 1914 zum fanatischen Ausbruch kam.“

Der selbstzerstörerische Nationalitätenstreit innerhalb der Monarchie fand auch in Tirol statt: 1904 erhielten die Italiener – unter deutschem Protest – an der Innsbrucker Universität eine eigene Rechts- und Staatswissenschaftliche Fakultät mit italienischer Unterrichtssprache. Trotzdem wurde der Tiroler Landtag von italienischen Abgeordneten lahmgelegt, die eine selbstständige Stellung des welschen Teiles Tirols verlangten.

Kaiser Franz Josef wollte den Nationalitätenstreit durch mehr Demokratie entschärfen. Nach dem ersten allgemeinen, gleichen und direkten Wahlrecht vorerst nur für

Wladimir Iljitsch Uljanow, genannt Lenin – die Diktatur des Proletariats wurde rasch zur Diktatur der Apparatschiks

Männer ab dem 24. Lebensjahr und mit dem passiven Wahlrecht ab 30 – Frauen durften übrigens erst 1919 in der Republik wählen – wurde im Mai 1907 ein neuer Reichsrat gewählt. Aber mehr Demokratie konnte dem Nationalismus die Bösartigkeit nicht nehmen. Nationalismus ist gegen Demokratie resistent, wie die Welt spätestens durch die Exzesse des Nationalsozialismus auf grauenhafte Art zur Kenntnis nehmen musste.

In Ansätzen globalisiert war die Außenpolitik, in Form der Kolonien, aber auch der russisch-japanische Krieg 1904/05 war ein frühes globales Ereignis, das das siegreiche Japan erstmals einer staunenden Weltöffentlichkeit als kommende Industrienation und fernöstliche Großmacht präsentierte, während das chinesische Kaiserreich in den letzten Zügen lag. Die Niederlage Russlands führte zur Revolution von 1905 in St. Petersburg. Die konnte Nikolaus II. zwar niederschlagen, aber der aus dem Exil für kurze Zeit nach Russland zurückgekehrte Lenin proklamierte einen bedingungslosen Kampf gegen den Zaren. 1917 sollte er ihn gewinnen.

Die Bündnissysteme, die 1914 aufeinander losschlagen sollten, formierten sich in dieser Zeit. Es war ein nahezu undurchschaubares Gewirr von politischer Annäherung oder Entfremdung, von Beschwichtigung und Drohung, von offenen und geheimen Abkommen, die einander durchaus widersprechen und diplomatische Hintertüren öffnen konnten, von Bündnistreue und Täuschung, von Machtkämpfen innerhalb der Kabinette zwischen Kriegsfalken und Friedenstauben. Wobei die Falken allenthalben die Oberhand gewannen, als von einer Unvermeidbarkeit des Krieges hinter mehr oder minder vorgehaltener Hand geredet und in nationalistisch aufgeregten Publikationen geschrieben wurde.

Nationalismus war politisch-intellektueller Mainstream, mit oder ohne monarchistisches Dach, quer durch Europa, besonders ausgebildet bei jenen Völkern, die erst ihren Platz in der Völkergemeinschaft finden mussten. Journalisten, Schriftsteller und Dichter liehen den Ideen Texte und Hymnen, Worte und Schlagworte.

In seltsamem Gegensatz dazu – die Moderne in den etablierten Gesellschaften zu Beginn des 20. Jahrhunderts, die aber nicht weniger energisch und mit Riesenschritten in Wirtschaft und Wissenschaft, Kunst und Kultur Einzug gehalten hatte. Dass die Zeitenwende erst 1914 anzusetzen sei, wie einige Historiker meinen, trifft wohl nicht zu. 1907 wandte sich Picasso dem Kubismus zu. Henri Matisse begründete mit anderen den Fauvismus. In Wien wirkten der Maler Gustav Klimt und der Architekt Otto Wagner als bahnbrechende Modernisierer, wobei sich Klimt nicht – wie Picasso oder Georges Braque – vom Gegenständli-

Der Ford T auf dem Fließband – Symbol der modernen Industrie

Von Arthur Schnitzler erschien 1903 die erotische Szenenfolge „Reigen“ und er schrieb an „Der Weg ins Freie“, einem Roman über die Probleme jüdischen Lebens in Wien. Jack London veröffentlichte 1904 den Abenteuerroman „Der Seewolf“, vielfach verfilmt, bei uns am bekanntesten der ZDF-Vierteiler aus dem Jahr 1971 mit Rainer Harmstorf in der Titelrolle, wie er – übrigens gekochte – Kartoffeln in nerviger Faust zerdrückte. Die ersten Stummfilme lockten das Publikum in die Kinos, die deutsche Filmschauspielerin Henny Porten wurde 1909 „Star“ genannt. 1906 fand der erste Skikurs in Zürs am Arlberg statt, 1909 wurde in London die erste Dauerwelle gelegt.

chen und Figürlichen abwandte. Hauptwerke von Otto Wagner sind die Postsparkasse, die Kirche am Steinhof oder die Stadtbahnstationen. Josef Hoffmann, Erbauer des Sanatoriums Purkersdorf, schuf sein Hauptwerk in Brüssel mit der Villa Stoclet, zu der Gustav Klimt den berühmten Stoclet-Fries beitrug. Bauherr Adolphe Stoclet hatte die Künstlergruppe, die er in Wien kennengelernt hatte, dem Brüsseler Stararchitekten dieser Zeit, Victor Horta, offenbar vorgezogen.

Als Gegenstück zu Gustav Klimt, der mit seinen raffinierten, schlanken und grazilen Frauenfiguren, mit seinen Monumentalgemälden in der Wiener Universität ein Künstler der Wiener Hochfinanz war, kann der Tiroler Bauernsohn Albin Egger-Lienz mit seinen erratischen Bauernmotiven gelten. Egger-Lienz entwickelte sich vom Maler des Tiroler Volkstums hin zum eindringlichen Warner vor den Gräueln des Krieges mit seinen bereits expressionistischen Werken „Den Namenlosen“ und „Finale“.

Auch die Musik ließ im ersten Jahrzehnt des 20. Jahrhunderts völlig neue Töne hören: Arnold Schönberg schrieb die „Gurrelieder“, Leos Janácek die Oper „Jenufa“, Gustav Mahler beendete seine 5. Symphonie, die 6. und die 7. sollten nahezu unmittelbar darauf folgen. Béla Bartók veröffentlichte an der Budapester Hochschule für Musik eine Sammlung ungarischer Volkslieder und schrieb sein 1. Streichquartett. Richard Strauss schrieb die Oper „Salome“ und vollendete „Elektra“. Das Libretto schrieb Hugo von Hofmannsthal. Ermanno Wolf-Ferrari und Eugen 'd Albert befanden sich auf dem Höhepunkt ihres Schaffens, Franz Léhar, Leo Fall und Richard Heuberger repräsentierten das silberne Operettenzeitalter. 1908 wurde Herbert v. Karajan geboren.

Nobelpreisträchtig waren Forschungen zur Radioaktivität: 1903 ging der Physik-Nobelpreis an Henri Becquerel sowie Marie und Pierre Curie, 1908 der Chemie-Nobelpreis an Ernest Rutherford. Albert Einstein entwickelte 1905 die spezielle Relativitätstheorie.

Industrie und Technik schufen neue Welten: 1903 gründete Henry Ford mit 100.000 Dollar die Ford Motor Company und spezialisierte sich 1909 auf die Serienfertigung des Ford T mit vorerst 19.000 Autos im Jahr. Der Ford T sollte sich als eines der erfolgreichsten Automodelle aller Zeiten erweisen. General Motors wurde 1908 umstrukturiert und zum führenden Autokonzern mit den Marken Chevrolet, Buick und Cadillac. In Österreich wechselte 1906 Ferdinand Porsche von Lohner zu Austro-Daimler, 1910 erreichte ein Austro-Daimler 140 km/h.

Austro-Daimler baute aber nicht nur luxuriöse Automobile, sondern auch militärische Zugmaschinen. Die Rüstungsindustrie hatte schon früh ihren Beitrag zur aufziehenden Katastrophe geleistet: Krupp entwickelte 1909 das 42-Zentimeter-Geschütz, 1906 begann mit dem britischen Linienschiff „Dreadnought“ das Zeitalter der Großkampfschiffe. Erster Kunde der Gebrüder Wright, die 1903 den ersten Motorflug schafften, war die US-Army. 1909 stellte der Österreicher Igo Etrich seinen Eindecker „Taube“ fertig, sie wurde – ungeachtet des friedlichen Namens – bald zum Kriegsflugzeug. Am allgemeinen Wettrüsten, das in Gang gekommen war, hat sich Österreich-Ungarn seit 1900 mit einem Anteil von 2,5 Prozent am BIP pro Jahr nur beschränkt beteiligt. Die anderen Kriegsparteien haben für Rüstung jährlich vier bis fünf Prozent vom BIP bis Kriegsausbruch aufgewendet.

1910 bis 1920: Das Jahrzehnt, in dem sich Pablo Picasso früh dem Kubismus zuwendet, das Looshaus als zentrales Bauwerk der Wiener Moderne umstritten ist, Kaiser Karl I. 1916 ein hoffnungsloses Erbe antritt und Bertha von Suttner vergebens „Die Waffen nieder!" ruft

Der Krieg wird industrialisiert – 17 Millionen Tote

Von den düsteren Wolken, die sich über Europa zusammenzogen, war 1910 und unmittelbar danach in Innsbruck noch nichts zu sehen. Im Gegenteil, Wirtschaft und bürgerliche Gesellschaft prosperierten. Budgetknappheit war ein Fremdwort, die Stadtkasse war voll, die Steuereinnahmen sprudelten. Die stark zunehmenden Einwohnerzahlen und das hohe Wirtschaftswachstum leisteten ihren Anteil. Dazu kam aber noch das nach Wirtschaftsleistung gestaffelte Klassen- oder Zensuswahlrecht. Das hatte politisches Gewicht und damit Prestige und soziale Stellung an die Steuerleistung geknüpft, und so entstand eine bürgerliche Steuermoral, von der heutige Finanzminister nur träumen können. Dieses Zensuswahlrecht für Innsbruck wurde erst nach dem 1. Weltkrieg abgeschafft.

Die Finanzkraft der Stadt erlaubte auch das einzigartige Engagement einer Kommune im Eisenbahnbau, nämlich bei der Mittenwald- oder Karwendelbahn. Der Innsbrucker Stadthistoriker Franz-Heinz-Hye hebt hervor, „daß die Initiative zum Bau dieser Bahn von der Stadtgemeinde Innsbruck unter Bürgermeister Wilhelm Greil ausgegangen, und daß auch ihre Finanzierung weitgehend von der Stadt Innsbruck getragen worden ist". Die Bauarbeiten im österreichischen Teil begannen am 10. März 1910 mit dem Anschlag des Martinswandtunnels. Diese erste elektrische Normalspurbahn der Monarchie, konnte auf österreichi-

Templstraße 5 in Innsbruck-Wilten – eine solide Adresse für die aufstrebende Firma Haller & Ortner

schem Gebiet in der bemerkenswert kurzen Zeit von etwa zwei Jahren errichtet werden.

Die Prosperität hatte ganz Europa erfasst. Das Wirtschaftswachstum in der österreichischen Reichshälfte der Doppelmonarchie wird für die letzten Jahre vor dem 1. Weltkrieg auf etwas mehr als 2,5 Prozent geschätzt, allerdings mit großen regionalen Unterschieden, weil, so der Wirtschaftsforscher und -historiker Felix Butschek, „die industrielle Expansion von mehr als einem Drittel der Bevölkerung nicht mitgemacht wurde."

Kulturell setzte sich die inzwischen klassische Moderne durch. Egon Schiele zog 1911 mit Wally Neuzil, seinem wohl bekanntesten Modell, nach Krumau, wo bedeutende Werke entstanden. Nach dem Gefängnisaufenthalt in Neulengbach wegen „Verbreitung unsittlicher Zeichnungen" kehrte er ein Jahr später nach Wien zurück, wo er mit Unterstützung von Gustav Klimt nicht nur Fuß fassen, sondern auch Erfolge verbuchen konnte. Schiele starb 1918 an der damals grassierenden Spanischen Grippe, ein gutes halbes Jahr nach Gustav Klimt. Es begann Oskar Kokoschkas letztendlich schmerzliche Verbindung mit Alma Mahler, bevor er an der Isonzofront Kriegsmaler wurde. Marc Chagall und George Braque malten in Paris, Picasso begann sich vom Kubismus abzuwenden. Interessant das Portrait Amadeo Modiglianis von Picasso 1915. Wassily Kandinsky und Kasimir Malewitsch schufen erste abstrakte Gemälde, in München entstand „Der blaue Reiter". Igor Strawinskys „Feuervogel" und „Petruschka" fallen in diese Zeit, 1913 kam es in Paris zu einem Konzertskandal. Auch Arnold Schönbergs Musik erregte in Wien öffentliches Missfallen. Walter Gropius gründete 1919 in Weimar das „Bauhaus".

Vielleicht hat Ignaz Ortner, nach sieben Jahren bereits ein etablierter und erfolgreicher Unternehmer, in seinem neuen Haus in der Templstraße in Innsbruck-Wilten zu Beginn des neuen Jahrzehnts die Zeitung aufgeschlagen. „Die Slaven in Wien" war auf Seite eins in den „Innsbrucker Nachrichten" zu lesen. Es ging in dem Artikel – man lese und staune – um die Zuwanderung nach Wien, diesmal um die von Polen, und die Töne, die da angeschlagen wurden, zeugen von Bösartigkeit. „Die Deutschen Wiens", so war zu lesen, „werden ein scharfes Augenmerk auf die Angehörigen der Nation des Königs Johann Sobieski haben müssen, soll nicht … dem deutschen Charakter der Reichshaupt- und Residenzstadt Abbruch getan werden." Anlass war die Einrichtung einer Schule für die Kinder polnischer Armeeangehöriger. „Diese … slavischen Schulen legen die Keime für die Entdeutschung Wiens und können sich über kurz oder lang – wie man dies ja bei den tschechischen Schulen gesehen hat – zu einer recht großen Gefahr auswachsen." Übertroffen wird dies noch von einer kurzen

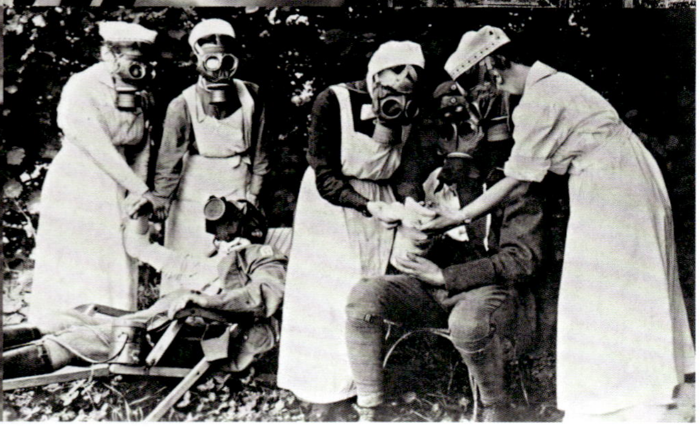

Oben: Soldaten ducken sich in Schützengräben, das Flugzeug wird zur Waffe, Gasmasken verbergen die Gesichter von Soldaten und auch von Krankenschwestern – der Krieg hat das menschliche Antlitz verloren

Unten: Von Innsbruck an die Dolomitenfront gegen Italien – der junge Josef Ortner war dabei

Trügerische Idylle im April 1915 in Innsbruck – an der Front starben die Söhne der Stadt für Kaiser und Vaterland

Notiz auf Seite zwei. Dort ist vom Besuch einer französischen Schiffsdivision im souveränen Staat Montenegro die Rede. Dass ein französischer Admiral dem dortigen Fürsten Nikolaus die Aufwartung machte, veranlasste das Blatt zur Bemerkung: „Die Montenegriner müssen bald der Meinung sein, daß sie wirklich mehr sind als bloß Hammeldiebe." Frankreich zeigte – im Gegensatz zum Schreiber des Artikels – Weitblick: Von Montenegro aus wurde dann im Krieg die k.u.k. Flottenbasis Cattaro, heute Kotor, mit französischen Geschützen beschossen.

Unbekümmert wurde der Nationalitätenstreit zu Beginn des Jahrzehnts fortgesetzt: Deutsche gegen Polen, Tschechen und alle die anderen, von denen die Deutschen fürchteten, sie könnten ihre Vorherrschaft diesseits der ungarischen Grenze infrage stellen. Auf der anderen Seite standen aufbegehrende Nationalitäten, die die Zeit gekommen sahen, ihren Anteil am öffentlichen Leben der Monarchie einzufordern. Der Nationalitätenstreit sollte einer der Sargnägel für die Monarchie werden, deren übernationaler Charakter von vielen als altmodisch und überholt empfunden wurde.

Im Österreich diesseits der Leitha war schon in den Jahren zuvor die einst staatstragende und um demokratische Ideale bemühte deutschliberale Bewegung zu einer engstirnigen nationalistischen Kampftruppe rund um den Georg Ritter von Schönerer verkommen. Die parlamentarische Mehrheit hatte sie schon längst an die Christlich-Sozialen – die auch nicht ohne nationale Untertöne auskamen – verloren, und an die Sozialdemokraten, deren einheitliches Auftreten durch die verschiedenen Nationalitäten in ihren Reihen geschwächt war. Die Demokratisierung des Wahlrechts begünstigte das Entstehen moderner Massenparteien. Jenseits der Leitha wachten wiederum die Ungarn scharf über ihre Hegemonie in den Ländern der Stephanskrone und trieben so die Kroaten in die Arme der südslawischen Nationalisten.

In dieser nationalistisch aufgeheizten Atmosphäre in der Reichshaupt- und Residenzstadt der Nationen umspannenden Doppelmonarchie lebte der junge Hitler. 1910 war er – als letzte Station seines eher erfolglosen Daseins in Wien – in das Männerheim in der Meldemannstraße gezogen. Hitler hasste die Habsburgermonarchie, Tschechen und Sozialisten und trat für die Germanisierung Wiens ein. Er wurde möglicherweise vom rechten Esoteriker und Schriftsteller Guido von List beeinflusst, in dessen Schriften ein vom Schicksal bestimmter unfehlbarer germanischer Heldenfürst vorkommt, der die Germanen erst errettet und dann zur Weltherrschaft führt. Dass Hitler unter dem Einfluss von Lueger oder Schönerer bereits in seinen Wiener Jahren zum Antisemiten geworden ist, wird von der Historikerin Brigitte Hamann als möglich angenommen.

Währenddessen stolperte die Politik von einer Krise zur nächsten. Im Abgeordnetenhaus der im Reichsrat vertretenen Königreiche und Länder, also Österreich diesseits der Leitha ohne die Länder der ungarischen Krone, ging

Der nach den Todesschüssen von Sarajevo gefangen genommene Attentäter Gavrilo Princip wollte sich nach der Tat vergiften. Er starb dann 1918 im Gefängnis an Tuberkulose

nichts mehr. Vor allem radikale tschechische Abgeordnete übten regelmäßig Obstruktion. 1911 kam es nach einer Dürre zu Krawallen wegen steigender Lebensmittelpreise, die blutig niedergeschlagen wurden, es folgte eine Regierungskrise.

Die Balkankriege 1912 und 1913, in denen es um Beutestücke aus dem zerfallenden osmanischen Reich ging, schrammten nur haarscharf an der Monarchie vorbei. Die Kriegsgefahr war so unmittelbar, dass sich die Regierung in Wien 1912 mit dem Wehr- und Kriegsleistungsgesetz die Verfügung über die männliche Zivilbevölkerung, vor allem die Arbeiter in der Rüstungsindustrie, gesichert hatte. „Auch die nicht zum Kriegsdienst verpflichteten Arbeiter wurden der militärischen Disziplin unterworfen", schreibt der Wirtschaftshistoriker Roman Sandgruber. Dies bedeutete oft Lohnkürzungen auf das Niveau des Soldatensolds und das Verbot gewerkschaftlicher Tätigkeit. Die Umstellung auf die Kriegswirtschaft gelang 1914 umso reibungsloser.

Die Schüsse von Sarajevo sind bestens dokumentiert. Jedoch gibt es unterschiedliche Auffassungen der Historiker über das politische Motiv. Die einen sagen, Franz Ferdinand wurde von den serbischen Nationalisten erschossen, obwohl er für einen Ausgleich mit den Slawen eingetreten war, weil man ihn für einen Kriegstreiber hielt. Andere wiederum meinen, gerade weil er für die Slawen auf dem Gebiet der Monarchie war, geriet er ins Fadenkreuz der Serben: Ein Ausgleich mit den bosnischen Serben auf dem Gebiet der Monarchie hätte die Front für ein großserbisches Reich, so wie es der „Schwarzen Hand" unter Dragutin Dimitrijevic vorgeschwebt hatte, geschwächt.

Die Stimmen des Friedens in dieser Zeit waren wenige, wenngleich prominente: Bertha von Suttner, die 1905 mit dem Friedensnobelpreis zugleich als erste Frau allein überhaupt einen Nobelpreis erhielt, wurde auf einer ihrer zahlreichen Vortragsreisen auch von US-Präsident Theodore Roosevelt ins Weiße Haus geladen. Sie starb im Juni 1914 an Krebs und musste den Ausbruch des ersten Weltkrieges, vor dem sie immer gewarnt hatte, nicht mehr erleben. Der österreichische Publizist Alfred Fried erhielt gemeinsam mit dem Niederländer Tobias Asser 1911 den Friedensnobelpreis. Fried arbeitete eng mit Bertha von Suttner zusammen. Ihr unermüdlicher Einsatz unter den Schlagworten „Die Waffen nieder!" hat letzten Endes nichts genützt. Als eines der ersten prominenten Kriegsopfer kann der Lyriker Georg Trakl gelten. Er stürzte nach schrecklichen Erlebnissen in einem Feldlazarett in Depressionen und starb 1914 an einer Überdosis Kokain.

Dass die Verantwortlichen in diesen furchtbarsten aller bisherigen Kriege „hineingestolpert" seien, wie es

Die Leistungsfähigkeit der Rüstungsindustrie und das volkswirtschaftliche Potenzial erwiesen sich als kriegsentscheidend, Heldentum taugte nur noch zur Propaganda

oft heißt, ist anzuzweifeln. Vielmehr waren zumindest den führenden Militärs in allen Regionen die schrecklichen Seiten des industrialisierten Krieges ebenso klar wie das Zusammenwirken der Bündnissysteme. Winston Churchill sprach von einem „Anhäufen gewaltiger Maschinen zum Abschlachten von Menschen" und er verglich diese Kriegsmaschine mit den Schlachthöfen von Chicago.

Bereits 1898 hatte der russische Staatsrat Ivan I. Bloch gemeint, in einem neuen Krieg gehe der Soldat unter, der Volkswirtschaftler werde aufsteigen. Ein solcher Krieg werde „ein zunehmendes Gemetzel so furchtbaren Ausmaßes, dass es den Truppen nicht mehr möglich sein wird, die Schlacht zu entscheiden". Die Zukunft des Krieges liege „nicht im Töten von Menschen, sondern im Bankrott der Staaten und im Zerfall des gesamten sozialen Gefüges".

Der Erste Weltkrieg war, so Wirtschaftsforscher Felix Butschek, „die erste militärische Auseinandersetzung unter vollem Einsatz des ökonomischen Potenzials entwickelter Industriestaaten". Der Militärhistoriker Manfried Rauchensteiner schenkt in seinem großen Werk „Der Tod des Doppeladlers" den Fragen der Kriegswirtschaft besonderes Augenmerk. So hat der Kriegsbeginn zu einem ziemlichen Chaos auf dem Arbeitsmarkt geführt. Die Arbeitslosenzahlen schnellten in die Höhe. Import- und Exportverbote sowie andere Zwangsmaßnahmen trafen den Handel schwer, es kam zu Massenentlassungen. Andere Firmen wiederum verloren zahlreiche Arbeitskräfte an die Armee, sodass sie schließen mussten oder bankrott gingen. Außerdem weist Rauchensteiner auf die große Zahl von Freiwilligen hin, die zu den Fahnen eilten und in den Betrieben fehlten. Erst mit dem Anlaufen der Rüstungskonjunktur Ende 1914 sanken die Arbeitslosenzahlen wieder, aber die Militärverwaltung nahm auf Rüstungsbetriebe bei der Rekrutierung von Soldaten keine Rücksicht, und so stellte sich bald Personalmangel vor allem an Fachkräften ein. Dazu kam Rohstoffmangel, unter anderem wurden Kirchenglocken requiriert und zu Kanonen umgeschmolzen. Die Wirtschaftsstruktur war schweren Erschütterungen ausgesetzt: Während – rüstungsbedingt – Eisenindustrie, Maschinenbau und Elektrotechnik bis 1917 um 40 Prozent wuchsen, brachen Textil und Bekleidung auf 20 Prozent ihres Produktionswertes von 1913 ein, die Lebensmittelindustrie auf knapp ein Drittel. Insgesamt, so Wirtschaftsforscher Butschek, ist die Wirtschaft auf 60 Prozent des Wertes von 1913 geschrumpft, dabei sind die Rüstungsausgaben auf 30 Prozent des BIP explodiert.

Für Innsbruck und für die Firma Haller & Ortner schreibt Firmenchronist Siegfried Carli: „Einige Handwerksbetriebe wie Schneider, Schuster und Sattler hatten zu Beginn des Krieges durch Heeresaufträge bedeutende

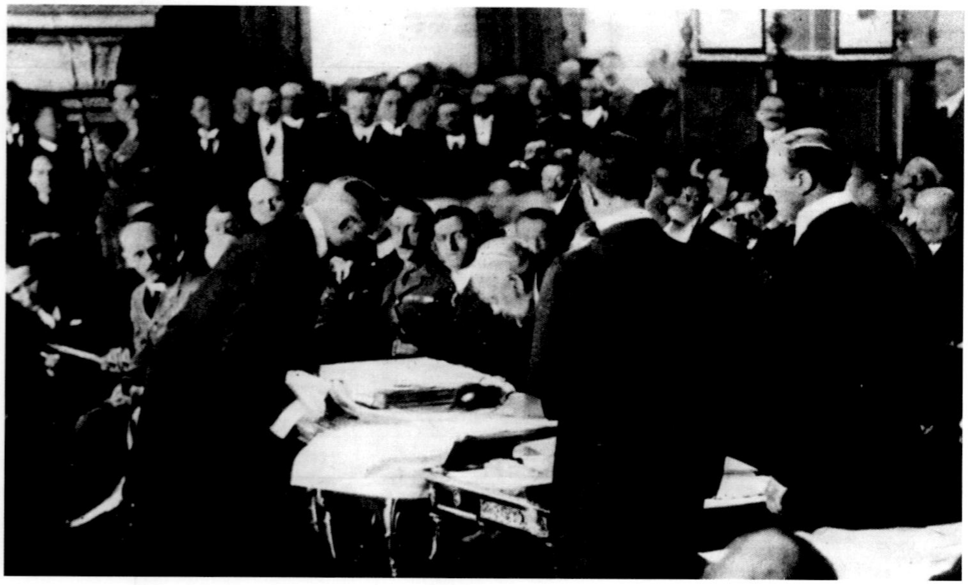

Der Vertrag von St. Germain beendete am 10. September 1919 „die Welt von gestern". Österreich wurde von der mitteleuropäischen Großmacht und Monarchie zur kleinen Republik

Auftragseingänge zu verzeichnen, aber bald machte sich auch dort der Rohstoffmangel bemerkbar. Metallverarbeitende Betriebe, und dazu gehören auch Installationsbetriebe, spürten sofort nach Kriegsbeginn einen Auftragsrückgang, bedingt einerseits durch den stockenden Tourismus, aber vor allem durch den Mangel an jeglicher Art von Metallprodukten. ... Es liegt wohl auf der Hand, dass der Installationsbetrieb Haller & Ortner in der Zeit des Krieges in seiner Tätigkeit sehr eingeschränkt war, was nicht nur auf Rohstoffmangel, sondern auch auf das kriegsbedingte Fehlen von geeignetem Montagepersonal zurückzuführen war."

Carli betont, dass gerade in Tirol die Menschen schon bald Hunger litten: Galizien und die Bukowina waren als Getreidelieferanten durch das Kriegsgeschehen ausgefallen, und die Ungarn machten die Grenzen dicht, sie wollten nur noch das Militär beliefern. Betroffen waren besonders die Städte, in denen es bereits 1914 Bezugskarten für Mehl und Brot gab. Viele Bauern, so Carli, verdienten an den Hungernden aus der Stadt durch oft überhöhte Lebensmittelpreise prächtig und konnten in dieser Zeit der Not ihre Hypotheken loswerden.

An den Fronten fochten die Kriegsparteien bis zur Erschöpfung. Noch in den letzten Phasen des Krieges hatten die deutschen Militärs von einem „Siegfrieden" gefaselt. Trotz des Zusammenbruches Russlands 1917 unter den Schlägen der Revolution, in deren Verlauf die Zarenfamilie ermordet wurde und die Bolschewisten die Oberhand gewinnen sollten, wurden die Mittelmächte niedergerungen. Winston Churchill hatte später gemeint, der Zusammenbruch Russlands wäre für Deutschland ein möglicher „Notausgang" aus dem Krieg gewesen, „aber er durfte nicht benutzt werden". Andere Gelegenheiten, das Blutvergießen früher zu beenden, gerieten zur Blamage, wie die Sixtus-Affäre unter Kaiser Karl, als ein Bruder von Kaiserin Zita, Sixtus, in Frankreich vergebens wegen eines Sonderfriedens vorfühlte, oder sie wurden – von Deutschland – gar nicht erst ergriffen, wie Winston Churchill anmerkte: „Es war die verhängnisvolle Schwäche des Deutschen Reichs, dass seine militärischen Führer . . . sich für die Schiedsrichter der Gesamtpolitik des Staates hielten und es auch wurden." Kaiser Wilhelm war nur noch ein Werkzeug in den Händen der Militärs.

Das Kriegsende bedeutete für Österreich, dass das Zitat des französischen Ministerpräsidenten Georges Clemenceau „L'Autriche c'est ce qui reste" („Österreich, das ist das, was übrig bleibt") Wirklichkeit wurde. Nord- und Südtirol sowie Vorarlberg hatten im Krieg 20.000 Tote zu beklagen. Das ist ein Verlust von 3,5 Prozent der gesamten Bevölkerung. Tirols Südgrenze war jetzt der Brenner. Die

Eine bittere Abrechnung des Satireblattes „Kikeriki" mit 1918: „Sie, hörn S' , Ihner Gepäck haben S' vergessen!"

Am 12. November 1918 wurde Österreich eine demokratische Republik, in der erstmals auch die Frauen wahlberechtigt waren

geschlagenen Truppen fluteten zurück, Soldaten kletterten auf Waggondächer oder hielten sich auf Trittbrettern fest. Etliche wurden in den Tunnels abgestreift oder fielen herunter. „In den ersten Novembertagen des Jahres 1918 wurden auf der Brennerstrecke nächst Innsbruck 273 Leichen herabgefallener Soldaten aufgelesen und am Militärfriedhof beerdigt", berichtet der Historiker Franz-Heinz Hye. In der Stadt lag massenweise herrenloses Kriegsmaterial herum, die marodierende Soldateska musste von hastig aufgestellten Bürgerwehren im Zaum gehalten werden. Zu essen gab es wenig bis nichts. In all dem Chaos die Familie Ortner: Ignaz Ortner war inzwischen 51 Jahre geworden, Sohn Josef war mit 19 von der Dolomitenfront heimgekehrt. Ein vergleichsweise barmherziges Schicksal, denn viele Tiroler starben in Galizien. Mutter Ortner war schon vor dem Krieg gestorben und hatte sieben Kinder in der Obhut des Vaters zurückgelassen, zwei waren gestorben, berichtet Firmenchronist Siegfried Carli.

Ignaz Ortner heiratete 1916 ein zweites Mal. Jetzt galt es, neun hungrige Mäuler zu stopfen. Aufträge für die Firma dürfte es wenige gegeben haben.

Ende November 1918 rückten italienische Besatzungstruppen in Innsbruck ein. Um der hungernden Bevölkerung zu helfen, spendete das italienische Militär zu Weihnachten sogar größere Mengen an Reis. Aber das war keine Hilfe auf Dauer. Noch ein Jahr später kam es zu Hungerkrawallen und Plünderungen. Stadthistoriker Franz-Heinz Hye urteilt: „Die Stadt Innsbruck hat im Laufe ihrer vielhundertjährigen Geschichte keine so unselige und schlechte Zeit durchleben müssen, wie sie die ersten Monate und Jahre nach dem Ende des Ersten Weltkrieges mit sich gebracht haben."

Die junge Republik Deutsch-Österreich startete 1918 mit Arbeitslosigkeit, Kriegsschulden, abgeschnitten von agrarischen Versorgungsgebieten ebenso wie von Kohleeinfuhren und Exportmärkten, mit hungernder Bevölkerung und hoffnungslosen Politikern und Eliten. Noch im Jänner 1919 wurde die wöchentliche Fettration von sechs auf zwei Dekagramm (!) herabgesetzt. Am 16. Februar 1919 fanden die ersten Wahlen nach dem allgemeinen, gleichen, direkten und geheimen Wahlrecht ohne Unterschied des Geschlechtes zur Konstituierenden Nationalversammlung statt.

Sigmund Freud – tiefer Blick in die Psyche, Charlie Chaplin – im Kampf ums Überleben, Fließband – der Mensch als Verlängerung der Maschine, Josephine Baker – schwarze Venus und Kämpferin gegen Rassismus

Der Schilling kommt

Im Dezember 1920 rückten die italienischen Besatzungstruppen ab. Zurück blieb ein tief verunsichertes Land Tirol, das den Verlust Südtirols lange nicht verkraften konnte, in einem Staat Deutsch-Österreich, zwar mit einer erstmals demokratisch gewählten Regierung, „... den keiner wollte", wie der Publizist Hellmut Andics befinden sollte. Anschlussgedanken an das Deutsche Reich manifestierten sich in Tirol in einer – rechtlich unwirksamen – Volksabstimmung, und sie sollten in ganz Österreich bis zum „Anschluss" nicht mehr aus dem politischen Diskurs verschwinden.

Joseph Schumpeter war einer der wenigen, die die Unvermeidlichkeit des Kleinstaates Österreich schon 1919 realistisch einschätzten, und meinte, Deutsch-Österreich sei kein ideales Gebilde, aber „verzweifeln darf man deshalb nicht. Wenn uns die Selbständigkeit mehr oder weniger gegen unseren Willen . . . dekretiert wird . . . darf man doch nicht glauben, dass das die wirtschaftliche Vernichtung bedeutet". Nicht alle Rohstoffe müssen im Inland vorkommen, meinte er, „aber auch wenn die Kohle in Deutsch-Österreich läge, müsste unsere Industrie sie kaufen und mehr als kaufen braucht sie auch aus Ostrau (Tschechoslowakei, Anm. d. Verf.) nicht." Als Staatssekretär scheiterte Schumpeter an beiden Großparteien, an den Christlich-Sozialen mit seiner Forderung nach einer Vermögenssteuer und an den Sozialdemokraten mit seiner

1920 – 1930

Forderung nach einer Umsatzsteuer zur Budgetsanierung und trat nach wenigen Monaten zurück.

Eine der Hauptaufgaben der neuen Regierung war jedoch, der Bevölkerung das Existenzminimum zu sichern. Lebensmittel waren rationiert, Lebensmittelimporte etwa aus Ungarn blieben schwierig. Im Tausch wurden österreichische Rohstoffe wie Eisenerz, Magnesit oder Holz angeboten, aber oft scheiterten die Lieferungen am Transport, weil grenzüberschreitender Eisenbahnverkehr die seltene Ausnahme war. Und wenn die Lebensmittel dann doch da waren, mussten sie subventioniert werden, damit sie sich die Menschen auch leisten konnten.

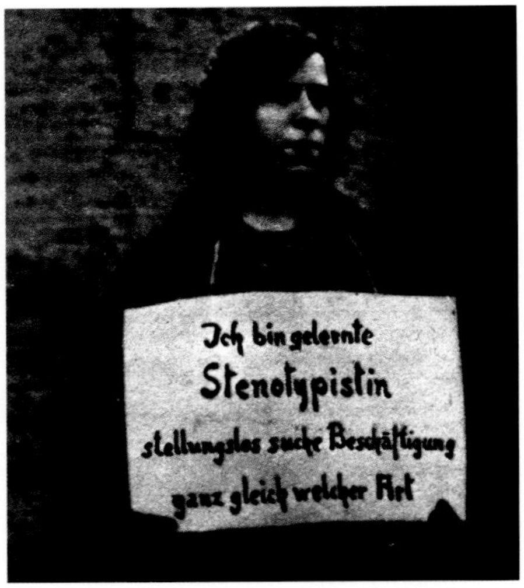

Hohe Arbeitslosigkeit – ungelöstes Problem der Zwischenkriegszeit mit katastrophalen Folgen

Die Lebensmittelsubventionen gehörten zu den größten Ausgabenposten im Budget der jungen Republik. 1920/21 machten sie ein Drittel der Staatsausgaben aus. Der zweite große Posten war die Arbeitslosenunterstützung. Sie wurde bald geschaffen, um das Überschwappen revolutionärer Tendenzen aus den Nachbarländern Bayern und Ungarn zu verhindern. Dazu kamen Kriegsschulden von 27 Milliarden Kronen. Der Krieg wurde anfangs durch Kriegsanleihen finanziert, später durch Geldschöpfung und Kredite, aber so gut wie nie durch höhere Steuern.

Das Defizit im Haushalt 1919/20 von rund vier Milliarden Kronen wurde durch Direktkredite der Österreichisch-Ungarischen Bank, der damaligen Notenbank, gedeckt, was bereits vorhandene, noch aus der Kriegswirtschaft stammende Inflationstendenzen verstärkte.

Die Angst vor der bolschewistischen Revolution einerseits, aber auch andererseits die Einsicht, dass die Menschen durch Schwäche und Hunger an die Grenzen der Belastbarkeit geraten waren, führten zu einem massiven Ausbau der Sozialgesetzgebung. Man kann durchaus von einer „Sozialpolitischen Gründerzeit“ sprechen, die mit dem Namen des damaligen Sozialministers Ferdinand Hanusch verbunden bleibt.

Die Arbeitslosenunterstützung wurde nötig, weil nach dem Niedergang der Konsumgüterindustrie während des Krieges dann noch die Rüstungsindustrie zusammengebrochen war. Und für die Heimkehrer von der Front gab es auch wenig Beschäftigung. Der Achtstundentag, eine alte Forderung der Sozialdemokraten, wurde nun eingeführt, weil die Arbeiter so geschwächt waren, dass auch eine längere Arbeitszeit nicht mehr Leistung gebracht hätte. Dazu kam das Arbeiterurlaubsgesetz mit einem bis zu zweiwöchigen Jahresurlaub. Es wurden Kollektivverträge und Betriebsräte geschaffen, 1920 die Arbeiterkammern eingerichtet. All das in einer paritätischen Kommission mit Vertretern der Gewerkschaften und der Industriellenvereinigung. Für die Unternehmer bedeutete dies einen beträchtlichen Kostenschub, den sie aber akzeptierten, um des sozialen Friedens willen. Diese erste Sozialpartnerschaft sollte jedoch bald der verschärften ideologischen Auseinandersetzung der politischen Parteien – bis hin zum Bürgerkrieg – zum Opfer fallen. Gleichwohl wurden ihre Regelungen und Einrichtungen in der Zweiten Republik erfolgreich wiederbelebt.

Hingegen gelang es der Wirtschaftspolitik nicht, Währung und Kaufkraft zu stabilisieren, sprich: die Inflation einzudämmen. Wirtschaftsforscher Felix Butschek meint, es war den Akteuren der Zusammenhang zwischen dem Zusammenbruch der Güterproduktion und der nötigen Anpassung der Geldmenge nicht völlig klar. Der Griff zur Banknotenpresse erleichterte die Finanzierung des Budgetdefizits ebenso wie den Abbau der Kriegsschulden nach dem Prinzip „Krone ist Krone“. Die alten Kriegsanleihen wurden bald mit dem roten Stempel „Non Valeur“ zum Schaden der Anleger versehen, die Sparguthaben und Geldvermögen hatte die Inflation entwertet, das bedeutete eine Verarmung des bürgerlichen Mittelstandes. Ein Sanierungskredit durch internationale Banken scheiterte an dem im Vertrag von St. Germain diktierten Pfandrecht der Alliierten auf alle Staatseinnahmen.

Das Inflationskarussell geriet in schwindelerregende Drehung. Es wurde beschleunigt durch eine Flucht aus der Krone und durch die Spekulation gegen die Krone sowie durch die tief sitzende Inflationserwartung. Um die nötigen Zahlungen bei dem rasanten Kursverfall aufrechtzuerhalten, musste die Banknotenpresse Nachtschichten fahren. Die Geldmenge explodierte. Im Herbst 1921 setzte die letzte Phase der Hyperinflation ein, die Preise stiegen pro Monat um 50 Prozent, im Jahr darauf verdoppelten sie sich sogar monatlich. „War eine derartige Inflation in Gang gekommen und permanent durch weitere Geldschöpfung alimentiert worden, wurde ein Mechanismus

Elektrische Haushaltsgeräte – reserviert für die Eliten

Nobelpreisträger Frederick Banting – mit Insulin gegen Diabetes

Camillo Castiglioni – Flugpionier, Industrieller, Spekulant, Mäzen

Das Luftschiff blieb in der Luftfahrt eine eindrucksvolle Episode. Die spätere Katastrophe der „Hindenburg" läutete ihr Ende ein

Die Völkerbundanleihe von 1922 und die anschließende Budgetsanierung ebneten den Weg für die Währungsreform und für den Schilling

wirksam, der sich über Geldmenge, Preise, Löhne, Wechselkurse, Kapitalflucht, vor allem aber über die Inflationserwartung ständig wechselseitig in Gang hielt, ja verstärkte." (F. Butschek.)

Die Alliierten hatten in ihrer Ratlosigkeit das Problem der Sanierung Österreichs an den Völkerbund abgetreten. Es gelang schließlich Bundeskanzler Ignaz Seipel, beim Völkerbund eine Anleihe locker zu machen, indem er drohte, ein Zusammenbruch Österreichs werde ganz Mitteleuropa destabilisieren. Die Garantie für die Anleihe über 650 Millionen Goldkronen übernahmen Großbritannien, Frankreich, Italien und die Tschechoslowakei. Österreich hatte einen Zinssatz von zehn Prozent zu akzeptieren und musste die Zollerlöse und das Tabakmonopol verpfänden. Die Defizitfinanzierung durch die Notenbank war sofort zu beenden. Die Auszahlung war an ein strenges Sanierungsprogramm geknüpft, das vom Völkerbund kontrolliert wurde. Diese Einschränkungen der Souveränität waren in den „Genfer Protokollen" festgeschrieben. Bereits die Ankündigung dieser Anleihe stoppte den Verfall der Währung.

Die Stabilisierungskrise nach der Währungssicherung und der Budgetsanierung fiel 1923 mit einem Minus des BIP von 1,1 Prozent viel milder aus als erwartet, meint der Wirtschaftshistoriker Roman Sandgruber, vor allem wegen öffentlicher Investitionen und einer einsetzenden Börsenhausse. Und: „Mit der Einführung der Schillingwährung, die auf 10.000 Kronen umgerechnet wurde, ging mit 20. Dezember 1924 das Kapitel Inflation auch formal zu Ende."

Die folgenden Jahre sollten bis zur Weltwirtschaftskrise eine wirtschaftliche Erholung mit jährlichen Wachstumsraten von knapp fünf Prozent bringen. Von „goldenen Zwanzigerjahren", wie in anderen Ländern, konnte in Österreich allerdings nicht die Rede sein: Zu tiefe Wunden hatte der Krieg geschlagen, erst 1927 erreichte das BIP wieder das Niveau von 1913. Die Arbeitslosigkeit stieg auf elf bis 13 Prozent.

Auf politischer Ebene fand eine gefährliche Radikalisierung statt. Die Sozialisten hatten der Genfer Sanierung nur zähneknirschend zugestimmt und die gemeinsame Regierung unter anderem aus Protest gegen den „Genfer Knechtungsvertrag" verlassen. Der Radikalisierung der Worte folgte in beiden Großparteien der Aufbau bewaffneter Wehrverbände, des christlich-sozialen Heimatschutzes, der eher nationalen Heimwehren, und des sozialistischen Republikanischen Schutzbundes. Zur Explosion gelangte dieser politische Sprengstoff im Juli 1927. Im burgenländischen Schattendorf wurden bei politischen Auseinandersetzungen ein Kind und ein Invalide erschossen. Das Gericht in Wien sprach die Täter frei. Die aufge-

Der Brand des Justizpalastes am 15. Juli 1927 war ein erster Schritt auf dem Weg zum Bürgerkrieg, der in die Diktatur führen sollte

brachte Arbeiterschaft rief zu spontanen Streiks auf, der Justizpalast wurde gestürmt und in Brand gesteckt, die Polizei schoss auf die Menschen, es gab 90 Tote und zahlreiche Verletzte.

Für die Firma Haller & Ortner wurde 1925, als sich die allgemeine wirtschaftliche Lage beruhigte, jedoch zum Krisenjahr. Firmenchronist Siegfried Carli schreibt: Nach mehr als 20-jähriger gemeinsamer, nach allen Anzeichen wirtschaftlich erfolgreicher Tätigkeit, treten Ereignisse ein, die dazu führen, dass die beiden – Ignaz Ortner und Anton Haller– nicht mehr „miteinander können" und eine Trennung herbeiführen. Die Gründe des Auseinandergehens lassen sich heute nicht mehr nachvollziehen. Aus der im Zusammenhang mit der Auflösung der Firma Haller & Ortner entstehenden Korrespondenz ist zu schließen, dass auch die ehemals sicher freundschaftliche Beziehung zwischen Anton Haller und Ignaz Ortner nicht mehr gegeben ist. So schreibt Anton Haller am 4. August 1925 an den Stadtmagistrat Innsbruck, dass die Firma Haller & Ortner den Gewerbeschein zurücklegt und „ersucht um Löschung im Gewerberegister …" Der Stadtmagistrat kommt dieser Aufforderung nach und schreibt, dass damit die Firma Haller & Ortner im „Gewerberegister gelöscht" ist.

Diese Vorgangsweise löst verständlicherweise den Widerspruch des Partners Ortner aus. Er schreibt an den Stadtmagistrat, dass „wie Herr Anton Haller ohne Zustimmung des anderen Geschäftsführers weder aus der Firma austreten, noch dieselbe im Handelsregister löschen lassen kann, ebenso wenig kann er die Firma aus dem Gewerberegister streichen lassen, überhaupt über die der Firma erteilte Konzession verfügen". Um aber weiteren Auseinandersetzungen mit dem ausscheidenden Partner Haller aus dem Wege zu gehen und ein ungestörtes Weiterarbeiten zu gewährleisten, beschließt Ortner sich einen Partner mit Gewerbeberechtigung zu suchen und findet ihn in der Person des Ing. Eduard Lob, der wohl die Befähigung bestätigt, aber den Verlust der entsprechenden Papiere infolge der Kriegsereignisse angibt.

Nun wird am 2. September 1925 an den Stadtmagistrat das Ansuchen um Ausstellung der Gewerbeberechtigung gestellt: „Wir: Ignaz Ortner, Kaufmann, Innsbruck, Templstrasse 5 und Ing. Eduard Lob, Innsbruck …, haben unter der Firma Ignaz Ortner & Co. mit dem Sitz in Innsbruck, Templstrasse 5, eine offene Handelsgesellschaft zum Betriebe des Gewerbes der Ausführung der Gasrohrleitungen, Beleuchtungseinrichtungen, Wassereinleitungen und Heizanlagen gegründet." Dieses Ansuchen wird von der Gewerbebehörde positiv beurteilt, und sie erstellt am 21. September 1925 das für die Betriebsfortführung erforderliche, wie es damals hieß, „Konzessionsdekret".

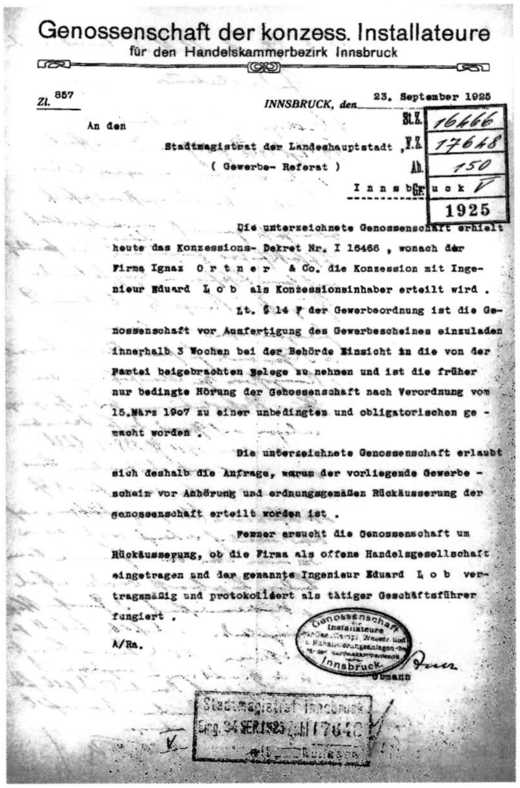

Genossenschaft der konzess. Installateure
für den Handelskammerbezirk Innsbruck

Zl. 857

INNSBRUCK, den 23. September 1925

St.Z. 16466
F.Z. 17648
Ab. 150
Gr. V
1925

An den

Stadtmagistrat der Landeshauptstadt ,

(Gewerbe- Referat)

Innsbruck

Die unterzeichnete Genossenschaft erhielt heute das Konzessions- Dekret Nr. I 16466 , wonach der Firma Ignaz Ortner & Co. die Konzession mit Ingenieur Eduard Lob als Konzessionsinhaber erteilt wird .

Lt. § 14 F der Gewerbeordnung ist die Genossenschaft vor Ausfertigung des Gewerbescheines einzuladen innerhalb 3 Wochen bei der Behörde Einsicht in die von der Partei beigebrachten Belege zu nehmen und ist die früher nur bedingte Hörung der Genossenschaft nach Verordnung vom 15.März 1907 zu einer unbedingten und obligatorischen gemacht worden .

Die unterzeichnete Genossenschaft erlaubt sich deshalb die Anfrage, warum der vorliegende Gewerbeschein vor Anhörung und ordnungsgemäßen Rückäusserung der Genossenschaft erteilt worden ist .

Ferner ersucht die Genossenschaft um Rückäusserung, ob die Firma als offene Handelsgesellschaft eingetragen und der genannte Ingenieur Eduard Lob vertragsmäßig und protokolliert als tätiger Geschäftsführer fungiert .

A/Ra.

Genossenschaft Installateure ... Innsbruck

Obmann

Stadtmagistrat Innsbruck

Ignaz Ortner musste um seine Konzession gegen seinen ehemaligen Firmenteilhaber Anton Haller kämpfen

Damit ist der Grundstein zum Entstehen der Firma Ignaz Ortner & Co. gelegt, die erst in den 1970er-Jahren des Zwanzigsten Jahrhunderts von der Nachfolgefirma Ortner Ges.m.b.H. abgelöst wird.

Trotz der ordnungsgemäß erteilten Konzession versucht die „Genossenschaft der Konzessionierten Installateure für den Handelskammerbezirk Innsbruck" das Entstehen eines neuen Installationsbetriebes zu verhindern. Anfang 1928 verstirbt Eduard Lob, was bedeutet, dass die Firma Ortner wieder ohne Konzessionsträger ist. Die Firma Ortner richtet nun an den Stadtmagistrat das Ansuchen, ihr für die Namhaftmachung eines neuen Konzessionsträgers sechs Monate Zeit zu geben.

Bereits im Jahr 1927 versucht die Firma Ortner, durch Schulzeugnisse (Technikum Konstanz), durch Zeugnisse der Firma Ignaz Ortner sowie durch Aussagen von Firmenangehörigen nachzuweisen, dass der Anspruch auf Erteilung der Konzession für Josef Ortner, den Sohn von Ignaz Ortner, durchaus berechtigt ist. Auch Josef Ortner kämpft seinerseits beim Magistrat um die Konzessionserteilung, aber die Auseinandersetzung mit der Genossenschaft der Installateure, ob Josef Ortner die Konzession zu erteilen ist oder nicht, zieht sich bis in das Jahr 1928 hin.

Noch am 3. Mai 1928 begründet die Genossenschaft, deren Obmann pikanterweise der ehemalige Partner der Firma Haller & Ortner – Anton Haller – ist, wortreich, warum dem Josef Ortner die Gewerbeberechtigung zu versagen sei, weil „die Zeugnisse dieses Technikums in Österreich nicht als vollwertig anerkannt werden"..., weil die Gewerbeordnung nur Lehrlinge und Gesellen kennt. Nachweise über die erfolgreiche Tätigkeit Josef Ortners in der väterlichen Firma seien „lediglich Gefälligkeitsbestätigungen". Schließlich führt das Amt der Tiroler Landesregierung mit Berufungsbescheid vom 12. Juli 1928 das Ende der Debatten herbei, in dem es „... die Bestellung des Josef Ortner zum Geschäftsführer für die von der genannten Firma ausgeübte Konzession ... genehmigt" und „die Befähigung des Obgenannten zur Ausübung der Konzession als gegeben angenommen" wird. Gleichzeitig wird die von der Genossenschaft eingebrachte Berufung als „unzulässig zurückgewiesen". Jedoch erst 1930 sind alle bürokratischen Hindernisse für einen Neustart beseitigt.

1929 jedoch sollte zu einem Schicksalsjahr für die Weltwirtschaft und für Österreich werden. Der Wirtschaftshistoriker Karl Bachinger stellt den Zusammenhang zwischen der politischen Radikalisierung in Österreich und dem Zusammenbruch der Bodencreditanstalt her: Im Sommer 1929 hatte es bei Auseinandersetzungen zwischen Heimwehren und Schutzbund wieder Tote gegeben. Das Damoklesschwert des Bürgerkrieges hing über dem Land, das Ausland zeigte sich beunruhigt. Und, so Bachinger, „die wirtschaftliche Rechnung für diese innenpolitischen Vorgänge wurden Österreich umgehend präsentiert". Ein Run auf die Banken und eine Flucht aus dem Schilling setzten ein, Dollar wurden in großen Mengen gekauft. „Die Nachfrage war so groß, dass an manchen Tagen Dollarnoten mit dem Flugzeug aus dem Ausland nach Wien gebracht werden mussten."

Der Kapitalflucht und den damit verbundenen Turbulenzen auch auf den Kreditmärkten fiel schließlich die Allgemeine Österreichische Bodencreditanstalt zum Opfer, die schon zuvor recht nonchalant geführt worden war. Bachinger: „Als im Sommer 1929 durch die Heimwehrdrohungen die Kreditpanik ausbrach, wurde die Lage der Bodencreditanstalt vollends unhaltbar." Die Folgen sind bekannt: Erzwungene Fusion mit der Creditanstalt unter Louis Rothschild, eine Bundeshaftung für die Einlagen und ein Zahlungsmoratorium. Erst im Dezember trat nach einer Verfassungsreform in Österreich eine vorübergehende Stabilisierung ein. Denn nur wenig später trafen die Schockwellen des Krachs von der New

Yorker Börse vom Oktober dann Europa und damit auch das wirtschaftlich immer noch geschwächte Österreich.

Auf der politischen Bühne Europas machten sich Faschisten und Nationalsozialisten lautstark bemerkbar. Benito Mussolini beseitigte 1926 den Parlamentarismus in Italien und ließ sich fortan „Duce del Fascismo" nennen. Ernest Hemingway bezeichnete ihn als „den größten Bluff in Europa" und schrieb 1923 aus Lausanne für „The Toronto Daily Star": „Der faschistische Diktator hatte bekanntgeben lassen, dass er die Presse empfangen wolle. Jedermann kam. Wir drängten in den Raum. Mussolini saß an seinem Schreibtisch und las ein Buch. Sein Gesicht zeigte die bekannt einschüchternde Pose ‚Marke Diktator' . . . Ich ging auf Zehenspitzen um ihn herum, um zu sehen, welches Buch ihn so leidenschaftlich interessiere. Es war ein französisch-englisches Wörterbuch. Er hielt es verkehrt herum." Mussolini erwies sich für Hunderttausende Menschen jedoch auch als ein tödlicher Bluff.

Der Charleston steht für die „Goldenen Zwanziger", er wurde 1925 von Josephine Baker nach Europa gebracht und revolutionierte den Gesellschaftstanz

In Deutschland begannen die ersten SA-Horden der Nationalsozialisten, politische Gegner zu terrorisieren, 1923 dann Hitlers erfolgloser Putsch in München mit anschließender Festungshaft in Landsberg, wo er „Mein Kampf" schrieb. 1925 gründete er die NSDAP neu sowie die SS. Joseph Goebbels wurde NS-Gauleiter in Berlin und radikalisierte den Kampf gegen die Kommunisten, Heinrich Himmler wurde Reichsführer SS.

In Russland bildete sich allmählich aus der Räterepublik die Union der sozialistischen Sowjetrepubliken, zahlreiche Aufstände wurden blutig unterdrückt. 1924 starb Lenin. 1928 wurde der erste Fünf-Jahres-Plan beschlossen. Die Fünf-Jahres-Pläne waren das Grundgerüst der kommunistischen Kommandowirtschaft. Die einsetzende Kollektivierung der Landwirtschaft stieß auf großen Widerstand der Bauern, wurde aber gewaltsam durchgezogen. 1929 entschied Josef Stalin den Machtkampf gegen Leo Trotzki für sich und wurde Alleinherrscher der UdSSR.

Die kulturelle Revolution, die schon bald nach der Jahrhundertwende begonnen hatte, wurde durch die Umbrüche des Ersten Weltkrieges noch beschleunigt. Die Träger der Kultur sind andere geworden, der Adel war entmachtet und in Österreich abgeschafft, die Offizierskaste feierte nur noch in Deutschland eine unselige und verhängnisvolle Nostalgie, das Großbürgertum war durch die Inflation empfindlich geschwächt. Kunst und Kultur wurden ebenso demokratischer wie die ganze Gesellschaft. André Breton proklamierte sein „Surrealistisches Manifest", Oskar Kokoschka malte expressionistisch die „Towerbridge in London" und „Verkündigung". Max Reinhardt war überall: Er übernahm das Theater in der Josefstadt, die Salzburger Festspiele, und er leitete das Deutsche Theater in Berlin.

Der Jazz fand den Weg über den Atlantik. Louis Armstrong gründete seine „Hot Five", es entstand der Chicago-Stil. Auf dem Tanzparkett hielt der Shimmy Einzug, später der Charleston. Josephine Baker feierte in Europa Triumphe. Die Damen trugen Bubikopf, der ebenfalls aus den USA nach Europa gelangte, die Taille der kurzen Kleider rutschte nach unten. Der Jazz faszinierte auch die sogenannte Ernste Musik, Ernst Krenek schrieb seine Oper „Jonny spielt auf". Der Rundfunk wurde das neue Medium, das Radio begann seinen Siegeszug in die Wohnzimmer. Charlie Chaplins „Goldrausch" kam in die Kinos, Sergej Eisenstein drehte „Panzerkreuzer Potemkin", gegen Ende des Jahrzehnts fing der Tonfilm an sich durchzusetzen.

In der Architektur hielt endgültig die sachliche Moderne Einzug. Le Corbusier schrieb sein Manifest „Kommende Baukunst" und baute in Stuttgart ein Haus in der bahnbrechenden Weissenhofsiedlung, ein Projekt unter der Leitung von Ludwig Mies van der Rohe. Sie gilt als eine der bedeutendsten Architektursiedlungen der Neuzeit. Das von Walter Gropius gegründete Deutsche Bauhaus, Kaderschmiede für die Moderne von der Architektur bis hin zum Wohndesign und zum Kunsthandwerk, übersiedelte von Weimar nach Dessau, später nach Berlin. Es wurde 1933 von den Nazis geschlossen.

Engelbert Dollfuß – Patriot und österreichischer Märtyrer oder Arbeitermörder und Diktator?

1930 – 1940

Weltwirtschaftskrise und Krieg

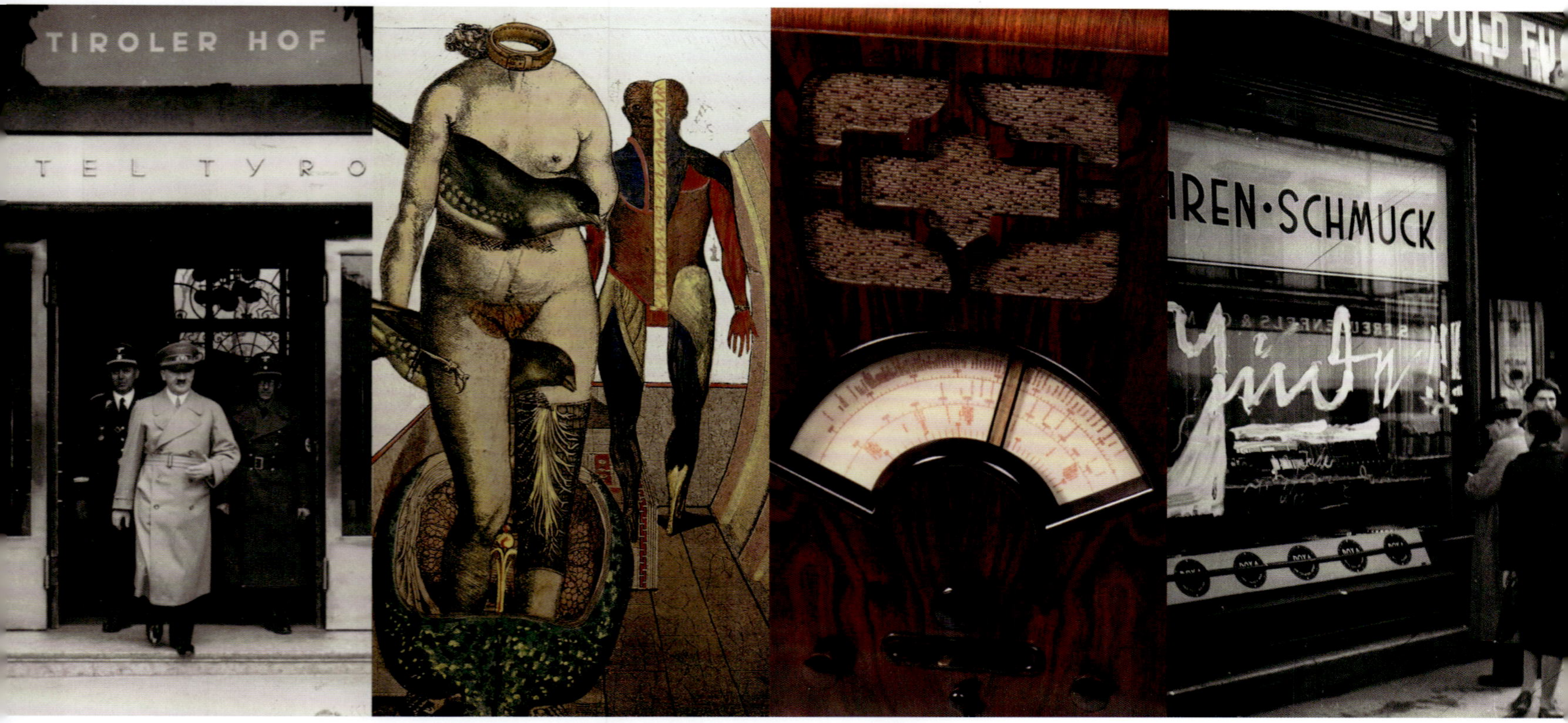

Adolf Hitler (hier in Innsbruck) bekämpfte „entartete Kunst", nutzte erfolgreich das neue Medium Radio und vernichtete zahlreiche jüdische Existenzen auch in Tirol

Überleben in der schwierigsten Zeit

In New York wird 1930 das Chrysler Building fertiggestellt, ein Jahr später das Empire State Building, mit 381 Metern Höhe damals das höchste Gebäude der Welt. Trügerische Zeichen des Optimismus, als ob es keine Krise gäbe. Sie ist auch schon wieder vorbei, wird den Menschen gesagt, wahrscheinlich glauben die Politiker und Ökonomen wirklich daran, wie US-Präsident Herbert C. Hoover, der im Mai 1930 gemeint hatte, er sei davon überzeugt, dass das Land das Schlimmste hinter sich habe. Oder der Ökonom John Maynard Keynes. Er hatte noch Jahre zuvor erstaunlichen Weitblick bewiesen, als er aus Protest gegen die für Deutschland ruinösen Reparationsmaßnahmen der Alliierten die Reparationskommission verlassen hatte. Ökonomisch unsinnig, und der Keim eines neuen Krieges hatte er befunden. Diesmal aber sagte er: „Wir leiden an einem argen Anfall von wirtschaftlichem Pessimismus. Ich glaube, dass schon in ein paar Jahren niemand eine traurigere Rolle spielen wird, als die ökonomischen Pessimisten."

Dem „Schwarzen Freitag" war an der Wall Street eine – vielfach kreditfinanzierte – Spekulationsblase vorausgegangen, die noch dazu kaum von einem realen Wirtschaftswachstum gestützt war. 1926 bis 1929 haben sich Aktienkurse mehr als verdoppelt, um dann ins Bodenlose abzustürzen. Die Folge war an den Finanzmärkten ein akuter Liquiditätsmangel, der über die Banken ziemlich ungebremst auf die Realwirtschaft durchschlagen sollte.

Die Nazis versuchten vergebens, der Firma Ortner & Co. das Wasser abzudrehen

Investitionen wurden gestrichen, Menschen wurden entlassen, Arbeitslosigkeit ließ den Konsum einbrechen, eine verhängnisvolle Abwärtsspirale.

Staatshilfe war gefragt. In den USA hatte der republikanische Präsident Herbert C. Hoover zwar einen Staudamm nach sich benennen lassen, aber es war nur ein einziger Damm, den er bauen ließ. Erst sein demokratischer Nachfolger Franklin D. Roosevelt hat die Tennessee Valley Authority mit 20 Staudämmen aus dem Boden gestampft. Ein Teil des legendären „New Deal", ein entschlossenes Krisenmanagement, das neoliberalen Ideologen die Haare zu Berge stehen ließ: 122.000 öffentliche Gebäude wurden errichtet, 77.000 Brücken. Agrarüberschüsse wurden abgebaut, die krisengeschüttelten Farmer erhielten Mindestpreise für Agrarprodukte. Kinderarbeit wurde verboten, Mindestlöhne wurden ebenso eingeführt wie eine Arbeitslosenversicherung und ein progressives Steuersystem. Und – für die Börsen ein staatliches Überwachungssystem. Aus Budgetgründen wurde dieser „New Deal" aber bereits 1937 wieder gebremst. Erst der Rüstungswettlauf ab 1940 konnte die Wirtschaftskrise in den USA beseitigen.

Auch in Europa war anfangs nur die Rede von einem kurzen Konjunktureinbruch. Das Österreichische Institut für Konjunkturforschung, Vorläufer des heutigen Wirt-

Der „Anschluss" führte Österreich am 13. März 1938 von der Diktatur des Austrofaschismus in die Diktatur des Nationalsozialismus

schaftsforschungsinstitutes WIFO, sprach 1930 noch von einer „Fortdauer der Depression", allerdings „mit aufwärts gerichteter Tendenz". In Österreich war die Wirtschaft 1929 noch um 1,5 Prozent gewachsen, aber 1930 bereits um 2,8 Prozent geschrumpft. Die Zahl der Arbeitslosen ist im selben Jahr um mehr als ein Viertel auf 358.000 gestiegen, das war eine Arbeitslosenquote von über 15 Prozent.

Die Krise stand erst am Anfang, als Josef Ortner im Sommer 1930 die Firma endgültig übernahm. Am 11. Juni 1930 bestätigt das Landes- und Handelsgericht Innsbruck, dass Josef Ortner, der von seiner Ausbildung am Konstanzer Technikum den Ingenieurstitel mitgebracht hatte, seit 30. März 1928 zeichnungs- und handelsbevollmächtigter Gesellschafter der Firma Ignaz Ortner & Co. ist. Gleichzeitig wird davon auch die Genossenschaft der Installateure benachrichtigt. Am 14. Juli 1930 starb Firmengründer Ignaz Ortner im Alter von 62 Jahren, berichtet Firmenchronist Siegfried Carli. Das Haus wurde wie folgt aufgeteilt: 50 Prozent erhält die Witwe mit der Auflage, dass ihr Anteil nach ihrem Ableben den sieben Kindern zufällt. 50 Prozent erhält Josef Ortner, womit Ignaz Ortner klar zu erkennen gegeben hat, wer sein Nachfolger in der Firma werden soll. Josef Ortner ist zu der Zeit 31 Jahre alt, er hat fünf Jahre zuvor seine Verlobte Klara geheiratet. Sie

Die Reichsautobahn wurde noch in der Weimarer Republik geplant. Die versprochene Massenmotorisierung blieb Adolf Hitler schuldig

ist ein paar Jahre jünger als er und stammt aus einer Familie von kleinen Kaufleuten in Jenbach.

Die Geschäftsaussichten für das Installationsunternehmen Ortner dürften trotz der Krise intakt gewesen sein. Die Bevölkerung in Innsbruck stieg von 1923 bis 1939 durch Eingemeindungen um 11.470 Personen auf 81.710 Einwohner. Ein Sozialprogramm „Städtische Kleinwohnungsbauten beim Schlachthof" im Stadtteil Saggen brachte 1918 bis 1938 183 Wohnungen. Ähnliche Projekte am Stadtrand folgten, 1934 die „Engelbert Dollfuss-Siedlung". Sie bestand aus 33 Häusern mit Garten und Kleintierstall – christliches Gemeinschaftsgefühl und Mithilfe am Bau waren Voraussetzung – im Westen der Stadt südlich des Inns am Sieglanger. Es erfolgte der Bau der Höhenstraße auf die Hungerburg 1929/30.

Ein aussichtsreiches Geschäftsfeld für die Firma Ignaz Ortner & Co. war auch immer wieder der Tourismus. Zum Geschäftstourismus rund um den Bahnknotenpunkt Innsbruck zur Jahrhundertwende kamen bald der Ferientourismus und der Wintersport: Die erste Sprungschanze am Bergisel sowie die Seilbahnen auf die Nordkette und auf den Patscherkofel entstanden in den späten 1920er-Jahren. Parallel dazu wurden Hotels gebaut. In den Tourismusbereich fällt eines der seltenen Geschäftsdokumente, die Siegfried Carli aus der Zeit kurz nach der Übernahme der Geschäfte durch Josef Ortner entdeckt hat: „Ein Kostenvoranschlag für die Heizungs- und Sanitäranlage für das Hotel Seespitze in Seefeld aus dem Jahr 1932 gibt Aufschluss über den damaligen Stand der Technik und die erforderliche Ausstattung eines Hotels in dieser Zeit. Es fällt auf, dass damals zwei Bäder pro Stockwerk mit sechs bis sieben Zimmern als völlig ausreichend erachtet wurden, und für das Dachgeschoss als Unterbringungsmöglichkeit für das Personal ein Waschtisch pro Zimmer und ein WC am Gang genügten. Ein anderes Dokument – aus dem Jahr 1936 – ist ein Angebot an das Amt der Tiroler Landesregierung für die Installationsarbeiten am Neubau der ‚Psychiatrischen und Neurologischen Klinik' vorhanden. Als Kuriosum sei hier vermerkt, dass zusätzlich zur üblichen Warenumsatzsteuer auch eine sogenannte Krisensteuer entrichtet werden musste. Zusammengenommen ergaben diese Steuern 4,08 Prozent auf die Angebotssumme", so Firmenchronist Carli.

Der Krisenzuschlag zur allgemeinen Warenumsatzsteuer für Waren und Leistungen vom August 1932 wurde „zum Zwecke der Deckung des Krisenaufwandes für die Arbeitslosenunterstützung" eingehoben. Die Wirtschaftskrise hatte Österreich fest im Griff, die optimistischen Prognosen von 1930 hatten sich als falsch herausgestellt. Denn 1931 hatte von Österreich aus eine Bankenkrise halb Europa

Karl Landsteiner entdeckte das Blutgruppensystem und erhielt dafür 1930 den Nobelpreis für Medizin. Landsteiner erkannte, dass Bluttransfusionen nur innerhalb derselben Blutgruppe möglich sind und entdeckte den Rhesusfaktor. Er wies auch nach, dass Kinderlähmung eine infektiöse Krankheit ist

erfasst, mit allen katastrophalen Folgen: Die Österreichische Creditanstalt für Handel und Gewerbe, ein in ganz Mitteleuropa wohlverankertes Institut, das noch kurz zuvor die strauchelnde Bodencreditanstalt auffangen musste, geriet ihrerseits in Schwierigkeiten. Die erzwungene Fusion, geschönte Bilanzen, überhöhte Dividenden und ein riskanter Expansionskurs in die Nachfolgestaaten der k.u.k. Monarchie hatten die Bank verwundbar gemacht. Als die Wirtschaftskrise hereinbrach, wurden die zunehmend schwächelnden Industriebeteiligungen mit Rücksicht auf die Arbeitsmarktlage weiterfinanziert, und das alles mit kurzfristigen Auslandskrediten. Der Staat musste die Bank wegen exorbitanter Verluste auffangen, die Bankenkrise griff auf Deutschland und England über. Auslandskredite wurden gekündigt, das Deckungsverhältnis des Schillings sank innerhalb von zwei Jahren von 83 auf 17 Prozent.

Ein englischer Kredit gewährte eine kurze Atempause, die wirtschaftspolitisch zu nützen gewesen wäre. Aber die beiden fähigsten Politiker, Ignaz Seipel und Otto Bauer, konnten sich nicht verständigen, und so schlitterte Österreich allmählich ins autoritäre Fahrwasser. Die Entwaffnung von Heimwehren und Schutzbund misslang mehrmals, am Ende standen Austromarxismus gegen Austrofaschismus, Bürgerkrieg, Nazi-Terror, der Mord an Engelbert Dollfuss, der autoritäre Ständestaat und der „Anschluss“.

Begünstigt wurde die politische Radikalisierung durch Wirtschaftskrise und Arbeitslosigkeit. Nachdem das BIP allein 1932 um über zehn Prozent eingebrochen war, nach minus acht Prozent im Jahr zuvor, erreichte die Arbeitslosigkeit 1933 mit über 27 Prozent ihren Höhepunkt. 598.000 Menschen waren offiziell arbeitslos. Eine antizyklische Wirtschaftspolitik schien den Entscheidungsträgern damals undenkbar.

1933 verfassten Marie Jahoda, Paul Lazarsfeld und Hans Zeisel die Studie „Die Arbeitslosen von Marienthal“, die zu den Klassikern der empirischen Soziologie gehört. Darin wird das anfängliche Verbergen der Arbeitslosigkeit nachgewiesen, der allmähliche persönliche Niedergang und dass Menschen, die keine Perspektive haben, nicht zur Revolte neigen, sondern zur Resignation. Diese geht so weit, dass diese Menschen sogar die Fähigkeit verlieren, ihren Alltag zu organisieren.

Ein verzweifeltes Aufbäumen zweier Menschen gegen Arbeitslosigkeit und Depression schildert Ödön von Horvath 1932 in seinem Bühnenstück „Kasimir und Karoline“. Zwei Menschen versuchen darin vergebens, auf dem Münchener Oktoberfest die Tristesse ihres Daseins abzustreifen.

Im Gegensatz zur Wirtschaft erlebte Österreich eine Hochblüte in Wissenschaft und Kunst. 1930 ging der Medizin-Nobelpreis an Karl Landsteiner für die Entdeckung

Oskar Kokoschkas Bild „Das rote Ei" entstand 1940 im Exil in England. Er stand auf der Liste der „entarteten" Künstler ganz oben und galt als Hitlers „Kunstfeind Nr. 1"

der Blutgruppen. Erwin Schrödinger erhielt 1933 den Physik-Nobelpreis. Er arbeitete in Deutschland und hatte bemerkenswert deutlich seine Ablehnung des Nationalsozialismus erklärt. Er entschloss sich im selben Jahr zur Emigration, kehrte 1936 nach Österreich zurück und musste 1938 die Heimat erneut verlassen.

Otto Loewi erhielt 1936 den Medizin-Nobelpreis für die Entdeckung der chemischen Weiterleitung von Nervenimpulsen. Loewi wurde als Jude für einige Monate inhaftiert und danach zur Emigration gedrängt. Vorher musste er jedoch das Preisgeld für den Nobelpreis an eine nationalsozialistisch kontrollierte Bank überweisen.

Victor Hess erhielt 1936 für die Entdeckung der Kosmischen Strahlung den Physik-Nobelpreis. Auch er lehnte den Nationalsozialismus ab, wurde 1938 kurzfristig verhaftet und schließlich fristlos entlassen. Auch ihm haben die Nazis das Nobelpreisgeld abgenommen. Noch im selben Jahr emigrierte er mit seiner jüdischen Frau in die USA. Siegmund Freud emigrierte 1938 nach London.

Auch die Malerei erlebte eine Blüte. Berühmte österreichische Maler neben Oskar Kokoschka waren Herbert Boeckl, Alfred Kubin, Hans Fronius oder Wilhelm Thöny.

Eines der berühmtesten Werke der klassischen Moderne ist Pablo Picassos „Guernica", das 1937 unter dem Eindruck deutscher Fliegerbomben auf die baskische Kleinstadt im spanischen Bürgerkrieg entstand. Ein deutscher Offizier soll Pablo Picasso später gefragt haben: „Haben Sie das gemacht?" – Picassos Antwort: „Nein, Sie."

Die Nazis terrorisierten Österreich mit zahlreichen Anschlägen schon lange vor dem „Anschluss". Dazu kann durchaus die 1.000-Mark-Sperre von 1933 zählen. Ziel war der Sturz der Regierung durch Schwächung der österreichischen Wirtschaft. Deutsche Staatsbürger mussten beim Grenzübertritt nach Österreich eine Gebühr von 1.000 Reichsmark zahlen, eine beträchtliche Summe. Allein in Tirol gingen die Übernachtungen von 4,4 Millionen in den Jahren 1929/1933 in den Folgejahren auf 500.000 zurück. Werbeaktionen sollten dem entgegenwirken, und die autoritäre Regierung des Ständestaates versuchte, Tourismusprojekte mit Beschäftigungspolitik zu verbinden: So etwa die Großglockner-Hochalpenstraße oder in Wien die Höhenstraße.

Weitere Projekte zur Arbeitsbeschaffung waren die Reichsbrücke oder die Elektrifizierung der Tauernbahn. Aber die von Kanzler Schuschnigg groß verkündete „Arbeitsschlacht" geriet bloß zu einem Scharmützel. Ein „Tropfen auf den heißen Stein", urteilen heute Historiker, obwohl rund 50.000 eine Beschäftigung fanden. Der Wirtschaftshistoriker Karl Bachinger schätzt jedoch die Zahl der Be-

Adolf Hitler in Innsbruck auf dem Balkon des Hotels „Tiroler Hof" Ende März 1938

schäftigungslosen einschließlich der „Ausgesteuerten" ohne Arbeitslosenunterstützung und der Jugendlichen ohne Lehrstelle für 1937 auf 620.000. Ein Potenzial Verzweifelter, von denen immer mehr der Nazi-Propaganda auf den Leim gehen sollten.

Noch im Februar 1938 lobte Bundeskanzler Kurt Schuschnigg seine Wirtschaftspolitik mit ausgeglichenem Haushalt, gesunkenen Auslandschulden und steigenden Devisenreserven. Dies sollte Österreichs Unabhängigkeit sichern. Das Gegenteil war der Fall: Die Bevölkerung erwartete Arbeit von den Nazis. Die wohl gefüllten Tresore der Nationalbank sowie Rohstoffe und zu „arisierendes" jüdisches Vermögen wirkten als Einladung auf Adolf Hitler, Österreich „heim ins Reich" zu holen. Tatsächlich geriet der „Anschluss" zu einem gigantischen Raubzug. Die Oesterreichische Nationalbank wurde liquidiert, Gold und Devisen in Höhe von 740 Millionen Schilling wurden der Reichsbank zugeschanzt, die österreichische Industrie wurde der planwirtschaftlichen Rüstungspolitik des Deutschen Reiches unterworfen. Die Zahl der Beschäftigten jedoch stieg 1938 und 1939 auf dem Gebiet von Österreich um 327.000 auf über zwei Millionen, womit das Vorkrisenniveau von 1929 erreicht war. Die Arbeitslosigkeit sank auf 3,2 Prozent. Von Millionen an Kriegstoten in den Jahren danach ahnte damals kaum jemand etwas.

Systematische Judenhetze bereitete den Boden für „Arisierungen". Dazu gehört das Novemberpogrom vom November 1938, als in Innsbruck bei Ausschreitungen drei Juden ermordet wurden.

Für die Familie Ortner besonders verhängnisvoll: Mit dem „Anschluss" wurden die Rassengesetze der Nationalsozialisten auf die „Ostmark" ausgedehnt. Josef Ortner hatte während des Krieges nicht nur um seine Frau, die jüdische Vorfahren hatte, zu kämpfen, sondern auch um seine Firma. Doch davon war bei Kriegsausbruch und während der anfänglichen Erfolge der Wehrmacht noch keine Rede.

Gezählte Tage

Ende mit Schrecken

Sieg ohne Gewalt

Musik der Freiheit

Untergang des „Dritten Reichs" – Aufstieg des Westens

Anfang 1940 trafen in Innsbruck die ersten Aussiedler aus Südtirol ein, sogenannte Optanten. 1939 hatte Hitler die deutschsprachigen Südtiroler seinem Komplizen Mussolini ausgeliefert, damit der ihm freie Hand bei der Besetzung Österreichs ließ. Den Menschen wurde nahegelegt, ins „Reich" auszuwandern, wo sie eine neue Zukunft haben sollten. Die „Option" bezeichnet die Zeit zwischen 1939 und 1943, in der die deutschsprachigen Südtiroler die „Option für Deutschland" ausüben konnten („Optanten") oder in Südtirol blieben („Dableiber"), jedoch unter den italienischen Faschisten ihre Sprache und Kultur aufgeben mussten. 1940 kamen zunächst pro Tag 200 bis 250 Umsiedler mit allem Gepäck am Innsbrucker Hauptbahnhof an. Sie mussten provisorisch in Gasthäusern untergebracht werden, ihre Zukunft war alles andere als gesichert. Um sie bei Laune zu halten, erhielten sie Gratistheaterkarten, Vorträge wurden gehalten, Stadt- und Betriebsbesichtigungen sowie andere Unterhaltungen veranstaltet. Bald aber setzte Ernüchterung ein, Unzufriedenheit machte sich breit, es kam zu Zusammenstößen mit der Polizei.

Nicht alle kamen in der neuen „Südtiroler-Siedlung" mit 189 Häusern unter, ein eigenes Stadtviertel mit großzügigen Straßen und Höfen. Möglicherweise hat die Firma Ortner auch dort Gas- und Wasserleitungen verlegt. Bis Kriegsende stieg die Zahl der Südtiroler in Nordtirol auf rund 38.500 an. Durch die „Option" wurden viele Familien

Amtseinführung von Israels erstem Staatspräsidenten Chaim Weizmann durch Parlamentspräsident Yosef Sprinzak (Mitte, stehend) in der Knesset im Februar 1949

zerstört, die Spaltung der Südtiroler Gesellschaft wirkte noch viele Jahre danach.

Für Josef Ortner und seine Familie wurde es ab 1942 bedrohlich. Ob er wegen seiner österreichischen und katholischen Gesinnung schon früher verdächtig geworden war, wissen wir nicht. Für das NS-Regime jedenfalls war nach Erkenntnissen der Innsbrucker Gestapo die katholische Kirche der einzige politische Gegner von Gewicht und daher mannigfachen Repressalien ausgesetzt. Viel gefährlicher jedoch war die Judenhetze. 1942 wurden zunächst alleinstehende jüdische Frauen verhaftet und in Konzentrationslager verschleppt. „Kössen ist judenfrei", meldete der Gendarmerieposten. Die Ehe mit einem „Arier" hingegen galt als gewisser Schutz. Josef Ortners Frau Klara war Halbjüdin, vor der Hochzeit zum katholischen Glauben übergetreten und hatte einen „Arierausweis". Der Innsbrucker Zeithistoriker Thomas Albrich aber schreibt: Zu Ostern 1943 galt im Reichsgau Tirol und Vorarlberg plötzlich der Schutz eines arischen Ehepartners nichts mehr. Der Chef der Innsbrucker Gestapo, ein SS-Obersturmführer, ließ schrittweise im ganzen Gaugebiet alle jüdischen Ehepartner, die in geschützten, ‚privilegierten Mischehen' lebten, auf Basis fingierter Schutzhaftbefehle verhaften und ins Lager Innsbruck-Reichenau einliefern. Das war die Zwischenstation nach Auschwitz oder in andere Vernichtungslager. 8.500 Menschen waren im KZ Reichenau insgesamt in-

In der Konferenz von Casablanca im Jänner 1943 formulierten US-Präsident Franklin D. Roosevelt und Premierminister Winston Churchill als Kriegsziele die bedingungslose Kapitulation des Deutschen Reiches, Japans und Italiens

haftiert, 130 von ihnen wurden ermordet oder überlebten die unmenschliche Behandlung nicht.

Firmenchronist Siegfried Carli schreibt: Obwohl Frau Ortner davon nicht betroffen war, war die Gefahr für sie, doch noch Verfolgungen ausgesetzt zu sein, auch deshalb vorhanden, weil ihre Mutter 1942 ins Konzentrationslager nach Theresienstadt deportiert wurde, jedoch nach Ende des Krieges wieder nach Innsbruck zurückkehrte. Josef Ortners Schwager, Alois Schulhof, der noch vor Beginn der Verfolgungen die Möglichkeit hatte, nach Israel auszuwandern, und nach Kriegsende wieder nach Innsbruck zurückkehrte, bestätigte in einem Interview im Jahr 1993 auf die Frage, wie es seiner Schwester Klara zwischen 1938 und 1945 gegangen sei: „... Anfangs ging es den Mischehen und den getauften Juden ja noch besser und mein Schwager (Josef Ortner) hatte viele Beziehungen und Freunde, auch in den Ämtern, die sie immer rechtzeitig warnten, so kamen sie durch."

Josef Ortner weigerte sich hartnäckig, sich scheiden zu lassen, wie es ihm – wie auch anderen – nahegelegt wurde. Thomas Albrich: „Wer sich nicht scheiden ließ, musste mit Konsequenzen rechnen." Dazu gehörten „Berufsverbot und Entzug der Gewerbeberechtigung".

Und so kam es auch: Im Dezember 1943 richtete die Gauwirtschaftskammer an Josef Ortner die Aufforderung „... die Schließung Ihres Betriebes so unverzüglich vorzunehmen, dass Sie die allenfalls noch vorhandenen Aufträge bis spätestens Mitte des Monats anderen einschlägigen Firmen zur Vollendung übertragen." Und „... die in Ihrem Betrieb vorhandenen Arbeitskräfte zum anderweitigen Einsatz gleichfalls bis längstens Mitte des Monats anderen einschlägigen Firmen zur Verfügung zu stellen . . . Heil Hitler! Der Gauhandwerksmeister . . .". Firmenchronist Siegfried Carli: Frau Ortner entspreche nicht den geltenden Rassengesetzen und deshalb sei Josef Ortner auch nicht gewerbeberechtigt. Auch hatte Josef Ortner seine tirolisch-österreichpatriotische-katholische Gesinnung nie verleugnet und war deshalb auch nicht „Parteigenosse.

Josef Ortner nahm den Kampf auf. Bereits in einer Stellungnahme an den Oberbürgermeister der Stadt Innsbruck berichtet der Stadtsekretär, dass „. . . Ortner diesbezüglich bei der Gauwirtschaftskammer vorgesprochen hat, um die weiteren Schritte gegen die Stilllegung seines Betriebes einzuleiten". Ferner wird berichtet, „. . . Ortner habe sich wegen der Schließung bzw. Stilllegung seines Betriebes direkt an das Reichs-Wirtschafts-Ministerium in Berlin gewandt und von dort die telefonische Auskunft erhalten, dass er seinen Betrieb vorläufig auf sechs Monate weiterführen soll. Eine schriftliche Zustimmung des Reichswirtschaftsministeriums erwarte Ortner täglich."

Innsbruck wurde als wichtiger Bahnknotenpunkt das Ziel von 22 Luftangriffen mit 500 Todesopfern

Am 4. Jänner 1944 wird Josef Ortner wiederum aufgefordert, seinen Betrieb stillzulegen. Ortner akzeptiert die Schließung des Verkaufsgeschäftes, begründet aber seine Weigerung, auch den Installationsbetrieb stillzulegen, damit, dass er nur „Aufträge des Rüstungskommandos ausführe" und im Metallwerk Reutte und in den Sillkraftwerken arbeite. Am 27. Jänner 1944 berichtet schließlich die Magistratsabteilung, dass Ortner seinen Betrieb stillgelegt hat und dass die „Gefolgschaftsmitglieder" der Firma Ortner schon bei anderen Betrieben beschäftigt sind. Lediglich der Buchhalter und eine „Kanzleikraft" sind noch anwesend. Die Übergabe des noch lagernden Materials an eine andere Firma kommt wahrscheinlich nicht mehr zustande. Man darf in diesem Zusammenhang doch nicht übersehen, dass der Zusammenbruch des Nazi-Regimes nach einigen wenigen Monaten Wirklichkeit wurde und auch die Beamten allmählich andere Sorgen hatten, als bei einer in Innsbruck sehr bekannten und angesehenen Firma und Person Zwangsmaßnahmen einzuleiten, meint Carli.

Dieser Zusammenbruch hatte sich schon früh abgezeichnet: Der Verlust der Luftüberlegenheit über England. Das Eintreten der USA in den Krieg. Stalingrad und das Vorrücken der Sowjetarmeen bis nach Berlin. Das Scheitern der Seeblockade mit der Wende im U-Boot-Krieg im Nordatlantik. Schließlich die Invasion in der Normandie. Ernest Hemingway war selbst dabei und berichtet über eines der unzähligen Landungsboote am D-Day, am 6. Juni 1944: „Der Einschuss hatte die vordere Panzerung des Ruderhauses zerfetzt, und jedes Mal, wenn das Boot überholte, tropfte Blut von den blanken Fetzen des Einschusses. Verschanzung und Bordwand waren bekotzt von den Seekranken, und die Toten lagen vor dem Ruderhaus." – Gegen Ende heißt es dann: „Und wir hatten die Küste genommen." Schließlich: „Der wirkliche Krieg ist anders als auf dem Papier – ganz zu schweigen davon, dass er sich anders liest, als er aussieht."

Dies ist wohl im Auge zu behalten, wenn die Historikerin Karin Schneider schreibt: „Am 15. Dezember 1943 fand der erste von insgesamt 22 Luftangriffen auf Innsbruck statt. Als die ersten Meldungen am späten Vormittag über die sich nähernden feindlichen Flugzeuge eintrafen, begab sich kaum jemand in den Keller . . . Viele beobachteten den Flugzeugverband, der am damals strahlend blauen Himmel deutlich zu erkennen war. Als plötzlich um die 100 Sprengbomben im Stadtzentrum explodierten, war

Fortsetzung Seite 56

1940 – 1950

Abteilung I

Zl.I - 5827/1943 Ausgetragen Innsbruck,am 20.Jänner 1944.

Dem

städt.Erhebungsamt,

hier,

mit der Bitte die Stillegung der Fa.Ortner nunmehr endgültig durchzuführen und zu überwachen.

4 Beilagen!

Der Oberbürgermeister
der Gauhauptstadt Innsbruck
Im Auftrag :

(Dr.Zambra)

Eingetragen

Ausgetragen

Bericht. Die Fa. Ing. Ortner, Templstrasse No 5,hat ihren Betrieb bereits mit 15. Jänner 1944 stillgelegt und ist die Stillegung auch äusserlich durch Anschrift bezeichnet.

Die Gefolgschaftsmitglieder der Fa. Ortner sind schon bei anderen Betrieben beschäftigt.Es ist nur mehr der Buchhalter und eine Kanzleikraft mit Bewilligung der Gauwirtschaftskammer auf befristete Zeit in der Firma.

Innsbruck, den 27. Jänner 1944.

Stadtsekretär.

Der

Mag. Abteilung I

hier,

rückübermittelt.
4 Blg.

Der Oberbürgermeister
der Gauhauptstadt Innsbruck
Im Auftrag :

Ing. Josef Ortner

**(1899–1989),
Sohn des Firmengründers Ignaz Ortner,
Kommerzialrat und Landesrat**

Josef Ortner hatte als Unternehmer erst für seine Konzession zu kämpfen und im Zweiten Weltkrieg gegen die drohende Betriebsschließung durch die Nazis. Als Finanzlandesrat betrieb er nach 1945 den mühsamen Wiederaufbau in Tirol. Josef Ortner schaffte mit unternehmerischer Kreativität und mit Weitblick den Sprung vom kleinen Handwerksbetrieb in Tirol zum österreichweit und später international tätigen Hightech-Anlagenbauer. Seinem Adoptivsohn Klaus gab er das Erfolgsrezept mit auf den Weg: „Du musst das machen, was andere nicht können."

Außenminister Karl Gruber und Bundeskanzler Leopold Figl mit Gattin nahmen 1946 Unterschriften für die Wiedervereinigung Österreichs mit Südtirol entgegen

es für viele schon zu spät." – Aus dem Luftschutzkeller berichtet ein späterer Journalist: „Wir wurden gedrillt, beim Einsetzen der Sirenen sofort zur Mutter zu laufen. Im Luftschutzkeller wurde nicht gesprochen. Erst mit dem Einsetzen der Pfeiftöne der Bomben begann ein älterer Mann immer wieder das Vater unser und eine Frau das Gegrüßet seist du, Maria zu beten. Ein junges Mädchen begann, hysterisch zu lachen, und die Kinder weinten. Als es wieder ruhig war, sagte die Mutter jedes Mal: Gehen wir schauen, ob unsere Verwandten noch leben." – Wieder Karin Schneider mit einem Bericht aus dem Jahr 1945: „Am Boden brach ... Panik aus, sodass eine Frau und mehrere Kinder vor einem Luftschutzstollen von der Menge erdrückt wurden." Die Luftangriffe auf Innsbruck kosteten 500 Todesopfer. Fast 60 Prozent der rund 26.000 Wohnungen waren beschädigt oder zerstört.

Historiker haben sich um Erklärungen regelrecht gewunden, warum Winston Churchill Bombenkrieg gegen die Zivilbevölkerung geführt hat, obwohl er dessen Schrecken ebenso aus eigener Anschauung kannte wie dessen politische Wirkungslosigkeit. Gelungen ist es ihnen nicht. Sie blieben in Versuchen stecken, wie, er habe keinen anderen Weg für die von den Russen stets geforderte zweite Front gesehen, bis hin zu Rache für die deutschen Bomben auf London und Coventry.

Der Zweite Weltkrieg endete in Innsbruck mit dem Einmarsch amerikanischer Truppen am 3. Mai 1945. Bereits im März hatte sich eine christlich-soziale und katholische Widerstandsbewegung unter dem Kommando des späteren Landeshauptmannes und Außenministers Karl Gruber formiert. Seine Leute verhafteten hohe Wehrmachtsoffiziere und konnten Innsbruck den Amerikanern einigermaßen friedlich übergeben.

... nach dem Krieg

Im Juli 1945 traten als Besatzungsmacht an die Stelle der Amerikaner dann die Franzosen, die bis Vorarlberg vorgerückt waren. „Das Auftreten der französischen Kommandostellen und Behörden gegenüber den Einheimischen war taktvoll und nicht anmaßend", schreibt der Historiker Otto Stolz, jedoch waren für die Menschen die Versorgung der Besatzungstruppen mit Nahrungsmitteln sowie deren Unterbringung eine empfindliche Belastung. Nach dem Krieg herrschten auch in Innsbruck und in Tirol Mangel an Lebensmitteln und Wohnungsnot. Noch 1946 kam es wegen der Nahrungsmittelnot zu Demonstrationen von Hausfrauen, obwohl aus der Schweiz und aus den USA erste Hilfslieferungen eintrafen.

Im Herbst 1945 gab es dann die erste Landesregierung. Karl Gruber wurde jedoch bald als Außenminister nach

Der Electronic Numerical Integrator and Computer (ENIAC) war der erste rein elektronische Universalrechner und diente der US-Armee 1946 zur Berechnung ballistischer Tabellen

Wien berufen, um der Südtirolfrage als außenpolitischem Schwerpunkt der jungen Zweiten Republik politisches Gewicht zu verleihen. Tiroler Landeshauptmann in der nach dem Proporz von ÖVP und SPÖ gebildeten neuen Landesregierung wurde Alfons Weissgatterer.

„Auf jene Männer und Frauen, die sich ihre ablehnende Haltung zum Nationalsozialismus bewahrt hatten, kam jetzt die Aufgabe zu, auf den hinterlassenen Ruinen Österreich und Tirol neu aufzubauen. Aufgrund seiner untadeligen Haltung in der bewussten Zeit kam auf Josef Ortner die Einladung zu, die Finanzen des Landes Tirol auf ein neues demokratisches Fundament zu stellen. Am 12. Dezember 1945 trat er als Finanzlandesrat in die erste Tiroler Landesregierung nach dem Krieg ein“, schreibt Siegfried Carli.

Die „Tiroler Nachrichten“ nennen ihn einen „Unternehmer von neuzeitlichem Typ“. Er wolle „... Mitarbeiter, nicht Untergebene. Er bekennt sich zum Leistungslohn, bei Sicherung eines Mindestlohnes für den Ungelernten.“ Seine soziale Haltung wurde später von Mitarbeitern bestätigt, die hervorhoben, auch bei Auftragsmangel in den harten Nachkriegswintern seien sie nicht arbeitslos geworden. – „Klare Kenntnis der wirtschaftlichen Verhältnisse in Tirol verbindet sich bei ihm mit tiefem Verständnis für die sozialen Nöte der Zeit.“ Und Ortner gehörte, wie viele der herausragenden österreichischen Politiker nach dem Krieg, zu den Brückenbauern, auch in Richtung ehemaliger Nazis.

Carli hat ein paar Beispiele zusammengetragen, die skizzieren, wie mühsam der Wiederaufbau war: Bereits seit Anfang 1947 betrieb Josef Ortner im Bundesministerium für Finanzen den Wiederaubau der Innsbrucker Klinik. 1947 standen lediglich 350.000 Schilling bereit. Ortner bemerkte, dass dieser Betrag kaum dafür ausreichen werde, den Bauschutt wegzuräumen. Noch 1948 klagt der Dekan der medizinischen Fakultät der Universität Innsbruck: „Die Kranken sind lediglich behelfsmäßig untergebracht ... Es gibt keine kleinen Zimmer für Schwerkranke; Sterbende, welche man aus Rücksicht auf andere Kranke nicht im Zimmer belassen kann, müssen auf die kalten, zugigen Gänge gestellt werden und müssen dort, allen Besuchern und Passanten zur Schau gestellt, öffentlich sterben.“

Gang und gäbe waren Tausch- und Kompensationsgeschäfte. Josef Ortner hatte offensichtlich erfahren, dass in der Schweiz 1.000 WC-Schalen und Spülkästen sowie Metallrohre zu haben seien. Diese Materialien würden ausreichen, um – wie Ortner in einem Brief vom 30. August 1945 an die zuständige Stelle berichtet – rund 1.000 Wohnungen mit verhältnismäßig geringen Mitteln bewohnbar zu machen. Was daraus geworden ist, ist nicht überliefert.

Mit dem 1949 von der Voest entwickelten Linz-Donawitz-Verfahren („LD-Verfahren") werden heute rund zwei Drittel der Weltrohstahlproduktion hergestellt

Ein weiteres wegen Geldmangels groß angelegtes Tauschgeschäft betraf die Hochspannungsleitung über den Arlberg. Eine italienische Firma hatte den Auftrag erhalten, diese Leitung zu bauen. Bezahlt sollte sie mit Holz und 8.000 Tonnen Roheisen werden. Die Erfüllung dieser Lieferverpflichtung lag in den Händen des Ministeriums für Handel und Wiederaufbau. Die vorliegende Korrespondenz sagt aus, dass das Ministerium säumig wurde und das Land Tirol sich darüber heftig beschwerte. Ortner: „In der Annahme, dass Sie, sehr geehrter Herr Minister, im Hinblick auf künftige Verhandlungen mit Italien wesentlich mit daran interessiert sind, dass die österreichische Vertragstreue bei derartigen Geschäften nicht mit Recht angezweifelt werden kann, bitte ich Sie um Ihre Unterstützung."

Der Finanzlandesrat hatte sich aber auch um Dinge am Rande der Skurrilität zu kümmern: Der französischen Militärregierung waren vonseiten des Landes 45 Sitze im Landestheater zur Verfügung zu stellen. Landesrat Ortner erreichte in Wien, dass diese Kosten vom Bund als Besatzungskosten übernommen wurden.

Der Tourismus hatte sich relativ schnell erholt, obwohl Gasthöfe und Hotels von der Besatzungsmacht requiriert waren. 1946 wurden in Tirol bereits wieder 984.000 Übernachtungen gezählt, ein Drittel davon in Innsbruck. 16 Hotels, 39 Gasthöfe und 15 Pensionen gab es 1949 in Innsbruck, von den knapp 900 Zimmern hatte nicht einmal die Hälfte fließendes Kalt- und Warmwasser. Die Gäste kamen in der Sommer- und in der Wintersaison nach Tirol, aus England, Frankreich, Holland, Belgien und Italien. Die Deutschen hatten noch Devisenbeschränkungen, sie sollten aber in wenigen Jahren wiederkommen.

Immerhin kamen 1948 und danach der Marshall-Plan dem Wiederaufbau zuhilfe. Vor allem die Industrie und die Energiewirtschaft mussten wieder aufgebaut werden. Die „Männer von Kaprun" wurden Symbol für den Wiederaufbau. Die Wachstumsraten waren zweistellig, allerdings wegen der Kriegsschäden von erschreckend niedrigem Niveau aus. Die Arbeitslosigkeit war gering. Nach Tirol flossen von den insgesamt zehn Milliarden Schilling aus dem European Recovery Program (ERP) zwischen 1948 und 1953 rund 600 Millionen Schilling. Davon 300 Millionen für die Industrie (Plansee-Werke, Jenbacher Werke), 110 Millionen für den Fremdenverkehr, über 100 Millionen für die Land- und Forstwirtschaft, fünf Millionen für das Gewerbe, der Rest für Sonstiges.

Eine der Aufgaben, die der Finanzlandesrat zu übernehmen hatte, war das Filmwesen in Tirol. Josef Ortner wurde im August 1946 zum öffentlichen Verwalter über

Hermann Gmeiner mit den ersten Kinderdorf-Müttern im SOS-Kinderdorf in Imst in Tirol

die „Filmzentrale in Tirol, soweit es sich um deutsches Vermögen handelt", bestellt. Film war eine politische Sache, nicht nur wegen der Fragen des deutschen Eigentums, und so hatte die französische Militärregierung das letzte Wort, was über die Leinwände in Tirols Kinos flimmern durfte. Deutsche Filme wurden zunächst einmal beschlagnahmt, wegen des Verdachtes auf Nazi-Inhalte. Und die im Übermaß vorhandenen russischen Filme fanden keinen Anklang. Ortner wurde zum amtlichen Filmverleiher und Kinobetreiber. Ein Blick in die „Tiroler Tageszeitung" vom August 1946 zeigt das Kinoprogramm. Kammer: „Der Mann, von dem man spricht", Laurin: „Burgtheater", Löwen: „Stimme des Herzens", Triumph: „Reise ins Vergessen".

Gleich auf der nächsten Seite die andere Wirklichkeit dieser Zeit: „Jener Heimkehrer aus Imst, der mit d. Stbgfr. Herbert Schier im Auffanglager i. Rußland beisammen war, wird gebeten, sich ... bei Ferdinand Schier, Höttinger Au 46, zu melden. Unkosten werden vergütet!" – „Welcher Rußlandheimkehrer kann Auskunft geben über Gfr. Jakob Ganterer? Vermißt seit 4. 7. 1944 an der Beresina, Nachricht erbittet Familie Larcher ..."

1949 eröffnete dann Hermann Gmeiner das erste SOS-Kinderdorf in Imst. Daraus wurde eine Erfolgsstory der besonderen Art: Derzeit betreut die Organisation weltweit in 133 Ländern rund 1,1 Millionen Kinder und deren Angehörige.

Trotz aufreibender politischer Tätigkeit bleibt Josef Ortner leidenschaftlicher Unternehmer. Bereits 1946 gründet er mit anderen Teilhabern eine Großhandelsfirma für Installationsmaterial, die Berninger & Co. KG, benannt nach einem der Teilhaber. Denn Installationsmaterial war Mangelware, es musste oft aus Bombenruinen geholt werden. Andererseits war es Installationsfirmen verboten, Vormaterial wie Rohre, Formstücke, Sanitärkeramik direkt beim Erzeuger einzukaufen, und Ortner wollte so billiger an Vormaterialien kommen. Die Firma behält auch nach dem Ausscheiden von Dr. Berninger den Namen bei und existiert bis heute.

Als Ing. Josef Ortner 1949 aus der Landesregierung ausschied, wurde er – damals schon Vizepräsident der Tiroler Handelskammer – vom Bundespräsidenten zum Kommerzialrat ernannt. Er wäre als Finanzlandesrat nicht so erfolgreich gewesen, hätte er nicht erfahrene und kompetente Verwaltungsfachleute mit Hofrat Dr. Franz Thurner an der Spitze zur Seite gehabt. Zwischen beiden Männern entwickelte sich eine Freundschaft, die Jahrzehnte später zur Adoption von Thurners Sohn durch Josef Ortner führen sollte. Es ist der jetzige Chef der IGO-Ortner Gruppe, Klaus Ortner.

Romy Schneider

Ungarn-Flüchtlinge

Staatsvertrag

Rock 'n' Roll

Aufbruch und Konjunktur

Als Ing. Josef Ortner sein Amt als Finanzlandesrat zurücklegte, sagte er, er wolle sich jetzt wieder dem Aufbau seiner Firma widmen. So weit so unspektakulär. Aber er dürfte in seiner Zeit als öffentlicher Verwalter der Tirol-Film vom Filmvirus infiziert worden sein. Denn kaum aus dem Amt, kaufte er die Tirol-Film, die zuvor eine ganze Reihe von Eigentümern hatte: das Land Tirol, Landeshauptmann Weissgatterer höchstselbst sowie Persönlichkeiten wie Architekten, Professoren, Kaufleute und Rechtsanwälte.

Kommerzialrat Ing. Josef Ortner wird nun auch Kinobetreiber, Filmproduzent, Filmhändler und Filmverleiher, so die betreffenden Konzessionsurkunden.

Die Konzession betrifft: „Herstellung von zur öffentlichen Aufführung bestimmten Filmen" (Produktion), „Erwerb von Filmverbreitungs- oder von Filmaufführungsrechten" (Filmvertrieb) und „Erwerb von Filmaufführungsrechten und ihre entgeltliche Veranlassung an Lichtspielunternehmer" (Filmverleih).

Aus den Jahren 1950 und 1951 sind Verträge mit Luis Trenker und Leni Riefenstahl erhalten. Luis Trenker erklärt sich einverstanden, dass an die Tirol-Film drei Kopien seines Films „Der Kaiser von Kalifornien" gehen sollen, und er, Luis Trenker, 60 Prozent von den Einspielergebnissen erhalten soll. Mit Leni Riefenstahl sind Dokumente über die Abrechnung von Rechten an ihrem Film „Tiefland"

Unterzeichnung der „Römischen Verträge" am 25. März 1957 mit dem deutschen Bundeskanzler Konrad Adenauer (Mitte) und dem ersten Präsidenten der EWG-Kommission Walter Hallstein

sowie zum Film „Das blaue Licht" zu finden. Oder: Die Bewilligung der Oesterreichischen Nationalbank war nötig, um 4.578,90 Schilling für die Aufführungsrechte des Films „Grün ist die Heide" nach Zürich zu transferieren. Was war sonst noch im Kino? Im Oktober 1952: Kammer: „Triumphbogen", Laurin: „In München steht ein Hofbräuhaus" (Sonntag 10 Uhr vormittags Jugendfilm: „Das Drachenschloß"), Löwen: „Die Piratenbraut".

Es sollten, so wünschte sich Ortner, auch Kinder unter sechs Jahren schon ins Kino gehen dürfen. Da aber hat die Tiroler Landesregierung Nein gesagt, denn „Fachleute, Jugendpfleger, Kinderpsychologen und -ärzte finden, dass Filmvorführungen – gleich, welchen Inhaltes sie seien – wegen ihrer Reizüberflutung und der Unfähigkeit des kindlichen Gemütes, das Dargebotene geistig zu verarbeiten, zu schweren Störungen im Seelenleben des Kindes führen". Josef Ortner setzte trotzdem auf Expansion: Zum Nonstop-Kino der Tirol-Film in der Maria-Theresien-Straße in Innsbruck kamen im Jahr 1961 noch das Parkkino in Hall und das Leokino in Innsbruck dazu. Alles in allem dürfte das Filmgeschäft dem Herrn Kommerzialrat Ortner, im Hauptberuf Chef einer angesehenen Installationsfirma, Spaß gemacht haben, denn er hat die Tirol-Film erst 1987 verkauft.

In Innsbruck – und damit zum Kerngeschäft der Firma Ortner, nämlich der Installation von Gas und Wasser – wurde eifrig gebaut. In der Innenstadt wurden die Bom-

Der Wiederaufbau verändert das Stadtbild Innsbrucks nachhaltig

benschäden beseitigt, am Stadtrand begannen Häuselbauer ihr Werk. Die Stadt half durch niedrig verzinste Darlehen oder durch kostengünstige Grundverkäufe. Auch die Kirche half. Bischof Paulus Rusch rief unter dem Motto „Wohnbau ist Dombau“ zu Spenden und freiwilligem Arbeitseinsatz auf, die Ursulinen stellten Grund zur Verfügung, und so entstand 1950/51 neben der ebenfalls neuen Wohnbauanlage „Am Gießen“ die Heilig-Jahr-Siedlung mit 41 Wohnhäusern für 256 Personen. Trotz des Wiederaufbaus blieb die Wohnungsnot mit permanent rund 5.000 Wohnungssuchenden in Innsbruck groß. 1953 konnte Bürgermeister Greiter verkünden, dass die Bombenschäden an öffentlichen Gebäuden nun beseitigt seien. Im gleichen Jahr wurde nach mehr als zehn Jahren die kombinierte Kraftwerks- und Trinkwasseranlage Mühlau fertig, an der die Firma Ortner mitgearbeitet hat. 1954 wurde der zehn Jahre zuvor von Bomben zerstörte Hauptbahnhof wiedereröffnet. Max Weiler erhielt den Auftrag zur Ausgestaltung der großen Abfahrtshalle. Dessen zwei Wandgemälde sorgten wegen der abstrahierenden Darstellung der Innsbrucker Geschichte und Gegenwart für einen Skandal.

Die Regierung der noch jungen zweiten Republik in Wien konnte sich zwar – im Gegensatz zu den Jahren nach dem Ersten Weltkrieg – auf die volle Zustimmung der Bevölkerung stützen, aber der Wiederaufbau war mühsam. Die Regierung hantelte sich gemeinsam mit den Sozialpartnern von einem Lohn-Preis-Abkommen zum nächsten weiter, um in einem heiklen Balanceakt die Bevölkerung mit subventionierten Nahrungsmitteln, die Wirtschaft mit Rohstoffen und Investitionsmitteln zu versorgen, um bei massivem Aufholbedarf ein Wachstum zu gewährleisten, ohne eine galoppierende Inflation wie in den Zwanzigerjahren zu riskieren.

Es wurde an allen Schrauben gedreht: Löhne und Preise, Subventionen, Steuern, Wechselkurs. Eine Mischung aus Plan- und Marktwirtschaft, die jedoch nicht auf Dauer funktionierte: Wenn den Bauern die zugestandenen Getreidepreise zu niedrig waren, lieferten sie das Getreide nicht an die Mühlen und Bäckereien, sondern verfütterten es, um über den Umweg der Schweineproduktion mehr Geld zu bekommen. Löhne und Preise wurden stufenweise aneinander angeglichen, begleitet wurde das von einer Politik relativ billigen Geldes, das Konsum auf Pump begünstigte. Wirtschaftshistoriker Herbert Matis nennt das die „paktierte“ Inflation. Sie stieg allerdings auf über 25 Prozent, die Lohn-Preis-Abkommen wirkten nicht mehr. Dazu kam Druck aus den USA, das Geld aus der Marshall-Plan-Hilfe weniger für die Subvention von Konsumausgaben auszugeben und mehr die Investitionen anzukurbeln. Es herrschte erheblicher Handlungsbedarf.

Vier Epochen Ortner & Co. – Ortners Firmensitz in der Dr.-Stumpf-Straße 2 (großes Foto), sind die Adressen Müllerstraße 4 (Haller & Ortner ab 1903 bis 1911, oben links), Templstraße 5 (Haller & Ortner bzw. IGO Ortner & Co. von 1911/1912 bis 1957, oben Mitte) und Müllerstraße 27 (Ignaz Ortner & Co, ab 1957 bis 1977, oben rechts) vorangegangen

Nun sprangen die Sozialpartner über den eigenen Schatten. Das bewährte Zweigespann Julius Raab (Präsident der Bundeswirtschaftskammer) und Johann Böhm (Präsident des Gewerkschaftsbundes) trat wieder in Aktion. Maßgeblich unterstützt von der Industriellenvereinigung beschlossen Industrie, Gewerbe und Handel eine Preissenkungsaktion um fünf Prozent für eine Reihe wichtiger Konsumgüter, von Elektrogeräten bis zu Semmeln. Begünstigt wurde diese Aktion von einem Abflauen der internationalen Konjunktur mit sinkenden Rohstoff- und Importpreisen. Der Gewerkschaftsbund rechnete kurz nach und kam zu dem Ergebnis, dass diese Preissenkungen mehr wert waren als eine weitere Erhöhung der Nominallöhne. Dieses Stillhalteabkommen führte zu einer Senkung der Verbraucherpreise 1953 um 1,2 Prozent, und die Inflation sollte auch in den folgenden Jahren im grünen Bereich bleiben.

Die Atempause wurde für eine nachhaltige Stabilitätspolitik genutzt. Das Wirtschaftswachstum kam allerdings kurzfristig zum Stillstand, und die Arbeitslosigkeit kratzte wieder an der Neun-Prozent-Marke. In der zweiten Hälfte des Jahrzehnts jedoch stand dem Wiederaufbau, dem „Wirtschaftswunder“ und der allgemeinen Aufbruchsstimmung nichts mehr im Weg. Sichtbares Zeichen bei der Firma Ortner: Der Standort in der Templstraße platzte aus allen Nähten. Die Firma übersiedelte wieder in die Müllerstraße, aber nicht nach Nummer 4, wo Haller & Ortner begonnen hatten, sondern der neue Firmensitz von Ignaz Ortner & Co. wurde 1958 Müllerstraße 27. Zuvor noch hatten die Arbeiter und Angestellten ihrem Chef Josef Ortner für die Unterstützung bei der Beschaffung von Wohnungen öffentlich in einer Anzeige in der „Tiroler Tageszeitung“ gedankt. Sein soziales Engagement wird auch zu Josef Ortners 60. Geburtstag in den „Tiroler Nachrichten“ hervorgehoben.

Wirtschaftspolitisch setzen sich die Grundsätze der sozialen Marktwirtschaft erst in Westdeutschland, dann auch in Österreich durch, untrennbar mit dem Namen Reinhard Kamitz verbunden, der als Minister und Nationalbankpräsident der Marktwirtschaft in den Jahren nach den ersten Turbulenzen des Wiederaufbaus zum Durchbruch verholfen hat. Parallel dazu entstand – unter Einsatz erheblicher ERP-Mittel – die Verstaatlichte Industrie, unentbehrlich für die ersten Jahre des Wiederaufbaus, später aber sollte sie unter politischem Einfluss erstarren und in eine gigantische Krise stürzen.

Jetzt aber herrschte allgemeine Aufbruchsstimmung. Sie war es sicher auch, die die besten Bergsteiger des Landes die höchsten Gipfel der Welt erklimmen ließ: Hermann Buhls Erstbesteigung des Nanga Parbat (8.125 m)

Das Brandenburger Tor – Symbol für den Kalten Krieg und die Teilung der Welt

am 3. Juli 1953. Am 19. Oktober 1954 stand Herbert Tichy als Erster auf dem Gipfel des Cho Oyu (8.188 Meter), eine Expedition mit den Tirolern Sepp Jöchler und Helmut Heuberger sowie Sirdar Passang Dawa Lama. Am 9. Juni 1957 nochmals Hermann Buhl: Erstbesteigung des Broad Peak (8.047 Meter) mit Fritz Wintersteller, Marcus Schmuck und Kurt Diemberger. Alle diese Erstbesteigungen schafften die österreichischen Bergsteiger im „Alpinen Stil", also ohne künstlichen Sauerstoff und ohne Hochträger über das Basislager hinaus. In den Schatten gestellt – zumindest in den Augen der breiten Öffentlichkeit – wurden diese Höchstleistungen 1956 von Toni Sailer, der in Cortina d' Ampezzo als erster Sportler alle alpinen Bewerbe bei Olympischen Spielen gewann.

Jedoch war die Welt geteilt, politisch ebenso wie wirtschaftlich, der Eiserne Vorhang trennte Systeme, Völker und Menschen. Das Wettrüsten hatte begonnen. 1952 zündeten die USA die Wasserstoffbombe, 1953 auch die UdSSR. Josef Stalin hatte die Teilnahme am ERP-Programm abgelehnt und es den neu entstandenen Satellitenstaaten der UdSSR ebenfalls verboten. Die UdSSR schufen für den kommunistischen Osten den COMECON, den Rat für gegenseitige Wirtschaftshilfe. Nur in Österreich durften Betriebe unter sowjetischer Verwaltung, die USIA-Betriebe, ERP-Hilfe annehmen. 1953 erhielt der frühere General George Marshall für seine Bemühungen zum Wiederaufbau Europas den Friedensnobelpreis.

Nach dem Tod Stalins nutzte die österreichische Außenpolitik das Zeitfenster bis zur nächsten west-östlichen Eiszeit, um endlich den Staatsvertrag zu bekommen. Das Foto von Erich Lessing, das Kanzler Leopold Figl am 15. Mai 1955 auf dem Balkon von Schloss Belvedere zeigt, wie er den Staatsvertrag einer jubelnden Menschenmenge präsentiert, seine Worte „Österreich ist frei!", beides hat sich im kollektiven Gedächtnis der Österreicherinnen und Österreicher fest verankert und entscheidend zur Bildung des neuen Österreich-Bewusstseins beigetragen.

Im kommunistischen Osten Europas hingegen herrschten Diktatur und Gewalt. 1953 revoltierten ausgerechnet die Arbeitermassen im „Arbeiter und Bauernstaat" DDR gegen Mangelwirtschaft, Überwachungsstaat und Diktatur. 16 sowjetische Divisionen mit etwa 20.000 Soldaten schlugen den Aufstand am 17. Juni 1953 nieder. Die Zahl der Todesopfer blieb unter 100. Der Aufstand in Ungarn im Herbst 1956 endete mit der Invasion der übermächtigen Sowjetarmee ab 4. November 1956. Die Kämpfe forderten auf ungarischer Seite etwa 2.500 Tote, die sowjetischen Truppen verloren nach eigener Darstellung 720 Mann. Nach der Niederschlagung des Freiheitskampfes wurden über 350 Aufständische durch die kommunistischen Macht-

Der vom Österreicher Heinz Zemanek gebaute Rechner „Mailüfterl" hatte 3.000 Transistoren, 5.000 Dioden, 1.000 Montageplättchen, 100.000 Lötstellen, 15.000 Widerstände, 5.000 Kondensatoren und 20.000 Meter Schaltdraht, er war vier Meter breit, 2,5 Meter hoch und 50 Zentimeter tief

haber hingerichtet, darunter ein 18-jähriger Schüler. Zehntausende wurden eingekerkert oder interniert. 200.000 Ungarn flüchteten über Österreich in den Westen, 70.000 blieben in Österreich.

Westeuropa rückte enger zusammen. Am 25. März 1957 wurden von der Bundesrepublik Deutschland, Frankreich, Italien und den drei Benelux-Ländern die Römischen Verträge zur EWG beschlossen, mit den wichtigsten Punkten:

- Sicherung des sozialen und wirtschaftlichen Fortschritts;
- Beseitigung europäischer Schranken, Abschaffung der Zölle;
- Besserung der Lebens- und Beschäftigungsbestimmungen;
- beständige Wirtschaftsausweitung, ausgewogener Handelsverkehr, redlicher Wettbewerb;
- gemeinsame Handels-, Landwirtschafts- und Verkehrspolitik;
- Wahrung von Frieden und Freiheit;
- größere Stabilität, engere Beziehungen zwischen den Staaten;
- freier Personen-, Dienstleistungs-, Kapital-, und Warenverkehr;
- Angleichung innerstaatlicher Rechtsvorschriften;
- innere und äußere finanzielle Stabilität.

Im Wettlauf ins All der beiden Supermächte USA und Sowjetunion dann ein Knalleffekt: Sputnik 1 (Durchmesser 58 Zentimeter, Gewicht 84 Kilogramm) wurde von den Sowjets am 4. Oktober 1957 als der erste künstliche Erdsatellit ins All geschossen und schockte die USA. Viele Menschen hörten das charakteristische Piepsen, die ersten Signale eines von Menschen geschaffenen Erdtrabanten aus dem All, durch einen Tonbanddienst am Telefon. Die Briten entwickelten das erste Düsen-Passagierflugzeug, die „Comet" scheiterte allerdings an technischen Mängeln, die zu verheerenden Unfällen führten. Die Krönung Königin Elisabeths II. wird zum ersten weltweiten Fernsehereignis. In der Computertechnik gelang eine österreichische Pionierleistung: Heinz Zemanek baute 1955 in Wien den ersten Transistor-Computer auf europäischem Festland, Spitzname „Mailüfterl". Später wurden der Rechner und sein Erbauer von IBM übernommen, das „Mailüfterl" landete schließlich im Technischen Museum. Die Vorarbeiten dazu leistete Zemanek am MIT in den USA. In den USA entstand auch der ENIAC, der erste elektronische Universalrechner, für ballistische Berechnungen der US-Army.

Weite Teile Westeuropas waren vom Amerika-Fieber erfasst. Der amerikanische Film feierte Triumphe, so etwa James Dean mit „Jenseits von Eden", „Giganten" oder „Denn sie wissen nicht was sie tun". Als er 1955 in einem

Elektrische Hausgeräte zeigen den steigenden Wohlstand breiter Bevölkerungsschichten

Max Weilers Fresken im Innsbrucker Hauptbahnhof wurden skeptisch betrachtet und sorgten für einen Skandal

Porsche tödlich verunglückte, wurde er zum Mythos der aufbegehrenden Jugend. Marylin Monroe war in „Blondinen bevorzugt“ oder „Das verflixte 7. Jahr“ zu sehen. Deutsche Filmklassiker der Fünfzigerjahre waren „Helden“ oder „Das Mädchen Rosemarie“, in Frankreich drehten Louis Malle „Die Liebenden“ und Jaques Tati „Mon Oncle“, eine Satire auf die typischen Neureichen dieser Zeit.

Rock 'n' Roll kam nach Europa, faszinierte die Jugend und verschreckte die Älteren, die voll mit dem wirtschaftlichen Wiederaufbau zu tun hatten und sich innerlich noch nicht von überkommenen und von den Nazis einzementierten Vorstellungen von Kunst und Kultur, von schön und hässlich, lösen konnten. Eine eigenständige Jugendkultur war im Werden, misstrauisch beäugt von den Autoritäten in Politik und Gesellschaft, Schule und Erziehung. Eine Jugendkultur, die bald eine eigene Konsumwelt und damit einen Milliardenmarkt bilden sollte, von der Mode bis hin zur Unterhaltungselektronik und zur Freizeitwirtschaft.

Die Hochkonjunktur brachte von 1953 an durchschnittliche jährliche Wachstumsraten von 6,3 Prozent. Unter anderem wurde der Autobahnbau Mitte der Fünfzigerjahre wieder aufgenommen, ein Punkt des Raab-Kamitz-Kurses, der Österreichs Wirtschaft aufbauen sollte. Erst kam die Westautobahn, aber immer nur in Stücken, sodass sie den Titel „Fleckerlteppich“ oder „Österreichs Unvollendete“ erhielt. 1959 wurde auch die Südautobahn begonnen.

Österreich war innerhalb der OECD-Länder fast Wachstumsweltmeister, nur die Bundesrepublik Deutschland wuchs geringfügig schneller. Persönlicher Einsatz der Menschen, steigendes Arbeitskräfteangebot durch die rasant einsetzende Mechanisierung der Landwirtschaft, Exporterfolge und eine konsequente Wachstumspolitik werden als Gründe genannt. Auf politischer Ebene standen dem Vordringen marktwirtschaftlicher Prinzipien die Einführung des allgemeinen Sozialversicherungsgesetzes (ASVG) sowie ein von der SPÖ gewünschtes Investitionsprogramm in Autobahnen, Post, Telefon und Bundesbahn gegenüber. Diese Phase der Hochkonjunktur sollte bis ins nächste Jahrzehnt hinein andauern.

I Want to Hold Your Hand

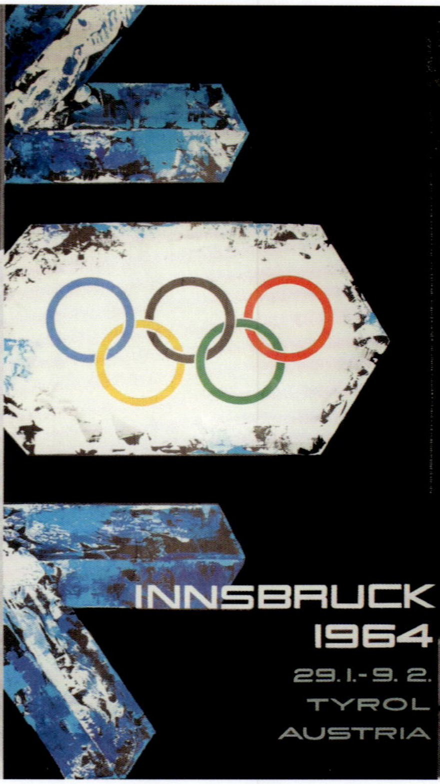

Im Blickpunkt der Welt

Am Rand des Atomkrieges

Sommer 1968 in Prag

Kalter Krieg und Revolte der Jungen

Das neue Jahrzehnt begann mit vernehmlichem Donnergrollen auf der Bühne der Weltpolitik, das zu dramatischen Höhepunkten anschwellen sollte. Die USA und die UdSSR befanden sich in einem Rüstungswettlauf mit Atomraketen, Frankreich zündete seine erste Atombombe. In den USA wurde John F. Kennedy zum Präsidenten gewählt, Kuba lehnte sich unter Fidel Castro immer mehr an die UdSSR an. Im Mai 1960 wurde über sowjetischem Territorium ein US-Spionageflugzeug abgeschossen, der Pilot gefangen genommen. Der sowjetische Staats- und Parteichef Nikita Chruschtschow bekam am 12. Oktober 1960 im Verlauf einer erregten Rede vor der UNO seinen legendären Wutanfall, wobei er mit seinem Schuh auf den Tisch hämmerte. Er wollte die Aufnahme des kommunistischen China.

Wien war die Hauptstadt eines kleinen, neutralen Landes zwischen den Blöcken. Und Wien war eine Spionagedrehscheibe, wo es von Agenten nur so wimmelte. 1961 wurde ausgerechnet in Wien ein Versuch unternommen, den Kalten Krieg zu überwinden. Nikita Chruschtschow und John F. Kennedy trafen einander, um Möglichkeiten der Entspannung zu suchen. Die für Anfang Juni festgelegten Gespräche verliefen nicht gut: Chruschtschow hielt Kennedy für einen schwachen Neuling und wollte – so sagt man – „dem jungen Mann das Fürchten beibringen". Nach plausiblen Interpretationen entschloss sich Chruscht-

1960 – 1970

Die Mondlandungen – spektakuläre Erfolge ohne längerfristige Konzepte

schow aufgrund dieser Einschätzung dafür, die Mauer in Berlin bauen zu lassen (um die Massenflucht aus der DDR zu stoppen) und, noch dramatischer, im Oktober 1962 sowjetische Atomraketen auf Kuba zu stationieren („Kuba-Krise“). In Berlin fuhren auf beiden Seiten Panzer auf, es blieb aber bei verbalen Protesten und bei Kennedys umjubeltem Spruch: „Ich bin ein Berliner!“ Vor Kuba drehten die mit Raketen beladenen sowjetischen Frachter ab, als Kennedy eine unerwartete Härte zeigte, jedoch auch US-Raketen aus der Türkei abziehen ließ.

Österreich war für einen Augenblick Schauplatz der Weltpolitik und man war zufrieden mit der eigenen Rolle als Gastgeber: Ein glänzender Empfang in Schloss Schönbrunn, das katholische Ehepaar Kennedy mit der zur Ikone gewordenen „Jackie“ bei der Messe im Stephansdom. Kennedy wurde mit einer Begeisterung empfangen wie kein US-Präsident nach ihm. Der joviale, bullige Chruschtschow, der im Jahr zuvor auf einem erfolgreichen Staatsbesuch im Lande gewesen war (und eine Wette mit Leopold Figl um den jeweiligen Maisertrag verloren hatte – Wetteinsatz: ein Schwein), stieß auf vorsichtige Akzeptanz.

Während auf der Weltbühne die Supermächte einander mit Atomwaffen bedrohten und in Vietnam einen brutalen Stellvertreterkrieg begannen, läuteten in Westeuropa die Friedensglocken: Frankreichs Staatspräsident Charles de Gaulle, der als General während des Krieges die Kapitulation Frankreichs praktisch im Alleingang überwand und die Franzosen mit Erfolg zum Kampf gegen Nazi-Deutschland aufgerufen hatte, er rief 1962 in Ludwigsburg in Baden-Württemberg, im Nachbarland des so lange umkämpften Elsass, die deutsche Jugend zur gemeinsamen Zukunft auf. Hunderttausende Deutsche jubelten. Ein Jahr später wurde von de Gaulle und dem deutschen Bundeskanzler Konrad Adenauer der Elysee-Vertrag besiegelt. Die jahrhundertelange „Erbfeindschaft“ zwischen Frankreich und Deutschland war damit begraben. Die deutsch-französische Freundschaft bildet bis heute die zentrale Kraft in der Europäischen Union.

De Gaulle sollte jedoch die junge EWG bald durch seine „Politik des leeren Stuhls“, also durch die Nichtteilnahme Frankreichs an gemeinsamen Beschlüssen, entscheidungsunfähig machen und in eine tiefe Krise stürzen. Vordergründig ging es um das Agrarbudget, in Wahrheit wollte sich de Gaulle aber keinen Mehrheitsbeschlüssen beugen. De Gaulle hielt mit seiner eigenwilligen Politik noch länger Europa und den Rest der Welt in Atem. 1967 wurden EWG, Europäische Gemeinschaft für Kohle und Stahl (EGKS) und Euratom fusioniert und das Europäische Parlament geschaffen. Es entstand die Europäische Gemeinschaft (EG).

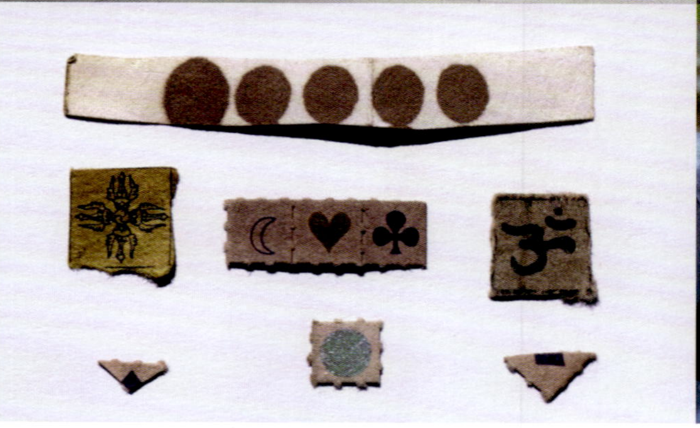

Die Revolte der Jungen war vielschichtig: Studentenprotest in Wien gegen einen Nazi-Professor, in Berlin formierte sich die linksradikale außerparlamentarische Opposition, besetzte Hochschulen und bildete Kommunen. LSD wurde Modedroge. In den USA spaltete der Vietnamkrieg die Nation und ließ – „Make Love not War" – viele junge Menschen Zuflucht in der Hippie-Bewegung suchen

1960 – 1970

Merci cherie – Udo Jürgens als deutscher Gegenentwurf zu Beatles und Rolling Stones

Österreich war dabei Zaungast. Denn trotz engster wirtschaftlicher Verflechtungen mit Deutschland und der übrigen EWG hatte sich Österreich der EFTA, der „kleinen“ Freihandelszone (Großbritannien, Skandinavien, ohne Finnland, Schweiz, Österreich, Portugal) angeschlossen. Offiziell aus eigenem Entschluss wegen der Neutralität, hinter vorgehaltener Hand wurde aber schon politischer Druck aus Moskau genannt. Österreichs Außenhandel wurde zum Teil umgeleitet, gegenüber der EWG kam es zu Diskriminierungsverlusten. Daneben litt die Verstaatlichte Industrie unter der sinkenden Bedeutung der Grundstoffindustrie. All diese Sorgen wogen aber nicht schwer. Trotz einiger Schwankungen betrug im Dezennium die durchschnittliche jährliche Wachstumsrate 4,7 Prozent. Knappheit an Arbeitskräften wurde durch erste Gastarbeiterkontingente ausgeglichen.

Ein kräftiger Schub für den Tourismus und für die Stadtentwicklung in Innsbruck waren 1964 die IX. Olympischen Winterspiele. Ein Großereignis von nationaler Bedeutung, das Österreich einen beträchtlichen Imagegewinn einbrachte. Ein Jahr zuvor wurde an der Brennerautobahn die Europabrücke eröffnet, und schon ab 1961 begann der Bau des Olympischen Dorfes, der optisch dominantesten Siedlungsanlage Innsbrucks: Acht Hochhäuser mit mehreren hundert Wohnungen prägen den östlichen Stadtrand. Rund um die Anlage entwickelten sich rasch weitere Wohngebiete. Auch der wachsende Bevölkerungsdruck verlangte Anfang der Sechzigerjahre nach geordneter Stadterweiterung. Überwiegend fünfgeschossige Wohnblöcke mit insgesamt mehr als 1.250 Wohnungen wurden hochgezogen. Genügend Aufträge für Installationsfirmen also, Ortner konnte sich inzwischen mit rund 100 Beschäftigten unter die fünf Größten des Landes Tirol einreihen.

Es sollte aber weiter gehen: Ortner schaffte in den Jahren des Aufschwunges den Sprung vom Innsbrucker Installationsbetrieb zum österreichweit und später international tätigen Hightech-Anlagenbauer. Das war jedoch kein Sprung ins kalte Wasser, sondern wohl vorbereitet, wie es dem Wesen Josef Ortners entsprach: Bodenhaftung und zugleich Aufbruch. Man blieb zunächst in Tirol: „Mit einem Projekt bei der Biochemie Kundl begannen wir ab 1963 unser Hightech-Engagement in der Pharmaindustrie – heute sind wir in dieser Sparte ein führender Anbieter für Kunden wie Baxter, Boehringer Ingelheim, Novartis und Sandoz. Mit dem Projekt der Kläranlage Innsbruck stellten wir uns ab 1969 erstmals den höchsten technischen und logistischen Ansprüchen des Anlagenbaus. Es sollten über 20 Großkläranlagen werden, kilometerlange Fernheizleitungen im Schildvortrieb, zahlrei-

Nikita S. Chruschtschow hat den jungen John F. Kennedy beim Gipfeltreffen in Wien nicht richtig eingeschätzt

che Deponie- und Abfallprojekte“, ist dazu auch in der Firmengeschichte zu lesen.

1968 kam es zu einem entscheidenden personellen Neuzugang: Der 24-jährige Diplomingenieur für Maschinenbau Klaus Thurner, mit einem Diplom der ETH Zürich in der Tasche, trat bei Ortner ein. Er ist der Sohn jenes Hofrat Franz Thurner, der dem Finanzlandesrat Josef Ortner nach dem Krieg als unentbehrlicher Ratgeber in Verwaltungsfragen zur Seite gestanden hatte. Ein Dipl.-Ing. ETH mit einer Diplomarbeit in Reaktortechnik schien auf den ersten Blick für ein Installationsunternehmen etwas überqualifiziert. Aber er hatte bereits in der Schweiz Berufserfahrungen bei Sulzer in Winterthur in Heizungs- und Lüftungstechnik und bei Sauter in Basel in Regeltechnik gesammelt. Für den Sprung in die technisch anspruchsvolle Sparte des Anlagenbaues war er der richtige Mann zur richtigen Zeit, und auch am richtigen Ort: Er sollte nach Wien gehen und dort Forschungsstätten des Pharmakonzerns Sandoz mit neuer Kunststofftechnik im Installationsbereich ausrüsten, gemeinsam mit einer Schweizer Firma. Den Auftrag von Sandoz hatte Ortner nach seinem Engagement in der Biochemie Kundl erhalten, die von Sandoz übernommen wurde. Man kannte sich also bereits.

Nicht nur der Projektleiter, auch die Monteure übersiedelten kurzfristig von Tirol nach Wien. „Ich habe damals ein Appartement in der Märzstraße bewohnt, das mir als Wohnung und als Büro gedient hat“, berichtet der damals junge Ingenieur, „an der Baustelle selbst, in der Brunnerstraße, hatten wir eine Baubaracke, in der ich ebenfalls ein Büro hatte, und in der wir kleine Werkstätten für die Vorfertigung von Kunststoffmaterial eingerichtet hatten.“ Die Tiroler Monteure fuhren nach jeweils drei Wochen in Wien dann eine Woche nach Hause. Ortner hatte in der Zeit rund 100 Mitarbeiterinnen und Mitarbeiter. „Relativ klein“, befand der junge Projektleiter Dipl.-Ing. Klaus Thurner, der mit Ing. Josef Ortner zwar immer ein sehr gutes Verhältnis hatte, aber „im Geschäft gibt es halt nur einen, der anschafft. Deshalb war ich froh, dass ich nach Wien gehen konnte.“

Die Konjunktur in Österreich, von der auch Ortner profitierte, war nicht nur hausgemacht: Auf internationaler Ebene sorgte die Ölschwemme durch sinkende Energiepreise für einen Konjunkturschub und eine Motorisierungswelle, und auf österreichischer Ebene sorgte der Tourismusboom – an der Spitze wieder die deutschen Gäste – für volle Kassen. Die Tourismuseinnahmen konnten die Handelsbilanz mehr als ausgleichen und überdeckten so Strukturschwächen der Exportindustrie. Vom „Volk der Kellner und Skilehrer“ war die Rede. Der Tourismus veränderte vor allem Westösterreich nachhaltig: „Innerhalb

Der Mord an Martin Luther King konnte die Bürgerrechtsbewegung nicht aufhalten

einer Generation wurden aus Dörfern mit armen Bergbauern Fremdenverkehrszentren mit einem hohen Lebensstandard, einer modernen Infrastruktur und dichten Kontakten mit der Umwelt", schrieb der Wirtschaftswissenschaftler Hans Seidel.

Aufschwung und Wirtschaftswunder hatten ihren Preis, im wahrsten Sinn des Wortes. Der Wirtschaftshistoriker Herbert Matis schreibt von einem „Lohn-Preis-Slalom", der die Wirtschaftspolitik in Atem hielt. 1965 kletterte die Inflation bis auf fünf Prozent. Im selben Jahr stiegen die Löhne jedoch um neun Prozent, was immer noch für einen deutlichen Reallohnzuwachs reichte. Die Sozialpartner hatten ihren festen Platz in der Wirtschaftspolitik gefunden. Das Provisorium der Paritätischen Kommission von 1957 hatte sich fest etabliert und wurde zu einer Hauptstütze der Sozialpartnerschaft bei allen wirtschaftspolitischen Entscheidungen, vor allem in der Frage der Löhne und Preise. Die Nationalbank versuchte durch Drehen an der Zinsschraube das ihre beizutragen, schwankte aber immer zwischen Wachstums- und Stabilitätskurs. Sie hatte ja auch noch auf den Außenwert des Schillings zu achten. „The Big Bargain" von 1966 brachte Entspannung: Der ÖGB steckte bei seinen Lohnforderungen zurück, die Bundeskammer verzichtete auf Preiserhöhungen, und der Finanzminister senkte – um das Wachstum zu halten – die Lohn- und Einkommensteuer.

In die politische, wirtschaftliche und gesellschaftliche Walzerseligkeit, die damals in Wien und in Österreich herrschte, mischten sich Misstöne: Helmut Qualtinger erinnerte in seinem Monolog „Der Herr Karl" sehr unangenehm an die Rolle von Österreichern in der Nazi-Zeit und löste eine von schiefer Selbstgerechtigkeit getragene Entrüstung aus. Auch Wolfgang Bauers Stücke „Magic Afternoon" und „Change" sorgten für Aufsehen. Weniger Kontroversen lösten die Werke des Wiener Phantastischen Realismus aus, wohl weil sie eher gegenständlicher Natur waren und mit ihrer bunten Farbigkeit kaum schmerzliche Gefühle auslösten. Der Phantastische Realismus geriet zu einer Randerscheinung im internationalen Kunstbetrieb. Andy Warhols Siebdrucke „Jackie Kennedy" und „Marylin Monroe" sowie Roy Lichtenstein schufen die bis heute in den Auktionen stark gefragte Kunstrichtung der Pop Art.

Die USA wurden von politischen Morden erschüttert: Der Kennedy-Mord in Dallas, der Mord an seinem Bruder Robert Kennedy und der Mord am Bürgerrechtskämpfer Martin Luther King, der seinerseits blutige Rassenunruhen auslöste. Afroamerikaner waren trotz Kriegseinsatzes im Weltkrieg und in Vietnam, trotz herausragender Leistungen in Sport und Kultur Bürger zweiter Klasse geblieben. Die kraftvolle Bürgerrechtsbewegung der Schwarzen, Studentenunruhen und gewalttätige Proteste gegen den Vietnamkrieg zeichneten das Bild einer tief verunsicherten westlichen Führungsmacht. Die Jugend begehrte auch in Europa auf, vor allem in Deutschland und in Frankreich kam es zu teils gewalttätigen und blutigen Unruhen.

Die einzelnen Bewegungen unterschieden sich voneinander. Häufige Themen waren der Protest gegen den Vietnamkrieg und atomare Aufrüstung mit den Ostermärschen. Es war der Kampf gegen Autorität in der Bildung („Unter den Talaren – Muff von 1.000 Jahren"), für sexuelle Freiheit und Frauenrechte, es war die Flower-Power- und die Hippie-Bewegung. Straßenschlachten in Paris, Rom, Tokio und in Deutschland bildeten die gewalttätigen Höhepunkte der 68er-Bewegung, der friedliche Höhepunkt war ein Jahr später mit 400.000 jungen Leuten das Woodstock-Festival. Schon zuvor hatten die Beatles der Musikwelt einen neuen Stempel aufgedrückt. Sie wurden – neben den Rolling Stones – zu Leitfiguren der friedlichen Jugendrevolte. „Zu Jugendprotest und Hippie-Bewegung hatte ich keinerlei Kontakt, in der Schweiz und an der ETH nicht, ich habe das nur aus dem Fernsehen gekannt. Und dann war ich sofort berufstätig", sagt der heutige Unternehmer Klaus Ortner.

Am 21. Juli 1969 um 3 Uhr 46 MEZ stand der erste Mensch auf dem Mond. „Das ist ein kleiner Schritt für einen Menschen – aber ein großer Schritt für die Menschheit", sagte Neil Armstrong. Vielleicht hat er diese – in den Propagandaabteilungen des Weißen Hauses wohl erwogenen – Worte selbst geglaubt. Nachdem der Sowjetunion aber – für 120 Milliarden Dollar nach heutigem Geldwert – demonstriert worden war, wer jetzt im Wettlauf um das All die Nase vorn hatte, wurde das Apollo-Programm nach drei Jahren eingestellt. Und die Menschheit hatte – wie die Ereignisse zeigen sollten – nichts vom Schritt des Neil Armstrong zu erwarten, abgesehen von kleineren technischen Errungenschaften, wie etwa Teflon.

Die USA führten weiter den Vietnam-Krieg, mit verheerenden Bombenteppichen, unter Billigung eklatanter Kriegsverbrechen und unter Missachtung der Genfer Konvention, und die Sowjetunion unterdrückte alles blutig,

Andy Warhol setzte mit seinen Siebdrucken in der Pop Art neue Maßstäbe und erregte als Filmer und Multimedia-Künstler selbst in New York beträchtliches Aufsehen

was nach Freiheit oder auch nur nach „Sozialismus mit menschlichem Antlitz" aussah. Im Sommer 1968, kurz nachdem Österreich mit der Sowjetunion den ersten sogenannten „Russengasvertrag" unterzeichnet hatte, walzten Hunderte Panzer und eine halbe Million Mann aus der Sowjetunion und anderen Ländern des Warschauer Paktes den „Prager Frühling" nieder. 100 Zivilisten und 50 Soldaten starben.

Österreich war aufgeschreckt, Einheiten des Bundesheeres rückten an die tschechoslowakische Grenze vor, der Präsenzdienst wurde verlängert. Das Außenministerium protestierte gegen Luftraumverletzungen durch sowjetische Flieger. Der unabhängige ORF profilierte sich als Informationsdrehscheibe so wirkungsvoll, dass die Sowjets offiziell protestierten. In der österreichischen Botschaft in Prag stellte Botschafter Rudolf Kirchschläger, der spätere Bundespräsident, am laufenden Band Visa aus, trotz gegenteiliger Weisung von Außenminister Kurt Waldheim. Eine Lektion für den ängstlichen Mann am Ballhausplatz oder ein fein abgestimmtes Rollenspiel? Im September jedenfalls wurden die ersten paar tausend Kubikmeter Russengas nach Österreich gepumpt. Wenige Jahre später unterzeichnete die Bundesrepublik Deutschland ihren ersten Gasvertrag mit der Sowjetunion. Den Namen des gigantischen staatlichen Gaskonzerns Gazprom, bis heute wirksames Machtinstrument des Kremls, kannten damals nur wenige Fachleute.

Mordopfer Hanns Martin Schleyer; Kreisky mit Androsch – politischer Aufbruch; Feministin Alice Schwarzer; frühes Computerspiel Pac-Man

Ölkrise und Terrorismus

Als Bruno Kreisky 1970 seine erste Regierung bildete, konnte er in einer Phase der Hochkonjunktur starten. Das Wachstum hatte in den Jahren zuvor an Tempo ständig zugelegt und erreichte mit 6,4 Prozent einen einsamen Höhepunkt. Es gab mehr als 2,3 Millionen unselbstständig Beschäftigte, und die Zahl sollte weiter steigen. Es herrschte bei einer Arbeitslosenrate von 1,9 Prozent praktisch Vollbeschäftigung, und sie sollte noch lange andauern. Die Zahl der Gastarbeiter vor allem aus Jugoslawien stieg ständig und erreichte 1973 den im europäischen Vergleich dritthöchsten Anteil von fast neun Prozent.

Bundeskanzler Kreisky hatte von der Vorgängerregierung einen geordneten Staatshaushalt übernommen, das Budgetdefizit lag 1970 bei 0,6 Prozent des BIP. Allerdings stiegen auch die Preise: Eine Inflationsrate von 4,4 Prozent wurde als besorgniserregend empfunden, obwohl sie unter der anderer Länder lag. Doch blieb bei Lohnerhöhungen um gut acht Prozent immer noch einiges an Reallohnzuwachs im Geldbörsel übrig. Durch die Finger schauten die Sparer, sie bekamen mit dem damals gültigem sogenannten Eckzinssatz, das war die von der Nationalbank verkündete Mindestverzinsung, nur 3,5 Prozent.

Die Nachteile, die Österreich wegen der Nichtteilnahme an der EG in Kauf nehmen musste, begannen zu

Jugoslawen, Türken – als Arbeitskräfte willkommen, als Mitbürger gering geschätzt

schwinden. Investoren aus der EG ließen sich in Österreich nieder, einerseits, um die Zollschranken zu überspringen, andererseits waren die Löhne trotz der rasanten Steigerungen im internationalen Vergleich immer noch günstig, der soziale Friede war und ist ein immer wieder hervorgehobener Standortvorteil. Die Industrie erholte sich zusehends von ihrem Zwischentief. 1972 kam es dann auch noch zu einer ersten massiven Zollsenkungsrunde mit der EG.

Angesichts des ungebremsten Aufschwunges verloren in der Wirtschaftspolitik ideologische Gegensätze an Bedeutung, klassenkämpferische Töne verstummten. Die Sozialpartnerschaft sorgte überdies für eine gewisse Kontinuität im Übergang von einer ÖVP- zu einer SPÖ-Regierung. Und die SPÖ gab sich überwiegend pragmatisch. In der SPÖ, so der Wirtschaftshistoriker Felix Butschek, trat „. . . die Sozialpolitik gegenüber bildungs- und wirtschaftspolitischen Zielsetzungen in den Hintergrund".

Nach dem Zusammenbruch des Systems von Bretton Woods, als der Gold-Dollar-Standard mit fixen Wechselkursen nicht mehr gehalten werden konnte, musste auch in Österreich die Währungspolitik neu erfunden werden. Es schlug die Stunde der Hartwährungspolitik, verbunden mit dem Namen des neuen Finanzministers Hannes And-

Der Ölboykott der OPEC und die Ohnmacht des Westens war nur ein Zwischenspiel, das bald durch Nordseeöl beendet wurde

rosch, still und effizient unterstützt von der Oesterreichischen Nationalbank. Präsident war Hans Kloss, zuvor Chef der Genossenschaftlichen Zentralbank der Raiffeisen-Bankengruppe, also der ÖVP zuzurechnen. Schon 1971 sagte Bruno Kreisky im Parlament, eine Abwertung des Schillings wäre „. . . unzumutbar und für die österreichische Wirtschaft in höchstem Maße schädlich“. Es gehe darum, ein kleines Land vor der internationalen Spekulation zu schützen. Die Industriellenvereinigung folgte nur anfangs der neuen Währungspolitik, legte sich bald quer, jedoch erfolglos. Regierung und Notenbank machten Aufwertungen der D-Mark stets mit, zumindest teilweise, und argumentierten, es müsse importierte Inflation vermieden werden. Möglicherweise wäre der ohnehin rasante Preisauftrieb, der sich bis 1974 auf fast zehn Prozent beschleunigt hatte, sonst noch ärger ausgefallen. Im Juli 1976 erfolgte schließlich die – offiziell nie verkündete – Koppelung an die D-Mark.

Vor der Einführung der Hartwährungspolitik hatte sich die Ansicht durchgesetzt, Österreichs Wirtschaft sei den anderen Volkswirtschaften in OECD-Europa bereits ebenbürtig geworden und brauche für ihre Exporterfolge nicht mehr das Hintertürl der Schilling-Abwertung. In der Öffentlichkeit verkauft wurde dies mit dem Ausdruck des „neuen wirtschaftlichen Selbstbewusstseins“ Österreichs. Die Hartwährungspolitik erwies sich für Österreichs Industrie als wahre „Rationalisierungspeitsche“, ging es doch um die Wettbewerbsfähigkeit auf den Exportmärkten.

Und noch einen Erfolgsfaktor nennt der Wirtschaftshistoriker Felix Butschek: Es traten im Lauf der Jahre während des Anpassungsprozesses der österreichischen Wirtschaft an den Standard westlicher Industrieländer „...dynamische Unternehmer in Mittelbetrieben hervor, die außergewöhnlichen innovatorischen Impetus an den Tag legten“.

Dazu gehörte sicher auch Ing. Josef Ortner. 1971 adoptierte er den Sohn des verstorbenen Freundes Franz Thurner, Klaus, der seine Bewährungsprobe mit dem erfolgreich abgerechneten Sandoz-Auftrag in Wien bestanden hatte. „Du musst das machen, was die andern nicht können“, gab er seinem nunmehrigen Adoptivsohn Dipl.-Ing. ETH Klaus Ortner mit auf den Weg. 1972 erhielt Klaus Ortner die Befugnis als Zivilingenieur für Maschinenbau.

Die Pharma-Industrie brauchte also Firmen, die Kunststoffkanalisationen verlegen konnten. Klaus Ortner zog einen weiteren Auftrag einer anderen Pharma-Firma an Land, „gegen stärkste Wiener Konkurrenz“, wie er anmerkte. Diese beiden Aufträge waren, so betont er, der Grundstein für die Spezialisierung auf die Bedürfnisse der

Donaukraftwerke und polnische Steinkohle für Dürnrohr ersetzen in Österreich die Atomkraft

Pharmaindustrie. Josef Ortner hatte nun Interesse bekommen, in Wien endgültig Fuß zu fassen. Das geschah über eine kleinere Wiener Installationsfirma, die bei einem Spitalsbau in Schwierigkeiten geraten war und von Ortner übernommen wurde. Ortner und die Wiener Tochterfirma, die spätere HTG-Haustechnische Gesellschaft, rüsteten das Fernmeldezentralgebäude der damaligen Post- und Telegraphenverwaltung aus, und als Pionierleistung galt die Installation des Kurmittelhauses der Therme Oberlaa anlässlich der „Wiener Internationalen Gartenschau 1974".

Die Konjunkturflaute in der ersten Ölkrise hätten die Firma Ortner und ihre Wiener Tochtergesellschaft gut überstanden, meint Klaus Ortner. Unter anderem, weil der damalige Finanzminister Hannes Androsch eine 50-prozentige Abschreibung auf Bauinvestitionen eingeführt hat. „Da es uns ganz gut gegangen ist und wir gewisse Reserven angesammelt hatten, beabsichtigten wir, ein neues, ein eigenes Bürogebäude zu bauen", berichtet Klaus Ortner. Das war die Adresse Palmgasse 3 in der Nähe des Westbahnhofes. „Da hatten wir im Tiefgeschoß Garagen, im Erdgeschoss ein Lager, im ersten Obergeschoß ein Büro für etwa 15 bis 20 Mitarbeiter – wir hatten damals rund 50 Monteure –, in den weiteren Geschoßen dieses Hauses hatten wir Appartements zum Vermieten, und im letzten Geschoß wurde eine Wohnung – hochtrabend ein kleines Penthouse mit Terrasse – gebaut, die ich für mich hergerichtet habe." – Auch in Innsbruck wurde die Gelegenheit zur baulichen Erweiterung – verbunden mit einer abermaligen Übersiedlung – genützt. In der Dr.-Stumpf-Straße entstand seit Anfang der Siebzigerjahre schrittweise die heutige Firmenzentrale. Erstmals bezogen wurde das neue Gebäude 1976. Im selben Jahr wurden die Immobilienaktivitäten von Ortner durch die Gründung der IGO Immobilien GmbH gebündelt, in Wien ebenso wie in Innsbruck. Ein Jahr später, mit 33, wurde Dipl.-Ing. ETH Klaus Ortner Gesellschafter und Geschäftsführer der Firma Ortner. Seine Tochter Iris war gerade drei Jahre alt geworden, Tochter Nina sollte 1979 zur Welt kommen.

Innsbruck wurde 1976 zum zweiten Mal nach 1964 Austragungsort für Olympische Winterspiele. Im Vorfeld erfuhr Innsbruck abseits des Baus von Sportstätten zahlreiche städtebauliche Veränderungen. Im Mittelpunkt stand die „Verdichtung" der Stadt durch den Bau weiterer Hochhäuser. Auch der Bau des Olympischen Dorfes wurde diesem Prinzip untergeordnet. Später wohnten im „O-Dorf" rund 6.000 Menschen. Dem damaligen Zeitgeist entsprechend folgten viele der Maßnahmen dem Ideal der autogerechten Stadt. Unter anderem wurde die Straßenbahnlinie 4 nach Hall in Tirol eingestellt.

Voreiliger Jubel eines ägyptischen Soldaten im Jom-Kippur-Krieg 1973 am Sinai

In der Bundeshauptstadt erwachten die Menschen am Sonntag, dem 1. August 1976, mit einer Schreckensmeldung: Die Wiener Reichsbrücke, eine 1,2 Kilometer lange, auf zwei Pfeilern in der Donau ruhende Kettenbrücke, ein symbolträchtiger Bau aus der Zwischenkriegszeit, war in den frühen Morgenstunden eingestürzt. Ein Busfahrer kam zu Tode.

Die Ölkrise von 1973 und der darauffolgende Abschwung trafen Wirtschaft und Politik in der ganzen Welt unvorbereitet. Nach dem Jom-Kippur-Krieg im Oktober 1973 mit einem Sieg Israels setzten die arabisch dominierten Ölexportländer dem Westen die Daumenschrauben an, bis die von Israel besetzten Gebiete „befreit" und die „Rechte des palästinensischen Volkes" wiederhergestellt seien. Die Ölförderung wurde allgemein um fünf Prozent reduziert, die USA und die Niederlande wurden überhaupt mit einem Lieferboykott belegt. Gleichzeitig erhöhte die OPEC, die Organisation erdölexportierender Länder, den Ölpreis drastisch. An einem einzigen Tag im Oktober stieg der Preis für Rohöl von drei auf über fünf Dollar für das Barrel (das Fass zu 159 Litern), also um 70 Prozent. Im Verlauf des Jahres 1974 stieg der Ölpreis sogar auf zwölf Dollar.

Die EG forderte Israel auf, die 1967 besetzten Gebiete zu räumen. Vergebens. Wie die BBC erst 2004 herausfand, wollten die USA und Großbritannien die Ölfelder Saudi-Arabiens und Kuweits militärisch besetzen und mit Gewalt die Herrschaft über das „Schwarze Gold" wieder an sich reißen. Dazu aber kam es nicht.

Ing. Josef Ortner war inzwischen 74 Jahre alt geworden. Er reagierte gelassen und mit Weitblick auf das bis dahin einzigartige Ereignis: „Ich habe den ersten Weltkrieg als Soldat erlebt, mehrere Währungsänderungen von der Krone zum Schilling, dann zur Reichsmark und wieder zum Schilling, Hyperinflation, Hungersnöte, Wiederaufbau, den zweiten Weltkrieg, rassische Verfolgung, Bomben auf Innsbruck, abermals Wiederaubau. Wir haben all diese Schwierigkeiten gemeistert, deshalb wird auch die gegenwärtige Energiekrise ein vorübergehender Zustand sein."

Für die Weltwirtschaft war es jedoch zunächst ein Schock, hatte sie sich doch von Öl weitgehend abhängig gemacht: Bei der Energieversorgung, bei der Stromerzeugung und im Verkehr, die Petrochemie und ihre Erzeugnisse, wie Kunststoff und Kunstfasern, hatten die Konsumwelt durchdrungen. Öl galt bis dahin als unerschöpflicher und daher billiger Rohstoff. Die Ölkonzerne hatten diese Illusion auf Kosten der ölproduzierenden Länder genährt, und die schlugen jetzt zurück. Der Jom-Kippur-Krieg war die willkommene Gelegenheit für die OPEC, interne Streitigkeiten vorerst zu vergessen und geschlossen gegen die Aushöhlung der Öleinkünfte aufzutreten. Dies war das einzige Mal, dass die „Ölwaffe" wirksam eingesetzt werden konnte. Die Industrieländer und ihre Regierungen waren alarmiert.

Den Auswirkungen des Ölschocks auf Energiepreise und Konjunktur wurde unterschiedlich begegnet, Österreich wird von den Wirtschaftshistorikern großer Erfolg bescheinigt. Allgemein in Erinnerung sind: Ein autofreier Tag pro Woche nach eigener Wahl, der per Vignette auf der Windschutzscheibe angezeigt werden musste. Der damalige Handelsminister Josef Staribacher handelte sich damit den Spitznamen „Pickerl-Joe" ein. Es wurden die „Energieferien" eingeführt, um den Heizungsaufwand in den Schulen zu senken. Die Sommerzeit sollte durch längeres Tageslicht den Stromverbrauch für Beleuchtung senken. Innerhalb der OECD wurde die Internationale Energieagentur IEA gegründet. Erstes Ergebnis: Strategische Ölreserven für drei Monate in allen OECD-Ländern. In Österreich währte nur kurz die Hoffnung, das in Bau befindliche Kernkraftwerk Zwentendorf könnte die Energiebilanz entlasten. Eine Volksabstimmung im Jahr 1978 verhinderte die Inbetriebnahme des fertigen Kraftwerkes.

Die von Klaus Ortner erwähnte Abschreibung auf Bauinvestitionen war nur einer von vielen wirtschaftspolitischen Schritten der Regierung. Es schlug die Stunde des „Austro-Keynesianismus". Vorher geplante Steuersenkungen blieben aufrecht, um die Konjunktur am Laufen zu halten. Der Ausbau des Sozialstaates wurde fortgesetzt, die Beschäftigungspolitik blieb im Mittelpunkt. Ebenso wurde die Hartwährungspolitik weitergeführt, was die durch den Ölpreis importierte Inflation etwas bremste. Trotzdem stieg sie 1974 auf 9,5 Prozent. Im Gegenzug für die expansive Sozialpolitik war die Zurückhaltung in der Lohnpolitik durch die Gewerkschaften eine Art „politischer Austausch". Die Arbeitslosigkeit blieb gering. Allein 1975 machte das Wachstum Pause, aber es kam zu keiner „Stagflation" wie in anderen Ländern, wo durch den explodierenden Ölpreis zwar „Inflation" importiert wurde, die Wirtschaft aber in „Stagnation" verharrte.

In den späten Siebzigerjahren meisterte die Firma Ortner in Wien ein besonders schwieriges Projekt, das für die weitere Zukunft entscheidende Erkenntnisse brachte: Es war der Neubau der Technischen Universität auf den Freihausgründen am Karlsplatz. Hier wurde erstmals mithilfe eines exzellenten Juristen, der bei Ortner angeheuert hatte, sogenanntes Claim Management betrieben. Das heißt, bei unklarer Planung und kompliziertem Baugeschehen gilt es, die eigenen Pläne durchzubringen sowie die Rechte an Werklohn und Nachforderungen zu sichern. Das ist bei Großprojekten inzwischen Standard geworden, war damals aber juristisches Neuland. Ortner konnte so einen Vorsprung an Know-how bei der Abwicklung von Großprojekten erwerben. Dieses Know-how sollte sich beim AKH-Neubau Anfang der Achtzigerjahre als wertvoll erweisen.

Die OPEC-Terroristen verlassen Österreich mit den Geiseln nach Handschlag mit Innenminister Otto Rösch unbehelligt

Die Jahre des Nahost-Konflikts brachten ein neues, erschreckendes Phänomen hervor: Den international vernetzten Terrorismus. Die dramatischen Höhepunkte: 1972 die Geiselnahme von elf israelischen Athleten bei den Olympischen Spielen in München durch radikale Palästinenser. Die Geiseln wurden ermordet, die Täter von der Polizei erschossen. 1975 überfielen Terroristen die OPEC-Konferenz in Wien, angeblich auf Befehl des libyschen Diktators Gaddafi, um die Ölpreise zu manipulieren. Ein österreichischer Kriminalbeamter, ein irakischer Sicherheitsmann und der libysche OPEC-Delegierte wurden getötet, die Terroristen hatten einige Ölminister als Geiseln genommen und flogen von Wien-Schwechat ab. Die palästinensischen Terroristen vernetzten sich mit der Baader-Meinhof-Bande in Deutschland und entführten 1977 die Lufthansa-Maschine „Landshut". Drei der vier Terroristen wurden in Mogadischu getötet, die Maschine kam frei. In Italien mordeten die Roten Brigaden. Seitdem die Flugzeugentführungen begonnen haben, müssen sich die Flugpassagiere bis heute an den Flughäfen umfangreichen Sicherheitschecks unterziehen. Der Terrorismus sollte bis in unsere Tage ein unbewältigtes Problem bleiben.

Ein Kommunikationsfehler innerhalb der SED verursachte den alles verändernden Sturm auf die Berliner Mauer durch die Bürger der DDR

1980 – 1990

Reaganomics und Fall der Mauer

Lech Walesa überwindet den Kommunismus; Michail Gorbatschow liquidiert den Ostblock und die UdSSR; Kurt Waldheim – Präsident allein in der Hofburg; Falkland bleibt britisch – Sturz von Argentiniens Militärdiktatur

Verstaatlichtenkrise und Neuanfang

Zu Beginn des neuen Jahrzehnts hatte die Weltwirtschaft mit den Folgen des zweiten Ölpreisschocks zu kämpfen. Die Revolutionswirren im Iran hatten die Ölförderung zeitweise zusammenbrechen lassen – und der Iran war damals der zweitgrößte Ölproduzent. Obwohl die Förderung bald wieder angelaufen war, obwohl Saudi-Arabien den Ölhahn bis zum Anschlag aufdrehte, kam es zu Versorgungsengpässen und zu Panikkäufen. Der Ölpreis verdoppelte sich in kurzer Zeit auf 34 Dollar für das Barrel zu 159 Litern. In Österreich konnte die amtliche Preisregelung für Treibstoffe mit den Preissprüngen an den internationalen Märkten nicht mehr mithalten und wurde abgeschafft. Die Inflationsrate war 1981 wegen der Ölkrise auf 6,8 Prozent geklettert, aber das Wirtschaftswachstum nahezu auf null zurückgefallen. Die Unsicherheit an den Energiemärkten traf sich mit einer allgemeinen internationalen Konjunkturflaute.

Staatliche Konjunkturprogramme stießen an budgetäre Grenzen. Noch im letzten Wahlkampf hatte Bruno Kreisky mit einem legendären Zitat für seine Politik geworben: „Und wenn mich einer fragt, wie denn das mit Schulden ist, dann sag ich ihm das, was ich immer wieder sage, und zwar, dass mir ein paar Milliarden mehr Schulden weniger schlaflose Nächte bereiten, als ein paar hundert-

Finanzminister Ferdinand Lacina, Bürgermeister Helmut Zilk und Wissenschaftsminister Heinz Fischer wollen die Öffentlichkeit in einer Presskonferenz wegen der hohen Baukosten des AKH-Neubaus beruhigen

tausend Arbeitslose mir bereiten würden", rief er im Parlament den Abgeordneten (und den Fernsehzuschauern) zu. Die SPÖ konnte mit 51 Prozent ihre absolute Mehrheit ausbauen. Aber die Zeiten des großzügigen „deficit spending" waren vorbei. Zwar lag die öffentliche Verschuldung damals erst bei 30 Prozent des BIP, während es heute über 70 Prozent sind. Aber die Budgetdefizite kletterten auf vier bis über fünf Prozent des BIP allein auf Bundesebene, und die Zinsen waren horrend: Die Emissionsrenditen für Anleihen kratzten über Jahre hindurch an der Zehn-Prozent-Marke und haben sie 1981 sogar überschritten. Das Beschäftigungsprogramm, das der neue Finanzminister Herbert Salcher 1982 hauptsächlich für den Bausektor verkündete, fiel daher bescheiden aus und hätte – wäre es in einem einzigen Jahr voll wirksam geworden – nicht mehr als 10.000 Arbeitsplätze gebracht. Und so stieg die Arbeitslosigkeit auch in Österreich bis 1984 auf 4,5 Prozent.

Ein Projekt, an dem auch Ortner in dieser Zeit beteiligt war, ist der Bau des Konferenzzentrums in Wien, das trotz negativen Votums durch die Bevölkerung durchgezogen wurde. Ein anderes ist der skandalträchtige Neubau des Allgemeinen Krankenhauses. Schmiergelder flossen in zweistelliger Millionenhöhe, die Baukosten explodierten, das AKH wurde mit 45 Milliarden Schilling schließlich zum teuersten Krankenhaus Europas. Der Staatsanwalt reiste auf der Suche nach Schmiergeldern nach Liechtenstein und wurde fündig, während in Wien über zehn Untersuchungshäftlinge aus dem Bereich des privaten und des öffentlichem Managements auf ihr Verfahren warteten. Bundespräsident Rudolf Kirchschläger prägte in seiner Rede zur Eröffnung der Welser Messe im August 1980 das geflügelte Wort von der „Trockenlegung der Sümpfe und sauren Wiesen".

Schließlich zogen der Bund und die Stadt Wien die Notbremse und vollzogen einen fliegenden Wechsel in der Planung und Bauausführung. Den Auftrag erhielt 1982 die Voest-Alpine Medizintechnik GmbH (Vamed) zur „Fertigstellung des AKH Wien und der Herstellung des betriebsbereiten Zustands in rechtlicher und technischer Hinsicht", wie der Rechnungshof in einem Bericht festhält. Das ist gelungen, und die Vamed hat mit der schier unlösbaren Aufgabe, aus dem Planungs- und Korruptionschaos ein funktionsfähiges Spital zu machen, ihren nationalen und internationalen Ruf begründet.

Mit an Bord war die Firma Ortner, nach dem Leitsatz: „Du musst das machen, was die anderen nicht können." Klaus Ortner hält dazu fest: „Anfang der 1980er-Jahre sind wir – nachdem wir ursprünglich beim AKH ausgeschieden waren und keine Chance hatten, einen Auftrag

Margaret Thatcher und Ronald Reagan sahen in Deregulierung und Rückzug des Staates das Heil der Menschheit

zu erhalten – zuhilfe gerufen worden und konnten ... fliegend einen Sanitärauftrag im Allgemeinen Krankenhaus übernehmen, weil die bestehende Arbeitsgemeinschaft versagt hat. Die Vamed hat uns über Nacht engagiert. Nach vielen Stunden intensiver Verhandlungen hatte ich einen unterschriebenen Auftrag in der Tasche. Wir haben dann – es war ja ein großes Risiko – Arbeiten für einige hundert Millionen Schilling im AKH übernommen und zu einem guten Ende gebracht."

Inzwischen gibt es eine Vielzahl an Krankenhäusern zwischen Boden- und Neusiedler See, bei denen die IGO-Ortner Gruppe mit den Installationsarbeiten tätig war oder ist. Insgesamt sind es bis jetzt schon mehr als 50 Krankenhaus- und Spitalsprojekte in ganz Österreich geworden. Die Referenzliste in Wien enthält neben dem AKH das Sozialmedizinische Zentrum Ost, das Kaiser-Franz-Josef-Spital, das Rehabilitationszentrum auf dem Rosenhügel, sie umfasst das Rehab-Zentrum „Weißer Hof", das Lorenz-Böhler-Unfallkrankenhaus oder das UKH Meidling der Allgemeinen Unfallversicherungsanstalt (AUVA). Und: „Wir haben in Tirol beim Bau nahezu aller Bezirkskrankenhäuser mitgewirkt, sei es Kufstein, St. Johann, Schwaz, Hall, Lienz, Reutte und teilweise auch Zams", erklärt Klaus Ortner. Zu den großen Bauprojekten im Gesundheitswesen zählen auch die Standorte in Klagenfurt, Vöcklabruck, Amstetten sowie die Chirurgie Salzburg, die AUVA Linz und die Universitätsklinik Innsbruck.

Eine besondere Rolle spielte und spielt das Klinikum Innsbruck. Zunächst hatte sich ja Josef Ortner als Tiroler Finanzlandesrat nach dem Krieg große Verdienste um den Wiederaufbau der Innsbrucker Klinik erworben. Sie wurde in den 1980ern zum Zentrum der österreichischen Transplantationschirurgie. Der Chirurg Raimund Margreiter wurde österreichweit zum führenden Transplantationschirurgen und hat Innsbruck international bekannt gemacht. Im Jahre 1983 führten Raimund Margreiter und Franz Gschnitzer die erste Herztransplantation Österreichs durch sowie mit anderen Mitgliedern seines eingespielten Ärzteteams die weltweit erste kombinierte Leber-Nieren-Transplantation. Es folgten 1985 die österreichweit erste Herz-Lungen-Verpflanzung, 1987 die erste Doppellungentransplantation und weitere beeindruckende Transplantationen.

Die Innsbrucker Klinik gehört zu den wichtigsten Auftraggebern von Ortner. „Wir haben dort bei allen großen Bauten mitgewirkt und auch die ständigen Servicearbeiten übernommen", erklärt Klaus Ortner. Neben Sandoz (Novartis) gehört Swarovski in Wattens zu den großen Kunden. „Wenn es den Dreien gut geht, geht es auch uns gut", meint Ortner. Die Zahl der Beschäftigten in Innsbruck ist in den

Die Challenger-Katastrophe führte zum vorübergehenden Stopp des Space-Shuttle-Programms. Auch das Schwesterschiff Columbia verunglückte mit sieben Besatzungsmitgliedern. Zu den Erfolgen des 135 Flüge umfassenden Programms gehörten die Aussetzung von Raumsonden, eines Teleskops, Flüge zur russischen Mir-Station sowie zur Raumstation ISS. Die letzte US-Raumfähre landete 2011

1980er-Jahren bis auf 300 gewachsen. Ende Juni 1987 wurde Klaus Ortner Vorsitzender des Verbandes Zentralheizungs- und Lüftungsbau in der Bundeskammer der gewerblichen Wirtschaft, Sektion Industrie.

Ortner überschritt bald die engen Grenzen Österreichs. Das Hotel Forum in Budapest steht am Anfang einer langen Reihe anspruchsvoller Auslandsprojekte. „Wir mussten damals buchstäblich alles an Material und Werkzeug aus Österreich anliefern, selbst Gas und Sauerstoff, und natürlich auch die Fachkräfte", berichtet Klaus Ortner und lobt die Arbeit des Projektleiters als Pioniertat. Es kamen Folgeaufträge für Hotels in Ungarn, in Bulgarien und in Polen. Immer hat Ortner mit großen österreichischen Baufirmen zusammengearbeitet, mit der Universale oder mit Porr, wo später Ortner Großaktionär werden sollte. Weitere Großprojekte folgten in Russland, am weitesten hat sich Ortner wohl mit einem Hotelprojekt in Kasachstan vorgewagt.

Ortner hat sich in den 1980er-Jahren mit großem Erfolg als Spezialist für technisch anspruchsvolle Projekte im Lüftungs-, Heizungs- und Sanitärbereich profiliert. 1982 wurde mit Sulzer die Arge Rohrleitungstechnik für die Großfeldsiedlung in Wien gegründet und sollte bis in den Bereich Abwasserprojekte und Kläranlagen hinein tätig werden. Technisch besonders anspruchsvoll war später die Kläranlage in Seefeld, wo das Abwasser auch zur Stromerzeugung genutzt wurde. Während Ortner auf der Erfolgswelle schwamm, zogen sich über der Verstaatlichten Industrie dunkle Wolken zusammen.

Im Zuge des Höhenfluges der europäischen Sozialdemokratie mit führenden Persönlichkeiten wie Willy Brandt oder François Mitterand – der eine Verstaatlichungswelle eingeleitet hatte –, mit Olof Palme und dem schwedischen Modell des Wohlfahrtstaates, aber auch mit Bruno Kreisky hatte sich die Illusion der politischen Machbarkeit der ökonomischen Vorgänge gebildet. Selbst von einer „Feinsteuerung der Konjunktur" war die Rede. Diese Illusion sollte zum Untergang der Verstaatlichten Industrie führen.

Daran haben beide Großparteien ihren Anteil. Die ÖVP hatte in den Jahren der Hochkonjunktur die Verstaatlichte daran gehindert, von der Grundstoffindustrie in die Produktion von höherwertigen Fertigwaren zu wechseln, sich zu modernisieren. Sie fürchtete Konkurrenz für die kleineren privaten Industriebetriebe. Immerhin stellte die Verstaatlichte rund ein Viertel des gesamten Industriepotenzials des Landes dar.

Die SPÖ hatte in erster Linie die Erhaltung der Arbeitsplätze im Auge, und zwar die unveränderliche Erhaltung an den jeweiligen Standorten. Sozialpolitik und Regionalpolitik für benachteiligte Standorte wurden so ver-

Der IBM PC Modell 5150 war die Antwort von „Big Blue" auf den Apple II. Er hatte keine Festplatte, sondern Diskettenlaufwerke, einen Arbeitsspeicher von maximal 256 KB und kostete – auf heutige Kaufkraft umgerechnet – rund 7.000 Euro. Eine CD-ROM speichert 700 MB, eine DVD bis zu 18 GB

knüpft und belasteten die Ergebnisse der Unternehmen: „Kein Standort darf aufgegeben werden." Das unterschrieben vor allem die ÖVP-Landeshauptleute. Außerdem wurde die Verstaatlichte Industrie zur Speerspitze der Sozialpolitik. Technische und kommerziell international erfolgreiche Großtaten wie das LD-Verfahren waren Vergangenheit, wenn auch die Voest in ihrem Bereich technisch immer vorne mit dabei war. Voest-Generaldirektor Heribert Apfalter versuchte alles, was ihm möglich war. Der Einstieg in die Finalindustrie erfolgte aber oft zu spät und mit wenig Fortune.

Beide Großparteien verteidigten zäh ihre Positionen in den Chefetagen: Der Voest-Generaldirektor in Linz war rot, der Böhler-Generaldirektor in Kapfenberg war schwarz. Der OMV-Chef war lange Zeit hindurch schwarz, der Austria-Metall-Generaldirektor in Ranshofen rot. Jede strukturelle Änderung hätte dieses parteipolitisch fein austarierte Gleichgewicht gestört, und auch die Position der mächtigen Betriebsräte wäre ins Wanken geraten. Die Verstaatlichte zu koordinieren und mithilfe der ÖIAG zentral zu steuern, scheiterte lange am faktischen Übergewicht der Voest. Groß angesagte Umorganisationen und Reformen der Verstaatlichten griffen daher nur wenig in die Strukturen ein und beschränkten sich auf Fusionen, bei denen bloß ein schwaches Unternehmen einem starken „umgehängt" wurde. Die ÖIAG hatte stets mit den Gewinnen der einen die Verluste der anderen Unternehmen ausgeglichen. Das ging ab 1981 nicht mehr.

1985 kam es zur Katastrophe. Zuletzt hatte sich die Voest nicht anders zu helfen gewusst, als die Bilanz mit dem Finanzergebnis aufzubessern. Die Handelstochter Intertrading verspekulierte sich jedoch mit Öl-Termingeschäften und beschleunigte damit den Niedergang. Ähnliches versuchte – ebenso erfolglos – die Chemie Linz. Die Amag, die Austria Metall, wurde später ebenfalls zum Millionengrab.

1987 zogen die beiden Regierungsparteien die Notbremse. Mit dem ÖIAG-Finanzierungsgesetz vom 2. Juli 1987 wurden der ÖIAG 32,9 Milliarden Schilling zugesagt. Dies sollte der letztmalige Zuschuss der öffentlichen Hand sein; weitere zur Sanierung der Unternehmen erforderliche Mittel sollten durch Eigenleistungen, das heißt Privatisierungen, aufgebracht werden.

Unter dem Strich kostete die Krise der Verstaatlichten Industrie 100 Milliarden Schilling und 40.000 Arbeitsplätze. Eine Erfolgsgeschichte wird auch dann nicht daraus, wenn man dem die Dividenden der Vergangenheit und darauf folgende Privatisierungserlöse gegenrechnet. Voestalpine, Amag und Co. konnten sich jedoch ohne politisches Gängelband nach der Privatisierung richtig entfalten. Erfolg-

Mode soll die Individualität herausstreichen, forderte Vivienne Westwood und wurde mit ihren schrillen und exzentrischen Kreationen zur „Queen of Punk". Mittlerweile hat sie ihren Platz neben Yves Saint Laurent, Umberto Ungaro, Giorgio Armani, Karl Lagerfeld oder Christian Lacroix

reicher waren Kreisky und seine Nachfolger bei der Betriebsansiedlung etwa mit BMW und Magna in Steyr, mit Magna in Graz oder mit GM Austria in Wien. Die Grenzen staatlicher Arbeitsbeschaffung hat SPÖ-Finanzminister Ferdinand Lacina so gesehen: „Was nützt ein Straßenbauprogramm im Waldviertel, wenn der Voest die Exportaufträge fehlen?"

Im Ostblock begann es bereits 1980 zu gären, zunächst in Polen. Die Gewerkschaft Solidarnosc entstand aus einer Streikbewegung von Arbeitern. In Danzig sollte auf der Leninwerft eine prominente Kranführerin entlassen werden. Das war der Anlass für den am 14. August 1980 beginnenden Streik, in dessen Verlauf sich bald die erste freie Gewerkschaft Polens, die Solidarnosc, bildete. Erster Vorsitzender wurde der Elektriker Lech Walesa, später erster frei gewählter Staatspräsident. Die kommunistische Staatsmacht konnte oder wollte sich dem nicht mehr entgegenstellen, die staatliche Anerkennung wurde am 10. November 1980 besiegelt. Die Freiheit sollte jedoch nicht lange währen. Mit der Ausrufung des Kriegszustandes in Polen 1981 wurden die führenden Köpfe der Gewerkschaft interniert und die Arbeit der Gewerkschaft verboten. Der Wiederaufstieg war mühsam und von zahlreichen Gewaltakten begleitet. Aber selbst der Mord an einem Priester durch den Geheimdienst konnte die Polen nicht mehr einschüchtern. Im April 1989 wurde die Solidarnosc wieder anerkannt. Im Juni kam es zu teilweise freien Wahlen, die von Solidarnosc überwältigend gewonnen wurden. Die Bildung der Solidarnosc, die von der katholischen Kirche und dem Westen massiv unterstützt wurde, erwies sich als entscheidend beim Zusammenbruch des Kommunismus. Und Polen sollte sich nach der Wende – sieht man vom Zwischenspiel der nationalistischen Brüder Kaczynski ab – sowohl politisch als auch wirtschaftlich zu einem der stabilsten Reformländer entwickeln.

Auch Ungarn schüttelte die Fesseln des real existierenden Sozialismus ab, obwohl es als „lustigste Baracke im Ostblock" gegolten hatte. Am 27. Juni 1989 durchschnitt Österreichs Außenminister Alois Mock mit seinem ungarischen Amtskollegen Gyula Horn bei Sopron (Ödenburg) den Eisernen Vorhang. Damit ermöglichte er vielen DDR-Bürgern die Ausreise und trug zum Zusammenbruch des Ostblocks bei. Alois Mock gilt auch als einer der Väter des EU-Beitritts Österreichs. Er überreichte am 17. Juli 1989 Österreichs Antrag zum Beitritt zur Europäischen Gemeinschaft. Es ist kein Zufall, dass dies während des Zusammenbruches des Ostblocks geschah und die Sowjetunion dem keinen Widerstand mehr entgegensetzen wollte oder konnte. In der Nacht vom 9. auf den 10. November 1989 fiel die Berliner Mauer. Das war wohl das

Das Tian'anmen-Massaker mit 2.000 bis 3.000 Toten zeigte deutlich die Brutalität der kommunistischen Diktatur Chinas. Die chinesische Demokratiebewegung sah sich von den Reformen in der UdSSR und Osteuropa ermutigt und demonstrierte während eines Staatsbesuches von Michail Gorbatschow. Fotograf Charlie Cole erhielt für das Bild den World Press Photo Award

augenfälligste Signal dafür, dass in Europa ein neues Zeitalter der Freiheit angebrochen war.

Josef Ortner hat sicher noch den Aufstieg der Solidarnosc in Polen aufmerksam beobachtet und seine Schlüsse gezogen, aber das spektakuläre Ende des Kommunismus hat er nicht mehr erlebt. Am 31. Jänner 1989 starb KR Ing. Josef Ortner. Sein Sohn Klaus erinnert sich: „Er war ein Vollblutunternehmer, der aber die sozialen Bedürfnisse seiner Leute nie aus den Augen gelassen hat. Er hat immer etwas weiter geblickt als andere und sich auch international orientiert. Es war zum Beispiel damals, in den Sechzigerjahren, nicht selbstverständlich, ausländische Zeitungen zu lesen. Er hat viel erlebt im Dickicht der Zeiten. Im persönlichen Umgang war er klar und sachlich, eher zurückhaltend. Das geschäftliche Du war eine ganz seltene Ausnahme. Dabei konnte er mit allen Menschen gut umgehen, sie aus der Reserve locken und zum Reden bringen. Das hat ihm persönliche Sympathien und geschäftlichen Erfolg eingetragen." Klaus Ortner wurde alleiniger Gesellschafter und Geschäftsführer der Firmengruppe Ortner.

Wiedervereinigung am 3. Oktober 1990; vollständige voestalpine-Privatisierung; Nelson Mandela überwindet die Apartheid; die neue Währung kommt

Österreich in der Europäischen Union

„In den 1990er-Jahren wurde die österreichische Wirtschaft von zwei säkularen Ereignissen betroffen: dem politischen Wandel im Osten sowie dem Beitritt zur Europäischen Union", schreibt der Wirtschaftsforscher und -historiker Felix Butschek. Es war atemberaubend, wie schnell die Länder Osteuropas den Weg nach Westen gefunden haben: Plötzlich waren auf Österreichs Autobahnen zahllose Kleintransporter mit osteuropäischen, meist polnischen oder ungarischen Kennzeichen zu sehen, die alle Waren transportierten. Mit einem solchen Tempo hatte niemand gerechnet, war doch der sowjetisch geführte Rat für gegenseitige Wirtschaftshilfe (RGW) ein ebenso festgefügter wie schwerfälliger Wirtschaftsblock. Am Beispiel Polens: Der Anteil der Importe aus dem Westen stieg von 1990 bis 1994 von 66 auf 75 Prozent, während die Einfuhren aus den Nachfolgestaaten der UdSSR von 17 auf sieben Prozent einbrachen. Ganz ähnlich sind die Exportzahlen. Dabei hatten die inneren Reformen in Richtung Marktwirtschaft noch gar nicht richtig gegriffen.

Besonders Österreich konnte von dieser Entwicklung profitieren, die nicht nur auf Polen beschränkt war, sondern auch für Tschechien, die Slowakei oder Ungarn gelten konnte. „Die österreichischen Unternehmer schienen mit der Situation in den Nachfolgestaaten besser vertraut, als ihre Kollegen in anderen Ländern", meint Felix Butschek. Westliche Konzerne gründeten ihre Regionalvertretungen

Die Aufnahme in die EU brachte mehr Mitbestimmung auf den wichtigsten Märkten und einen zusätzlichen Wachstumsschub

in Wien, ostasiatische Delegationen machten sich von Wien aus ein Bild von der neuen Lage in Osteuropa.

Parallel dazu erreichten die Beitrittsverhandlungen mit der EU die Zielgerade. Aus der Europäischen Gemeinschaft war 1992 durch den Vertrag von Maastricht die Europäische Union geworden. Zwei wichtige Komponenten waren zu der EG, der ursprünglich das Beitrittsgesuch überreicht wurde, hinzugekommen: die Zusammenarbeit in der Außen- und Sicherheitspolitik (GASP) sowie die polizeiliche und justizielle Zusammenarbeit in Strafsachen (PJZS). Im Zentrum des Vertrages standen jedoch Änderungen des EG-Vertrages, in den die Bestimmungen zur Schaffung der Europäischen Wirtschafts- und Währungsunion eingefügt wurden. Und um die geht es meist, wenn von „Maastricht" die Rede ist. Als den Österreicherinnen und Österreichern am 12. Juni 1994 in der Volksabstimmung die Frage gestellt wurde, ob die österreichische Verfassung im Sinn eines EU-Beitritts geändert werden soll, und als eine Zwei-Drittel-Mehrheit dafür stimmte, war auch der Euro schon im Paket mit enthalten. Am 24. Juni unterzeichnete Bundeskanzler Franz Vranitzky in Korfu die Beitrittsurkunde. Mit 1. Jänner 1995 war Österreich EU-Mitglied.

Österreich hatte durch vorherige Assoziationsabkommen und die Teilnahme am Europäischen Wirtschaftsraum (EWR) geringe Anpassungsschwierigkeiten, sie beschränkten sich auf einen Teil der Nahrungsmittelindustrie und die Landwirtschaft. Ein gewisser Preisdruck wurde bei Industriegütern merkbar, was jedoch zu einer weitgehenden Preisstabilität führte.

Die EU-Mitgliedschaft vollendete die Westintegration Österreichs, begünstigte aber auch die Beziehungen nach Osteuropa. Österreich hatte sich in Brüssel – und das wurde in den Hauptstädten der Reformländer positiv notiert – für eine künftige Osterweiterung der EU stark gemacht, besonders während der ersten Präsidentschaft 1998.

Von Saddam Hussein in Brand gesteckte Ölfelder in Kuwait – kein Grund zur Panik an den internationalen Ölmärkten dank der neuen Vorkommen in der Nordsee und in Mexiko

Ortner nutzte die Gunst der Stunde. In Polen wurde die erste Auslandsniederlassung überhaupt gegründet, nachdem sich Ortner bisher auf reine Exportaufträge, von Österreich aus abgewickelt, beschränkt hatte. Es war 1996 die Firma HTG sp.z o.o. in Warschau. Warum gerade Polen? „Mich hat die Größe des Landes gereizt, und auch die Entwicklung in Polen hat mir gefallen", meint Klaus Ortner, dem das Land nicht unbekannt war: Erfahrungen konnte er mit der haustechnischen Ausstattung einiger Hotels sammeln, in Jelenia Gora, in Miezdzyzdroje und auch in Warschau. Unter den Baufirmen, mit denen Ortner die Projekte durchzog, ist immer wieder die Porr zu finden, die eine der wichtigsten Beteiligungen der IGO-Ortner Gruppe werden sollte. Wichtige Projekte für Ortner in Warschau waren ein Fernmeldegebäude, Verlagsgebäude der Gazeta Wyborska oder ein Versicherungsgebäude, diesmal mit der Universale Bau. Bald erhielt Ortner in Polen willkommene personelle Verstärkung. Tochter Iris hatte in der Schweiz – wie ihr Vater an der ETH Zürich – ihr Technikstudium abgeschlossen und stieß 1997 zu HTG in Warschau. Ihr erstes Projekt: Die Bauleitung für das Warschauer Finanzzentrum. Einige Jahre später trat auch Nina Ortner ins Familienunternehmen ein. Sie hatte in Wien Betriebswirtschaft studiert und in Innsbruck ihre Doktorarbeit gemacht. Thema: „Vom Mittel- zum Großbetrieb – strategische und strukturelle Anpassungsprozesse bei Wachstumsunternehmen." Eine Fallstudie hatte sie gleich zu Hause im eigenen Familienbetrieb.

In den Neunzigern begann Klaus Ortner seine Beteiligungspolitik zu forcieren. 1994 wurde die Sanitär Elementbau GmbH mit der Produktmarke Insta-Bloc übernommen. Diese Firma mit Sitz in Haus im Ennstal arbeitete ursprünglich ausschließlich für eine obersteirische Fertighausfirma. Die vorgefertigten Installationselemente aus Beton wurden weiterentwickelt: Ganze Sanitärwände aus Leichtbeton sind zum Standard geworden. Es sind vorgefertigte geschoßhohe Installationselemente, und sie enthalten alle erforderlichen Steig- und Fallleitungen sowie Ver- und Entsorgungsleitungen, Apparateanschlüsse und Einbauteile. Es werden platzsparende Fertigbäder industriell gefertigt, Wannenträger ebenso. „Die Firma hatte fast ein Monopol auf dem Markt", sagt Klaus Ortner, „wir haben schon Jahre lang hervorragend zusammengearbeitet, und dann hat sich die Möglichkeit zur Übernahme ergeben."

1998 kommt ein ganz großer Brocken: Die Beteiligung an der Porr AG. Für Ortner ging es um den rechtzeitigen Zugang zu Aufträgen, und die Porr AG war ein bekannter und vertrauter Partner. „Die Auftraggeber wollen Gesamtlösungen, und da bin ich über einen Baukonzern näher dran", meint Klaus Ortner. Die Konkurrenz sieht er ge-

Das Schaf Dolly war das erste aus einer erwachsenen Zelle geklonte Säugetier. Hier mit dem Embryologen Ian Wilmut. Er hat als erster die Forschungsergebnisse publiziert, musste später das Verdienst an der Erzeugung von Dolly aber mit seinem Kollegen Keith Campbell zumindest teilen. Biotechnologie ist seither ein ebenso zukunftsträchtiges wie ethisch umstrittenes Forschungsgebiet, das in die grundlegende Frage eindringt, ob Leben künstlich reproduziert und manipuliert werden darf

lassen: „Bin ich mit meiner Firma bei der Ausschreibung am günstigsten, verdiene ich am Auftrag – ist ein Konkurrent billiger, verdiene ich als Porr-Aktionär an dem Projekt." Gelaufen ist der Handel über die Bank Austria.

Die Allgemeine Baugesellschaft – A. Porr AG mit Gründungsjahr 1869 zählt zu den großen Namen der österreichischen Bauindustrie und zu den ältesten, börsennotierten Gesellschaften des Landes. Der Name geht auf den Bautechniker Arthur Porr zurück. Porr errichtete in Wien etliche Ringstraßenbauten, auch das „Haus der Industrie" am Schwarzenbergplatz sowie Ausstellungspavillons für die Weltausstellung 1873. Arthur Porr selbst arbeitete zuvor bei verschiedenen Bauunternehmen an der Weiterentwicklung des Eisenbetonbaus. Zu Beginn des 20. Jahrhunderts verhalfen die Erfindungen des Zivilingenieurs der Betonbauweise zum Durchbruch. Diese Technologie sicherte die führende Stellung des 1908 gegründeten Unternehmens „A. Porr Betonbauunternehmung GmbH", dessen Geschäftsführer er bis 1914 war. Zu der Zeit war Haller & Ortner ein kleines, aufstrebendes Installationsunternehmen im fernen Innsbruck. Dass Ortner einmal Großaktionär von Porr werden sollte, war undenkbar.

Durch die Fusion mit der „Allgemeinen österreichischen Baugesellschaft" entstand 1927 die Allgemeine Baugesellschaft – A. Porr AG. Eine Liste der wichtigen Projekte, die Porr realisierte, würde Seiten füllen. Historisch interessant ist dabei die Großglockner-Hochalpenstraße, der Ringturm in Wien oder das Vienna International Center. Dazu kommen im Bereich Infrastruktur zahlreiche Straßen-, Bahn- und Tunnelbauten sowie die Wiener U-Bahn. Bereits in den 1980er-Jahren ging Porr nach Zentral- und Osteuropa, bei etlichen Projekten begleitet von Ortner. Lange Zeit hindurch waren die Österreichische Länderbank, später die Bank Austria, die Wiener Städtische Versicherung, die Wiener Stadtwerke, die Bundesländer Versicherung und die Raiffeisen Zentralbank die bestimmenden Aktionäre.

Zu Porr-Chef Horst Pöchhacker hatte Klaus Ortner schnell ein gutes Verhältnis aufgebaut. Der lobte Ortners strategisches Talent und meinte zur Aktionärsstruktur: „Das ist eine glückliche Fügung. Wir sind sehr froh, jetzt einen Privatunternehmer unter unseren großen Anteilseignern zu haben."

1999 wurde mit Bacon in Wien einer der größten Konkurrenten von Ortner übernommen, eine Transaktion, die in der Folge zu einer besonders engen Zusammenarbeit mit Siemens führen sollte. Bacon war ein alt eingesessenes Unternehmen mit englischen Wurzeln und gehörte zu den Pionieren der Branche. Einer der beiden Gründer,

Der britische Physiker und Informatiker Sir Timothy John Berners-Lee begründete das World Wide Web. Am Genfer CERN entwickelte er u. a. die HTML (Hypertext Markup Language) für den weltweiten Austausch von Informationen zwischen Wissenschaftlern. 1994 gründete er das World Wide Web Consortium (W3C) zur Standardisierung von patentfreien www.-Techniken. Er selbst hat seine Ideen und technischen Umsetzungen nicht patentiert

J.L. Bacon, war Architekt. Heizungstechnik war in England schon 1853 eine eigene Branche in enger Verbindung mit der Bauwirtschaft, während in Österreich noch 1903, bei der Gründung von Haller & Ortner, der Installateur ein ziemlich neuer Beruf war. 1873 kam Bacon mit einer Niederlassung auch nach Wien, neben Hamburg, Budapest, Kopenhagen.

1908 löste sich die Wiener Niederlassung von London durch Management-Buy-out, 1927 wurde eine Filiale in Linz gegründet. Bacon wurde in den 1930ern zum Klimaanlagenpionier im deutschsprachigen Raum, eine Technik, die aus den USA kam. Nach dem zweiten Weltkrieg hieß die Eigentümerfamilie Dirnbacher, mit den Eigentümern von 1908 verschwägert. Dampf-, Warmwasser-, Heißwasser- und Gasheizungsanlagen wurden installiert, Klimaanlagen, Elektro- und Sanitäranlagen. Die eigene Fertigung beschränkte sich auf Blechverarbeitung für Lüftungskanäle, Abzugshauben, Klappen und Gitter.

Als es für Bacon eng wurde, meinte Klaus Ortner, dass Bacon „in einem schrumpfenden Markt viel zu schnell und zu aufwendig expandierte". Er hatte das Angebot schon abgelehnt, als von dritter Seite, und zwar von Siemens, der Plan nochmals auf den Tisch gelegt wurde. Offenbar hatte die Nachricht, Bacon sei in argen Schwierigkeiten, in der Branche schon die Runde gemacht. Aus diesem Kontakt sollte sich eine enge und erfolgreiche unternehmerische Partnerschaft entwickeln.

Für Österreichs Wirtschafts- und Finanzpolitik begann mit dem EU-Beitritt eine neue Zeit, besonders was die Budgetdisziplin anlangte. Zwar war es auch ohne EU den Finanzministern der SPÖ klar, dass überbordende Schulden den wirtschaftspolitischen Spielraum empfindlich einengen, dass die Bremse gezogen werden musste. Aber seit dem EU-Beitrittt galten die Maastricht-Regeln, und die gaben und geben von außen vor, wie weit das jährliche Defizit, die gesamtstaatliche Verschuldung unter Einschluss von Ländern und Gemeinden oder die Inflation gehen dürfen.

Dass der EU-Beitritt Österreichs eine Erfolgsstory werden konnte, dafür musste zunächst das Budget in Ordnung gebracht werden. Denn der Zug fuhr bereits unaufhaltsam in Richtung Euro, wenn sich auch die meisten Menschen in Österreich noch nicht vorstellen konnten, dass es eine Welt jenseits des Schillings mit einer gemeinsamen europäischen Währung geben könnte. 1995, im Jahr des EU-Beitritts, hatte das Defizit stolze 5,8 Prozent des Bruttoinlandsprodukts erreicht (erlaubt waren und sind drei Prozent), also musste etwas getan werden. Ein 30-Milliarden-Schilling-Sparpaket, das die Sozialpartner ausgearbeitet hatten, blieb wegen Neuwahlen auf dem Pa-

Höhepunkt des Space-Shuttle-Programms war die Aussetzung des Hubble-Weltraumteleskops durch die Raumfähre „Discovery". Das Teleskop dient u. a. zur Untersuchung der Entwicklung von Galaxien und hat den Nachweis von Schwarzen Löchern geliefert

pier. Nach dem Rücktritt von Finanzminister Ferdinand Lacina schnürte sein Nachfolger Viktor Klima ein neues Sparpaket unter anderem mit Einsparungen im öffentlichen Dienst und im Sozialbereich, Steuererhöhungen blieben gering. Dass sich bei den darauf folgenden Protesten ausgerechnet die Finanzbeamten zu einem Streik verstiegen haben, ist nicht ohne Pikanterie, zeigt aber das Selbstverständnis eines Teiles der Staatsdiener.

Das Sparpaket zeitigte jedenfalls Erfolge: Das Defizit sank 1996 auf 3,6 Prozent und 1997 auf 2,7 Prozent des BIP, um 1998, also rechtzeitig zur Euro-Einführung, auf 2,5 Prozent zu sinken. Dem Finanzminister kam dabei eine solide Konjunktur mit Wachstumsraten von über zwei Prozent bis zu 3,3 Prozent zuhilfe. Zu Silvester 1998 setzten die Notenbankchefs und dann die Finanzminister der EU 15 in Brüssel die neuen Euro-Kurse für die elf Teilnehmerstaaten an der Währungsunion fest, erstaunlicherweise unter Einbeziehung des Kurses des britischen Pfundes, obwohl Großbritannien schon damals vom Euro nichts wissen wollte. Für Österreich wurde errechnet: Ein Euro ist gleich 13,7603 Schilling. Der Euro-Start betraf zunächst nur die Finanzmärkte, Bargeld in Euro und Cent sollte es erst 2002 geben.

Bemerkenswerte Ereignisse im letzten Jahr des Zweiten Jahrtausends in Kurzform: Der Jugoslawien-Krieg war zwar beendet, aber die NATO sah sich gezwungen, in den Kosovo-Konflikt zwischen Serben und Albanern mit Luftangriffen einzugreifen. KFOR-Truppen rückten in den Kosovo ein. Der russische Präsident Boris Jelzin übergab die Macht an Wladimir Putin. Die EU-Kommission mit Präsident Jaques Santer musste wegen Korruptionsvorwürfen zurücktreten. In Österreich starben am 23. Februar 38 Menschen bei einem Lawinenabgang in Galtür. Nach der Konsum-Pleite des Jahres 1995 wurden Hermann Gerharter und andere Manager wegen fahrlässiger Krida zu bedingten Haftstrafen und Geldstrafen verurteilt.

Innenpolitisch neigte sich die Zeit der Großen Koalition dem Ende entgegen. Die Nationalratswahlen im Oktober 1999 brachten einen politischen Erdrutsch: Die FPÖ unter Jörg Haider verdrängte mit 27,3 Prozent der Stimmen die ÖVP vom zweiten Platz, die nur 27 Prozent erreichte. Die SPÖ blieb zwar mit 33,3 Prozent stärkste Kraft, musste allerdings empfindliche Verluste hinnehmen. Koalitionsverhandlungen zwischen SPÖ und ÖVP hatten begonnen, sollten aber scheitern.

Geplatzte Technologie-Blase; Angriff auf die westliche Kultur; Solarstrom – Weg aus dem CO_2-Dilemma?; iPod – revolutionäre Audio-Technik

Von „9/11" zur großen Krise

Zunächst die gute Nachricht: Das Computerchaos „Y2K" ist ausgeblieben. Alle Rechner rund um die Welt hatten den Jahrtausendsprung geschafft, bereits eingerichtete Krisenzentren konnten aufatmend geräumt werden.

Die Europäische Union arbeitete an der Einführung der Gemeinschaftswährung auch in den Geldbörsen der Bürger und an der Osterweiterung, die 2004 Polen, Tschechien, die Slowakei, Ungarn, Slowenien, die drei baltischen Staaten Estland, Lettland und Litauen sowie Malta und Zypern in die Union führen sollte. Rumänien und Bulgarien folgten 2007. Vorerst aber, im Jahr 2000, suchte die EU nach einem Ausstiegsszenario aus den Sanktionen gegen die Mitglieder der österreichischen Bundesregierung.

Nach dem Erdrutschsieg der FPÖ hatte sich ÖVP-Chef Wolfgang Schüssel von Jörg Haider auf den Sessel des Bundeskanzlers heben lassen und bildete eine schwarz-blaue Koalition. Der damalige Bundespräsident Thomas Klestil galt als entschiedener Verfechter einer großen Koalition und hatte zwei Freiheitliche als Regierungsmitglieder abgelehnt, bevor er mit eisiger Miene die von ihm ungeliebte Regierung angelobte. Die schwarz-blaue Regierungsmannschaft hatte es überdies vorgezogen, durch einen unterirdischen Gang vom Bundeskanzleramt in die Präsidentschaftskanzlei zur Angelobung zu schreiten, weil oben auf dem Ballhausplatz gegen sie lautstark protestiert wurde.

Die Lehman-Pleite beschleunigt den Absturz

Griechen demonstrieren gegen Angela Merkel

Präsident Obama kämpft um die Wiederwahl

Die „Wende-Regierung“: Wolfgang Schüssel ist im Vordergrund, Jörg Haider sitzt am Steuer

China sieht seine kapitalistische Ein-Parteien-Diktatur als gesellschaftspolitischen Gegenentwurf zur westlichen Demokratie und als Entwicklungsmodell

Unter der Führung von Belgiens liberalem Außenminister Louis Michel, dessen Vater als Widerstandskämpfer unter den Nazis gelitten hatte, und von Frankreichs Präsident Jaques Chirac, der gegen die rechtsextreme Front National kämpfte, beschlossen die anderen 14 EU-Länder, Österreichs Regierungsmitglieder in den EU-Gremien zu boykottieren. Eine Maßnahme, die ein paar Monate später aufgehoben wurde, aber Wasser auf die Mühlen der EU-Gegner vor allem in der FPÖ war.

Wirtschafts- und budgetpolitisch propagierte die schwarz-blaue Regierung „mehr privat, weniger Staat". Aus den USA kamen dazu das theoretische Rüstzeug und das Vorbild: Leitfigur der „Neoliberalen" war der Wirtschaftswissenschaftler und Nobelpreisträger Milton Friedman, dessen „Chicagoer Schule" von Deregulierung, freier Marktwirtschaft und Abstinenz des Staates sich im Wirtschaftsprogramm von Präsident Ronald Reagan wiederfand. Tatsächlich startete Reagan seine erste Amtszeit mit massiven Steuersenkungen in der Hoffnung, dadurch das Wachstum anzukurbeln, was wiederum die anfänglichen Verluste bei den Steuereinnahmen von selbst wieder ausgleichen sollte. Nur: Ein paar Jahre später musste er die Steuern wieder erhöhen. Dass Reagan mit einem Hunderte Milliarden Dollar schweren Rüstungsprogramm („Star Wars") sehr wohl staatlich gelenkte Wirtschaftspolitik betrieb und eine gigantische Staatsverschuldung einleitete, wurde und wird von den Bewunderern der „Reaganomics" gern übersehen. Die USA jedoch wurden damals wieder eine Konjunkturlokomotive für die Welt.

Budgetpoltisch wirkten in Österreich die Maastricht-Kriterien als Schuldenbremse. Kritik gab es jedoch, weil durch die schwarz-blaue Regierung gerade in Zeiten des Abschwungs 2001 ein ausgeglichenes Budget durchgezogen wurde. Positiv bewertet wird die Pensionsreform der Jahre 2003 und 2004. Die Regierung startete ein weiteres Privatisierungsprogramm. Viel hatten die durch die Krise der

Elf Tote und eine verheerende Ölpest nach der Explosion der Ölbohrplattform „Deepwater Horizon" im Golf von Mexiko, verursacht durch Gier nach Geld und Öl und durch kriminellen Leichtsinn

Verstaatlichten Industrie geläuterten Sozialdemokraten aus ihren Regierungsjahren nicht mehr übrig gelassen. Die Restprivatisierung der voestalpine AG sorgte noch für erregte Debatten, weil sie Finanzminister Grasser unter der Budel Frank Stronachs Magna-Konzern zuschanzen wollte, was nie glaubwürdig dementiert wurde. 2005 war der Schuldenberg der ÖIAG jedenfalls abgebaut. Im Fall der Bundeswohnungen (BUWOG) sollte die Privatisierungspolitik des bekennenden Wirtschaftsliberalen Karl Heinz Grasser zur permanenten Unschuldsvermutung geraten.

Seit 2006 ist Österreich wieder zur erprobten Regierungsform der großen Koalition zurückgekehrt. 2007 ließen sich die Sozialpartner – Wirtschaftskammer, Arbeiterkammer, Landwirtschaftskammer – in der Verfassung verankern, was ihre Position als gesetzliche Interessenvertretungen praktisch einzementierte. In den Jahren der schwarz-blauen Koalition und zuvor war die Sozialpartnerschaft von der – in ihr schwach vertretenen – FPÖ heftig attackiert worden.

Im Gegensatz zu der aufgewühlten politischen Stimmung in Österreich herrschte an den internationalen Börsen im Jahr 2000 noch Jubel. Titel der Informationstechnologie und der Telekommunikation führten die Bullenherde mit permanent steigenden Kursen an. Viele sahen ein völlig neues Zeitalter anbrechen. Wer nicht der „New Economy" Tribut zollte, war von vorgestern, die „Old Economy" war solide, aber fad. Die Kurse an der Technologiebörse NASDAQ in New York schossen in die Höhe. Der NASDAQ-Composite-Index erreichte am 17. Juli. 2000 sein Alltime-high mit 4.274 Punkten, um nach „9/11" im Jahr 2001 deutlich nachzugeben, aber dann nach einer kurzen Erholungsphase bis Anfang Oktober 2002 auf etwas über 1.100 Punkte abzustürzen. Damit war die Dot-Com-Blase geplatzt. Viele Anleger hatten ihr Geld verloren. In der IT-Branche, aber auch in anderen Bereichen wie im Verlagswesen, als Online-Projekte plötzlich gestrichen wurden, als sich herausstellte, dass die „Economy" doch

Eine tödliche Flutwelle rollte am 26. Dezember 2004 in Thailand auf die Badegäste und auf die Küste zu. Durch das Beben und den Tsunami starben rund um den Indischen Ozean etwa 230.000 Menschen, davon allein in Indonesien rund 165.000. Über 110.000 Menschen wurden verletzt, über 1,7 Millionen Küstenbewohner wurden obdachlos

nicht so schnell „New" werden sollte. Die Technologiebörse NASDAQ hat den Wert des Jahres 2000 nicht mehr wieder erreicht, trotz Apple, trotz facebook, trotz Google. Die Wiener Börse blieb davon weitgehend unberührt, mangels entsprechender Titel auf dem Kurszettel.

Klaus Ortner jedenfalls ließ sich von dem Hype nicht aus der Ruhe bringen. Auf die Frage, warum er in einen „alten" Baukonzern wie die Porr AG investiere und nicht in die wachstumsträchtige Telekommunikation, sagte er: „Davon verstehe ich nichts, ich will ja auch was zu sagen haben. Bei einem Bauprojekt, da fühle ich mich zu Hause, da kann ich mitwirken und mitgestalten." – Nach dem Platzen der Dot-Com-Blase fühlte er sich bestätigt: „Als die Web-Designer mit dem Programmieren von Web-Sites Millionen verdient haben, habe ich das immer als Blase empfunden", sagt er heute, „aber bei uns in der Firma habe ich immer darauf geschaut, dass wir technisch vorne mit dabei sind. Wir haben ungefähr 350 CAD-Stationen, mit denen wir computerunterstützt unsere Projekte planen."

Weit oben auf der Agenda von Klaus Ortner blieb Porr. Konsequent stockte Ortner auf, bis er feststellen konnte: „Auf einmal habe ich dann 25 Prozent gehabt, und das war für die B & C Stiftung der Bank Austria dann doch eine Überraschung, als sie sich plötzlich einem neuen Großaktionär mit Sperrminorität gegenübersah."

2008 landete ein weiteres österreichisches Traditionsunternehmen im Portefeuille von Ortner: Elin, zunächst als Fünfzig-zu-fünfzig-Jointventure mit Siemens, 2011 erwarb Ortner das gesamte Unternehmen. Elin hat eine bewegte Geschichte. Die Firma wurde 1892 in Weiz in der Oststeiermark von Ing. Franz Pichler gegründet, erzeugt wurden elektrische Maschinen, Dynamos und Generatoren. 1908 wurde aus der „Gesellschaft für elektrische Industrie" die Elin AG. Im ersten Weltkrieg konnte sich die Elin mit Rüstungsaufträgen über Wasser halten, nachdem die zivilen Aufträge weggebrochen waren. Elektroherde und Elektromotoren erweiterten in der Zwischenkriegszeit das Geschäft. Im zweiten Weltkrieg wurde die Elin Rüstungsbetrieb, nach Kriegsende plünderte die sowjetische Besatzungsmacht die Fabrik vollkommen aus. 1946 wurde die Elin verstaatlicht, blieb aber unter russischer Verwaltung bis zum Abschluss des Staatsvertrages 1955.

Ein Jahr zuvor sollte ein junger Werkzeugmacher die Elin und seine oststeirische Heimat in Richtung Amerika verlassen, ein gewisser Franz Strohsack. Als Frank Stronach und Chef des Magna-Konzerns kaufte er 1998 ein anderes österreichisches Traditionsunternehmen: Steyr-Daimler-Puch. In Graz machte er die Puchwerke, eine heruntergewirtschaftete Fahrrad- und Motorradfabrik, zur Autofabrik und investierte in weitere Autozulieferwerke in der Steier-

Die Nuklearkatastrophe von Fukushima, verursacht durch einen Tsunami, brachte schwere Versäumnisse des Kraftwerksbetreibers Tepco ans Licht. 100.000 bis 150.000 Einwohner mussten das Gebiet vorübergehend oder dauerhaft verlassen. Die japanische Regierung beschloss 2012 einen halbherzigen Ausstieg aus der Atomenergie ohne Zeithorizont. Der Tsunami forderte 15.871 Todesopfer

mark. 2012 gründete er eine eigene politische Partei, gewann einige übergelaufene Abgeordnete von anderen politischen Parteien für sich und kandidierte für die Nationalratswahl 2013.

Stronachs alte Firma, die Elin, wurde in den späten 1950ern zum Export-Vorzeigebetrieb, die Auslieferung von Großtransformatoren war immer wieder ein regionales Ereignis. Straßensperren zum Abtransport der riesigen Trafos waren für die damals noch wenigen Autofahrer nicht Ärgernis, sondern wurden zum Symbol für den wirtschaftlichen Wiederaufstieg. Auch war die Elin am Ausbau des Speicherkraftwerkes Kaprun beteiligt, einer Ikone des Wiederaufbaus nach dem Krieg.

Im Zuge der Krise der Verstaatlichten Industrie wurden immer wieder organisatorische Sandkastenspiele gespielt, auch mit der Elin. Die „Energieversorgung" wurde von der „Energieerzeugung" getrennt, beides landete unter Einbeziehung der oberösterreichischen „Elektro Bau EBG" bei der VA Tech. Um sie pokerten gemeinsam der später als Industrieller gescheiterte Mirko Kovats und der Investor Ronny Pecik hoch aber vergebens: Die VA Tech Hydro mit Energieerzeugung, also etwa Generatoren, kam zu Andritz. Der Rest, die VA Tech Transmission & Distribution, also Energieübertragung und -verteilung, die VA Tech kam 2006 zu Siemens und der Bereich Gebäudetechnik so später zu Ortner, neben dem bereits bestehenden Jointventure bei Bacon. Als Tochtergesellschaft von Elin kam ein weiteres traditionsreiches Installationsunternehmen unter das Dach der IGO-Ortner Gruppe: Der Kärntner Marktführer Pfrimer & Möslacher, der in den Fünfzigerjahren mit Dipl.-Ing. Werner Pfrimer auch den Präsidenten der Kärntner Handelskammer stellte, erreichte in den 1990er-Jahren eine Größe von 120 Mitarbeitern bei einem Umsatz von rund 100 Millionen Schilling. Schwerpunkte waren der Krankenhaus-, Gewerbe- und Industriebau in den Sparten Lüftungs-, Kälte- und Heizungstechnik. Zwar war die Ertragslage befriedigend bis gut, aber die Erwartungen in Kärnten waren gedämpft. Also nahm man ein Angebot der VA Tech an und übersprang die Landesgrenzen unter anderem mit einem Auftrag für die Allianz-Arena in München. 2009 gingen durch eine Spartenbereinigung die Anteile dann an SiemensBacon über.

2011 kam die Wiener Installationsfirma Babak zu Ortner. 1882 von Johann Babak als Spenglerei gegründet, kamen in den Jahren und Jahrzehnten die Geschäftsbereiche Gas- und Wasserinstallation sowie Lüftung und Kälte dazu. 1977 zählte die Firma rund 300 Mitarbeiter. Mit neuen Eigentümern, die aus Krankheitsgründen gesucht wurden, hatte man wenig Glück: Nach insgesamt drei Insolvenzen landete Babak auf dem Weg über Bacon 2011 bei Ortner.

Es fällt auf, dass die IGO-Ortner Gruppe mitten in der Finanz- und Wirtschaftskrise einen konsequenten Expansionskurs mit bedeutenden Aquisitionen fuhr, in einer auch sonst von Krisen nicht unberührten Branche wie dem Bauwesen, in einer Zeit, in der die Krise sich über die verunsicherten Banken schnell auf die Realwirtschaft ausbreitete, als viele vor weiterreichenden Entscheidungen zurückschreckten.

Als 2007 die ersten Meldungen über die Hypothekenkrise in den USA auftauchten, als erst allmählich auch in Europa Immobilientitel an Wert verloren, glaubten viele noch, dass das im Grunde eine auf die USA beschränkte Branchenkrise bleiben würde, weil ein paar Banken etwas zu locker Hypothekardarlehen vergeben hätten. Europa und seine robuste Industrielandschaft mit der starken Gemeinschaftswährung würde davon wenig berührt, so die irrige Annahme, und könnte sich von den USA und ihren Problemen abkoppeln. Das böse Erwachen kam spätestens am 15. September 2008, als Lehman Brothers in die Pleite schlitterten und – im Gegensatz zu anderen Finanzinstitutionen in den USA – nicht von der Regierung aufgefangen wurden. Die Verwirrung war perfekt, die Angst hielt Einzug in den Geldhäusern. Niemand wusste, wer wie viele „giftige" Schuldtitel in welchem Umfang in den Büchern hatte, keine Bank wollte der anderen mehr Geld leihen. Die Bankenkrise wurde zum weltweiten Flächenbrand und zur umfassenden Wirtschaftskrise.

Andrew Ross Sorkin, Journalist in der New York Times, zitiert in seinem Buch „Too big to fail" den Investor und zweitreichsten Mann der Welt, Warren Buffett, der vor der von Präsident Obama eingesetzten „Financial Crisis Inquiry Commission" auf die Frage nach dem oder den Schuldigen an der Krise sagte: „Wenn es einen Wahn gibt, einen Massenwahn, dann kann man sagen, dass jeder schuld daran ist. Ich meine, man kann sagen, ich hätte es merken müssen, man kann sagen, die Leute der Fed hätten es merken müssen, man kann sagen, die Hypothekenhändler hätten es merken müssen, die Wall Street hätte es merken und Alarm schlagen müssen. Ich bin mir nicht sicher, ob es viel Gutes bewirkt hätte, wenn sie es tatsächlich getan hätten. Die Leute hatten so viel Spaß ... Es gibt eine Menge Schuld zu verteilen, aber es gibt keinen Bösewicht." – Und Sorkin findet es beunruhigend, dass „das Ego an der Wall Street immer noch eine zentrale Rolle spielt." – Die Krise habe viele Existenzen vernichtet, „. . . doch es gibt auch Überlebende, die sich jetzt erst recht unverwundbar fühlen, weil sie den Blick in den Abgrund überlebt haben. Was . . . fehlt, ist ein echtes Gefühl der Demut."

Während in den USA der gigantische Schuldenberg zwar während des Wahlkampfes ein innenpolitisches Thema war, die Finanzmärkte sich jedoch wenig beeindruckt zeigten, weil die USA als größte Volkswirtschaft der Welt als unsinkbares Schiff angesehen werden, windet sich Europa im Würgegriff der Rating-Agenturen und ringt um einen Weg aus der Schuldenkrise. Die mangelnde Bereitschaft der Väter des Euro in den Mitgliedstaaten, auf nationale Souveränität im Interesse des Ganzen zu verzichten, nicht nur eine gemeinsame Währung einzuführen, sondern sich auch zu einer gemeinsamen Wirtschafts- und Finanzpolitik zu verpflichten, rächt sich. Jeder Schritt, der jetzt getan wird, wird als zu spät, zu klein, zu kurz angesehen. Anfang Oktober 2012 wurde der Europäische Rettungsschirm mit einem Interventionsrahmen von 700 Milliarden Euro beschlossen. Der Wirtschaftsforscher Fritz Breuss sagte dazu, was viele sagen: „Wir bekommen die Schuldenkrise langsam in den Griff, die politische Flanke bleibt offen."

Guy Fawkes, der ein Attentat auf Englands König Jakob I. versuchte, ist immer dabei: Die Occupy-Bewegung protestiert – wie hier in Frankfurt –gegen die Macht der Banken und der Finanzindustrie. Die Guy-Fawkes-Maske wird auch von der Hackergruppe Anonymous getragen

In ihrer schwersten Krise erhielt die EU jedoch gewichtige moralische Unterstützung: Das norwegische Nobelpreiskomitee verlieh der Europäischen Union den Friedensnobelpreis 2012. Der Vorsitzende des Nobelpreiskomitees, Thorbjörn Jagland, sieht die EU als einen „permanenten Friedenskongress in Europa über mehr als sechs Jahrzehnte hinweg". Er zitierte Winston Churchill, der unmittelbar nach dem zweiten Weltkrieg Europa zur Einigung auf der Basis von Demokratie, Menschenrechten

Der norwegische Botschafter Atle Leikvoll gratuliert EU-Kommissionspräsident Jose Manuel Barroso zum Friedensnobelpreis

und Rechtsstaatlichkeit aufrief. Thorbjörn Jagland sagte: „Die Europäische Union hat alte Feindschaften beigelegt, zu allererst die zwischen Frankreich und Deutschland. Was ich als ersten großen Schritt ... ansehe, ist die Europäische Gemeinschaft für Kohle und Stahl. Es war die Verbindung ... jener beiden Industrien diesseits und jenseits des Rheins, die die Basis für die Rüstung waren." – Versöhnung und Demokratie seien unverrückbare Leitbilder für die EG, später die EU, geblieben: „Wenn wir uns an Portugal, Spanien und Griechenland erinnern, als diese drei Länder in die Gemeinschaft aufgenommen wurden, war abermals die Demokratie das Motiv . . . Wirtschaftshilfe, um Demokratie und Rechtsstaatlichkeit herzustellen ... Und der Übergang von der Diktatur zur Demokratie erfolgte reibungslos." – Ganz ähnlich seien nach dem Zusammenbruch des Kommunismus die Osterweiterungen einzustufen, bis hin auf den Balkan, meinte Jagland, und er warnte eindringlich davor, in der Krise die europäische Integration aufs Spiel zu setzen: „Es sollte uns bewusst sein, dass die Wiederbelebung von Nationalismus, ethnischen Konflikten und Extremismus möglicherweise den Weg in neue Kriege bedeuten kann. Das sollten wir bedenken, auch wenn wir Unbehagen verspüren darüber, was die EU gegenwärtig tut." Denn: „Es ist sehr wichtig, zur Lösung von Problemen ein Regelwerk zu haben, statt Kriege zu führen. Und das ist der Grund für die Entscheidung des Nobelpreiskomitees."

Wie das Ringen in der EU um Reformen in der Finanz-, Wirtschafts- und Schuldenkrise ausgeht, ist offen. Was bisher getan wurde, was zustande gekommen, was gescheitert oder schon im Anlauf steckengeblieben ist, entzieht sich der historischen Beurteilung. Nicht alles, was gerade aufregend gewesen sein mag, ist Geschichte. Es bedarf des Abstandes, um die Bedeutung von Worten, Taten und von Ereignissen ermessen zu können. Mit dem zeitlichen Abstand kommt der innere Abstand, der Horizont weitet sich, Größenordnungen werden deutlicher sichtbar. Während dieses Prozesses ändern sich die Perspektiven ständig. Immer wieder mag die Versuchung da sein, an Vergangenes den zeitgenössischen Maßstab anzulegen. Aber das bringt keine Erkenntnis. Obwohl vieles gleich bleibt im menschlichen Verhalten: Erst wenn den jeweiligen zeitlich bedingten Umständen und Motiven nachgegangen wird, den Gesetzen, Sitten, Vorlieben, Abneigungen oder dem Denkvermögen, und diese dann neben den eigenen Standpunkt gestellt werden, kann man aus Geschichte lernen. Wenn man will.

Anfang 2013 erhöht Ortner seinen Anteil an der Porr auf 49 und nach einem Übernahmeangebot im Syndikat mit Strauss & Partner auf über 70 Prozent.

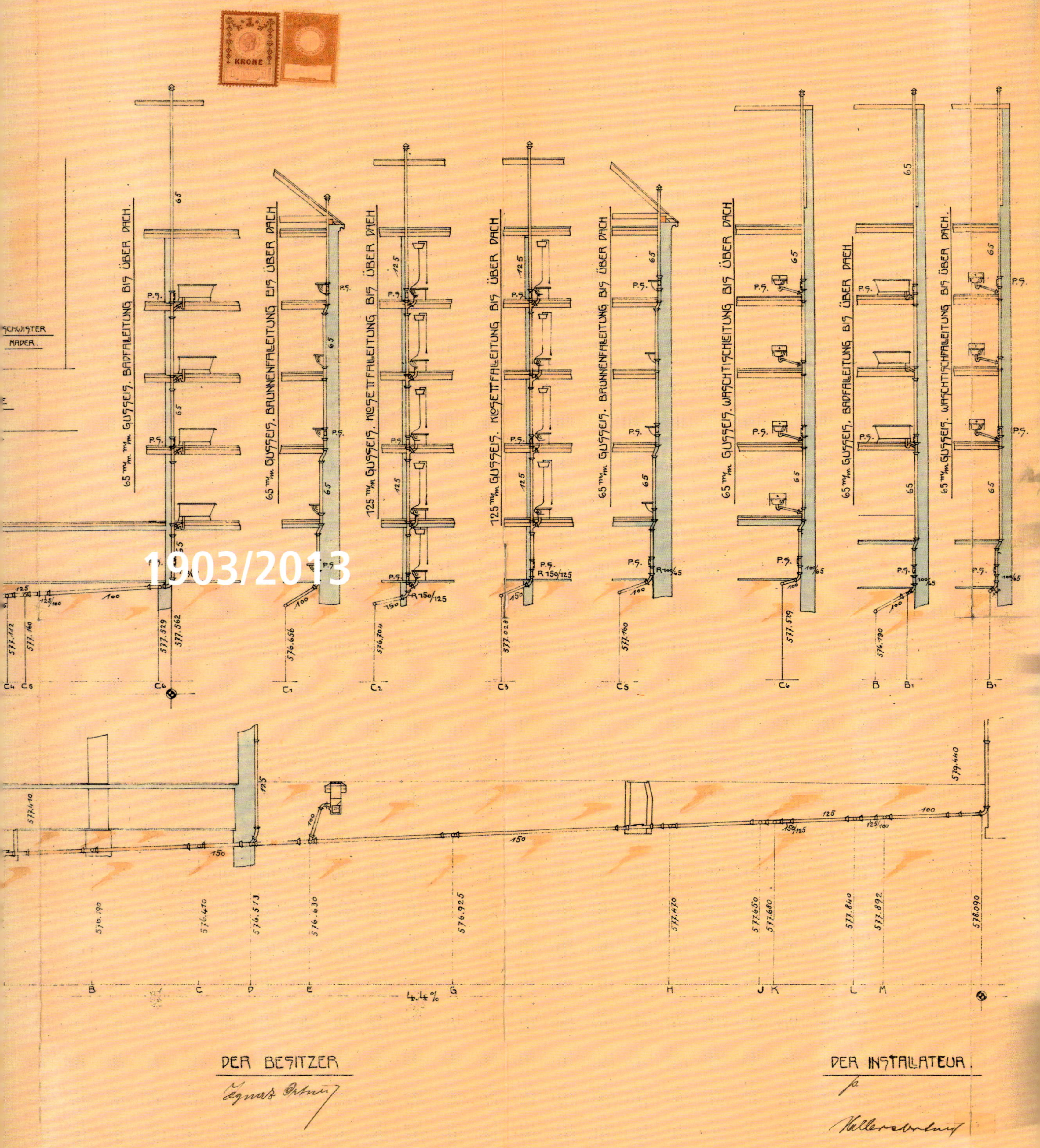
65 m/m GUSSEIS. BADFALLEITUNG BIS ÜBER DACH.
65 m/m GUSSEIS. BRUNNENFALLEITUNG BIS ÜBER DACH
125 m/m GUSSEIS. KLOSETTFALLEITUNG BIS ÜBER DACH
125 m/m GUSSEIS. KLOSETTFALLEITUNG BIS ÜBER DACH
65 m/m GUSSEIS. BRUNNENFALLEITUNG BIS ÜBER DACH
65 m/m GUSSEIS. WASCHTISCHLEITUNG BIS ÜBER DACH
65 m/m GUSSEIS. BADFALLEITUNG BIS ÜBER DACH
65 m/m GUSSEIS. WASCHTISCHFALLEITUNG BIS ÜBER DACH
SCHWISTER MADER
KRONE
DER BESITZER
DER INSTALLATEUR
4.4 %

Ein Jahrhundert Planung im Anlagenbau – professionelle CAD-Anwendungen haben die Planung revolutioniert. Auf etwa 350 Arbeitsplätzen in der IGO-Ortner Gruppe ermöglicht das rechnergestützte Konstruieren die detailreiche Darstellung auch komplexer Bauabschnitte. Die virtuellen dreidimensionalen Modelle sind in beinahe fotorealistischer Qualität darstellbar. Links ein Ausschnitt aus dem historischen Plan für die Installationseinrichtungen des Firmensitzes in der Tempelstraße aus dem Jahr 1911. Er trägt die Unterschriften der Firmengründer Ortner und Haller.

Familienunternehmen, aber nicht wegen der Familie

Ob Klaus Ortner den Begriff „Familienunternehmen“ auch kritisch sieht oder nicht: Mit Iris und Nina übernimmt die vierte Generation nunmehr das Ruder. Aber keine Sorge, auch die Töchter haben ihre eigenen Vorstellungen von einem „Familienunternehmen“.

„Ich möchte etwas selbst machen können und an meinem eigenen Schreibtisch sitzen, aber ‚Familienunternehmen‘, das ist für mich kein heiliger Begriff. Ich trenne stark zwischen meiner Position als Geschäftsführer und Inhaber. Als Leiter des Unternehmens versuche ich, alle betrieblichen Regeln strikt zu befolgen. Mit leitenden Mitarbeitern und Managern will ich auf Augenhöhe arbeiten. Eine klare betriebliche Nachfolgeregelung ist für mich eine Verpflichtung, meine Arbeit mit Konzernen war hier eine gute Schule. Ich identifiziere mich vor allem mit den positiven Eigenschaften eines Familienbetriebes, wie Einsatz, Initiative, kurze Entscheidungswege, Sparsamkeit, soziales Engagement und persönliche Verantwortung“, stellt Klaus Ortner von Anfang an klar, dass er Familienunternehmen nicht als Selbstzweck sieht.

Die nächste Generation hat bereits Platz genommen: Klaus Ortner mit seinen Töchtern Iris (re.) und Nina

Per definitionem ist auch Ortner ein Familienunternehmen. Und auch wenn man in der Familie Ortner diese Definition manchmal kritisch sieht, befindet man sich damit in allerbester Gesellschaft. 80 Prozent der knapp 410.000 Unternehmen in Österreich sind Familienunternehmen und in ganz Europa sind es Schätzungen zufolge ebenfalls rund 70 bis 80 Prozent. Wie wichtig diese Firmen im Familienbesitz für die Gesellschaft sind, lässt sich daran erkennen, dass sie Arbeitgeber für 40 bis 50 Prozent der europäischen Beschäftigten sind. In Österreich sind sogar 70 Prozent aller Arbeitnehmer bei Familienunternehmen angestellt.

Für und wider Familie

Was zeichnet diese Familienunternehmen aber aus? Auch darüber gibt es eine Reihe von Studien und Untersuchun-

„Es war für mich immer klar, dass ich eines Tages ins Unternehmen einsteigen würde. Ich habe das nicht als Druck, sondern als Chance empfunden!“

Iris Ortner

gen, die deutlich machen, dass ein familiär geführter Betrieb so seine Stärken, aber auch Schwächen hat.

Typisch ist natürlich die enge Verflechtung zwischen Familie und Unternehmen (daher ja auch der Name . . .). Dabei finden sich Familienmitglieder zumeist im Management – mit allen Vor- und Nachteilen. Entscheidungen können informell und so schneller getroffen werden als in anderen Unternehmen. Unter Umständen nachteilig wirkt sich aus, dass bei der Entscheidungsfindung nicht immer nur rationale Beweggründe eine Rolle spielen. Emotionen und wechselseitige Befindlichkeiten kommen innerhalb der Familie stärker zur Geltung als unter bloßen Kollegen.

Ein ganz starkes Plus für die positive Entwicklung des Unternehmens ist die hohe Identifikation und das zumeist deutlich höhere persönliche Engagement der Familienmitglieder für die eigene Firma. Insbesondere im Vergleich zu Aktiengesellschaften wird hier auch sehr oft die Nachhaltigkeit ins Spiel gebracht. Tatsächlich können Familienmitglieder unabhängig von einer Entwicklung auf dem Börsenparkett und unabhängig von der Meinung von Analysten planen – über Generationen hinweg. Das hilft, strategische Weichenstellungen durchzuführen, deren Erfolg sich vielleicht erst in der Zukunft herausstellt. Manager von AGs, die auf ihre nächste Boni-Zahlung warten, haben da zumeist einen anderen Horizont und scheuen solche Risiken.

Familienunternehmen sind hingegen in Fragen der Finanzierung in der Regel risikoavers, sie sind zumeist sehr konservativ finanziert. Das heißt: hohes Eigenkapital, geringe Verschuldung.

Frauenpower unterstützt Ortner

Damit ist Ortner wohl auch in diesem Sinne ein Familienunternehmen. Lange Jahre hat Klaus Ortner das

„Wir sind sehr bodenständig. Es gibt keine großen Gewinnentnahmen, das Geld bleibt in der Firma. Das ist auch etwas, das den Erfolg über Jahrzehnte ausmacht."

Nina Ortner

Unternehmen alleine geführt, obgleich seine Frau als Gesellschafterin ebenfalls hinter der IGO-Ortner Gruppe steht.

Friederike Ortner, die er zwar seit 1964, aber „eigentlich nur zwölf Jahre" kennt (die beiden hatten sich am 29. Februar, also in einem Schaltjahr kennengelernt), hätte als studierte Medizinerin auch selbst „Karriere machen" können, entschied sich jedoch, ihren Mann zu unterstützen. Klaus Ortner: „Meine Frau hat ihren erlernten Beruf als Medizinerin nur am Anfang ihrer Karriere ausgeübt, sich dann aber für die Familie entschieden und dafür, dass sie mir den Rücken freihält. Sie hat das Management und die Organisation unseres Privatlebens übernommen, was mit mehreren Haushalten und einer großen Familie ebenfalls keine leichte Aufgabe war."

War Klaus Ortner lange Zeit also de facto „Alleinherrscher" in seiner Firma, sind mittlerweile aber die beiden gemeinsamen Töchter, Iris und Nina, in die Führung des Familienunternehmens aufgestiegen. Es ist also Zeit, die Familiengeschäfte neu zu ordnen. Was insofern nicht so schwerfällt, als Klaus Ortner gewohnt ist, auch mit Fremdmanagern auf einer Ebene zusammenzuarbeiten, obgleich er dann doch „der Chef" ist. Er erklärt das so: „Wenn von Ortner die Rede ist, dann ist das einerseits die Ortner-Gruppe – wir sagen daher auch die ‚IGO-Ortner Gruppe' – und andererseits Ortner als eine Tochterfirma dieser Holding. Als Geschäftsführer auch der Tochter war ich immer auf gleicher Ebene mit den Fremdmanagern der anderen Firmen, die zur Gruppe gehören."

In der operativen Führung der Firma Ortner hat auch Iris Ortner ihren Platz, die bereits seit 1997 im Unternehmen mitarbeitet. Bei ihren Aufgaben in der Holding wird sie von ihrer jüngeren Schwester Nina unterstützt, die seit vier Jahren im Unternehmen ist, aufgrund ihrer kaufmän-

nischen Ausbildung aber andere Aufgaben abdeckt als die studierte Technikerin mit MBA Iris.

Der Vater geht (fast), die Töchter kommen

Iris und Nina Ortner sind mittlerweile als Geschäftsführerinnen auch gemeinsam mit ihrem Vater in der Holding der Ortner-Gruppe, der IGO, engagiert. Und beide haben das Geschäft „von der Pike auf gelernt".

Iris hatte nach ihrem ETH-Studium in der Firma Projekte und den Aufbau der Niederlassung in Polen übernommen. Iris Ortner: „Ich wollte damals eigentlich bewusst noch nicht ins elterliche Unternehmen. Polen war also ein guter Kompromiss, zwar Familie, aber doch weit weg." Später unterbricht sie ihr familiäres Engagement, um sich auch in Betriebswirtschaft auszubilden, macht einen MBA im renommierten INSEAD in Fontainebleau und sammelt weitere Berufserfahrung bei Siemens in Deutschland und den USA. Iris: „Aber ohne dass dort jemand wusste, dass wir zu der Zeit in Österreich eine gemeinsame Beteiligung hatten."

Nina, die ihre künftigen Aufgaben in den Bereichen Beteiligungsmanagement, Controlling und Rechnungswesen sieht, hatte nach ihrem Studium der Betriebswirtschaft zuerst bei einem Wirtschaftsprüfer und Unternehmensberater gearbeitet, dann zwei Jahre bei der IGO-Tochterfirma Elin und zuletzt im Rechnungswesen von Ortner in Innsbruck. Nina: „Ich habe zum Beispiel bei Elin sehr viel gelernt, weil wir auch dort ganz tolle Mitarbeiter haben. Wenn ich heute etwas von Elin brauche, weiß ich ganz genau, wie ich die richtigen Informationen bekomme."

Dem Vater, Klaus Ortner, ist dieser direkte Kontakt zum Kerngeschäft äußerst wichtig: „Natürlich können Sie ein Unternehmen rein nach Zahlen führen, aber um Erfolg zu haben, muss man die Dinge auch verstehen. Und jemand, der den Anspruch hat, Vorstand oder Geschäftsführer zu sein, muss ja Ideen vorgeben können und muss besser sein ." Und das gilt für Ortner ganz unabhängig davon, ob einem das Unternehmen gehört. Ortner: „Wenn ich ein schlechter Unternehmer bin, weil ich die Zusammenhänge nicht sehe, weil ich Prozessabläufe nicht verstehe, dann ist es besser, ich gehe gar nicht in den Betrieb und lasse das lieber einen Fremden machen. Es kann ein angestellter Manager genauso gut oder besser sein als jemand aus der Familie." Er selbst will sich künftig ganz in die Holding zurückziehen und sich nicht mehr in die operativen Geschäfte einmischen. Der Abschied davon wird wohl in Raten erfolgen. Zum einen, weil Iris und Nina auch im täglichen Geschäft nicht ganz auf das Wissen ihres Vaters verzichten wollen, zum anderen, weil sich natürlich auch Klaus Ortner schwertut, sich nicht einzumischen. Ortner: „Ich weiß das, also müssen wir ein Modell finden, in dem meine Zeit für diese Dinge begrenzt und klar definiert ist." Im Dezember 2012 hat Klaus Ortner jedenfalls 25 Prozent der Unternehmensgruppe an seine Töchter abgetreten.

Familie ist kein Selbstläufer

Im Unterschied zu vielen Familienunternehmen scheint also bei Ortner die Nachfolge auf gutem Weg. Ein brennendes Thema – zwei Drittel aller Übernahmen in Familienunternehmen scheitern. Laut einer Studie der KMU Forschung Austria stehen bis 2018 mehr als 57.000 Unternehmen mit bis zu 500.000 Mitarbeitern zur Nachfolge an. So viele wie noch nie. Als Grund für viele Schwierigkeiten dafür wird zum einen die rückläufige „durchschnittliche Kinderanzahl der Unternehmer" angeführt, durch die auch die Zahl möglicher Übernehmer sinkt, zum anderen würden viele Nachkommen aufgrund einer anderen Ausbildung sich für einen anderen Karriereweg entscheiden.

Überlegungen, die auch Iris und Nina angestellt hatten, sich aber trotz höchst unterschiedlicher Kindheitserinnerungen klar für das elterliche Unternehmen entschieden haben. So ist für Iris die Erinnerung an die sonntäglichen Baustellenbesuche als Kind eine durchwegs positive: „Für mich war das ein Abenteuerspielplatz, und ich wollte immer werden, was der Papa ist, ohne damals zu wissen, was der Inhalt ist. Ich habe als Kind schon lieber mit Autos und Eisenbahnen gespielt als mit Puppen. Und auch später in der Schule haben mich Mathematik und Naturwissenschaften mehr interessiert. Es war für mich immer klar, dass ich eines Tages ins Unternehmen einsteigen würde. Aber ich habe das nicht als Druck empfunden." Nina Ortner hingegen erinnert sich, weniger begeistert gewesen zu sein: „Wir haben da sicher eine andere Perspektive, da wir fünf Jahre auseinander sind. Für mich war es schon allein von der Schrittlänge her, eine Belastung meinem Vater zu folgen." Den Umstand sich doch für den Weg ins eigene Unternehmen entschieden zu haben, bereuen aber beide nicht. Iris Ortner: „Ich habe vorher erlebt, wie es ist, wenn man irgendeine Nummer ist. Das war eine gute Schule. Die eigene Firma ist eine tolle Chance, die kaum wer bekommt." Und Nina Ortner: „Ich habe mir schon sehr kritisch überlegt, was ich machen möchte, und bin zum Schluss gekommen, dass ich hier einfach mehr Möglichkeiten habe als woanders. Außerdem bin ich ein sehr freiheitsliebender Mensch. Da ist es immer gut, wenn man etwas macht, bei dem man möglichst selbstständig ist."

Die Aufgabenteilung ergibt sich durch die Ausbildung. Nina Ortner: „Ich bin Betriebswirtin, meine Schwester Technikerin."

Zentrale Merkmale eines Familienunternehmens

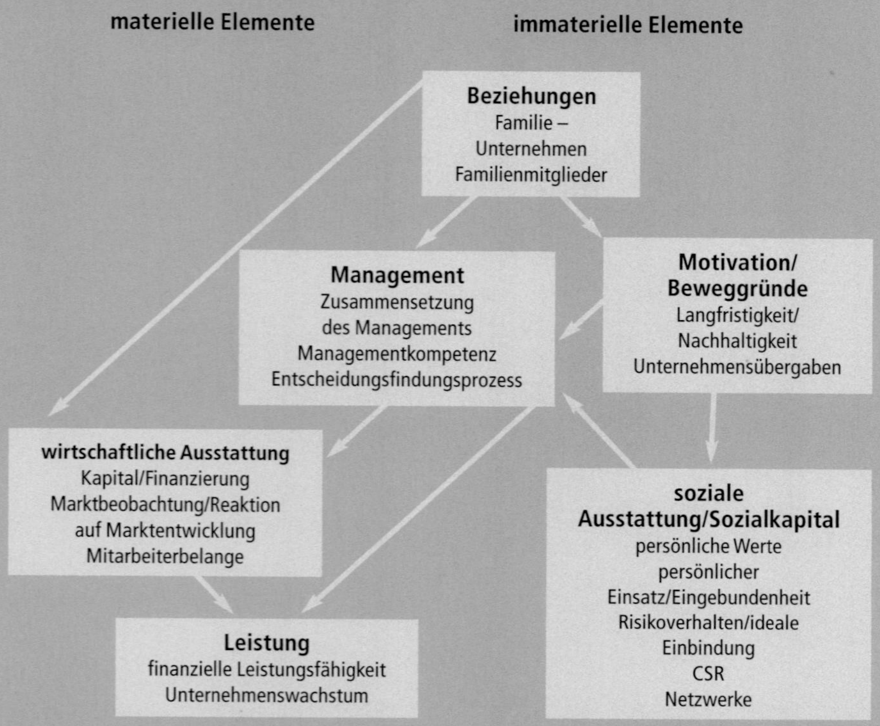

Quelle: KMU FORSCHUNG AUSTRIA 2009

Was ist ein Familienunternehmen?

Seit 2009 gibt es eine offizielle Definition der Europäischen Union, was ein Familienunternehmen ist. Demnach ist ein Unternehmen dann ein Familienunternehmen, egal wie groß es ist, wenn die Entscheidungsgewalt mehrheitlich in der Hand der natürlichen Person(en) liegt, die das Unternehmen gegründet hat bzw. haben oder die das Stammkapital des Unternehmens erworben hat bzw. haben oder in der Hand deren Ehegatten, Eltern, Kinder oder der direkten Erben der Kinder ist. Weiters ist notwendig, dass diese Entscheidungsgewalt mehrheitlich indirekt oder direkt ausgeübt wird, zumindest ein Mitglied der Familie oder der Verwandtschaft formal in die Unternehmensführung eingebunden ist. Auch börsennotierte Unternehmen gelten als Familienbetrieb, wenn die Person, die das Unternehmen gegründet oder erworben hat (Stammkapital), oder deren Familien oder Nachkommen über 25 Prozent der Rechte zur Beschlussfassung auf Basis ihres Stammkapitals verfügen.

Familienunternehmen der Stärken wegen

Die besondere Rolle, als Eigentümer auch im Unternehmen zu arbeiten, ist beiden bewusst. Auch die damit einhergehende Verantwortung. Iris Ortner: „Wenn man die Werte der Familie auch weiterhin einbringen will, wird man versuchen, einige neuralgische Punkte mit Familienmitgliedern zu besetzen.“ Die Integration von Bacon und Elin stellt aber auch die nächste Generation vor eine Herausforderung. Iris Ortner: „Trotzdem wir so groß sind, hoffe ich doch, dass die Mitarbeiter immer noch das Gefühl haben, als Personen wahrgenommen zu werden, für die ein Job auch an den Menschen angepasst werden kann und nicht der Mensch an einen Job.“

Für die Zukunft vertrauen beide auf die bekannten Stärken von Familienunternehmen. Nina Ortner: „Sicher ist eine Stärke, dass wir extrem schnell Entscheidungen treffen können und finanziell weitgehend unabhängig sind. Woanders muss ein Vorstand zuerst mit dem Aufsichtsrat reden, dann mit der Bank. Da vergehen oft Monate bis zu einer Entscheidung.“

Und Iris Ortner: „Es stimmt schon, dass Familienunternehmen langfristig denken und entscheiden können. Natürlich interessiert auch uns das Jahresergebnis, aber wir sind nicht gehetzt, von Quartal zu Quartal für irgendwelche Analysten Ergebnisse liefern zu müssen. Unser Vater denkt heute daran, dass seine Entscheidungen auch für uns in 30 Jahren richtig sein sollen.“ Nina: „Wir sind sehr bodenständig. Es gibt keine großen Gewinnentnahmen, das Geld bleibt in der Firma. Das ist auch etwas, das den Erfolg über Jahrzehnte ausmacht.“ Mit dieser Einstellung ist nicht nur die Familie Ortner, sondern auch das Unternehmen Ortner für die Zukunft abgesichert. Und genau darum geht es bei einem Familienunternehmen.

Familienunternehmen brauchen eine Familienstrategie

Michael Hilti über Grundfragen der Unternehmensführung.

MICHAEL HILTI LIC. OEC. HSG

Trustee des Martin Hilti Familientrust, Mitglied des Verwaltungsrates Hilti AG

Ob Ortner oder Hilti, Familienunternehmen sind das Rückgrat unserer Wirtschaft. Man findet unter ihnen globale Marktführer in verschiedenen Geschäftssegmenten, Unternehmen mit langfristiger Ausrichtung, hoher Innovationskraft, Kundennähe, Veränderungsbereitschaft und Veränderungsfähigkeit wie auch sehr engagierten und loyalen Mitarbeitenden. Wo Sonne ist, da gibt es auch Schatten. Familienunternehmen, die als unberechenbar wahrgenommen werden, als Schleudersitze für externe Führungskräfte, als nur auf das Heute ausgerichtet und unfähig, die Grundlagen für das Morgen festzulegen. Woran mag dies liegen? Ich meine doch sehr am Umstand, dass sich die Eignerfamilie bzw. die Eignerfamilien nicht auf eine klare und verbindliche Familienstrategie einigen können bzw. die Notwendigkeit einer solchen überhaupt noch nicht erkannt haben oder, was vielfach sicher der Fall ist, der Erarbeitung bzw. Festlegung einer solchen schlichtweg ausweichen. Ausweichen, um kritischen Fragestellungen und den sich daraus auch oftmals innerhalb der Familie ergebenden unangenehmen Entscheidungen aus dem Wege zu gehen. Einfach mit der Entschuldigung: Das werden wir morgen lösen, heute haben wir dazu keine Zeit, das Geschäft ruft. Leider gibt es oftmals kein morgen mehr und Unklarheiten innerhalb der Familie erzeugen zwangsweise Störungen und Konflikte im Unternehmen. Wie kann dies vermieden werden? Es geht um die Beantwortung von vermeintlich ganz banalen Fragestellungen, die sich bei intensiver Auseinandersetzung mit diesen dann aber doch nicht als so banal entpuppen, wie u. a.:

- Welche Ziele verfolgt die Familie für das Unternehmen?
- Wie ist ihr Verständnis vom Unternehmen?
- Gehen Familieninteressen vor Unternehmungsinteressen oder umgekehrt?
- Welche Rolle spielt die Familie im Unternehmen?
- Welche Rolle spielt das Unternehmen in der Familie?
- Wer soll das Unternehmen führen?
- Wer soll am Unternehmen beteiligt sein?
- Wie steht die Familie zur Beteiligung Familienfremder an Führung und Kapital?
- Wer gehört zur Familie? Wer nicht?
- Wer hat welche Rolle im Unternehmen, in der Familie?
- Wie gehen Familienmitglieder miteinander um (Normalfall/Konfliktfall)?

Dazu kommen weitere Fragen wie Nutzung des Kapitalmarktes, bedeutet Kapitalbesitz automatisch Führungsanspruch oder nicht, ist die Qualifikation das alles entscheidende Kriterium für die Besetzung einer Top-Führungsposition und wenn ja, wie ist diese definiert und wie und durch wen wird diese beurteilt? Fragen auch, was für eine Unternehmung man anstrebt und als welche man wahrgenommen werden will, als eine exzellente, eine gute oder eine durchschnittliche und wo wollen wir stehen und was wollen wir erreicht haben, in fünf, in zehn Jahren als Unternehmung und als Familie? Und last, but not least, was sind die sich daraus ergebenden Konsequenzen und welche Maßnahmen sind zu ergreifen und umzusetzen?

Wir haben uns bei Hilti diesen Fragen gestellt und

Hilti – ein Welterfolg bei Bohr- und Montagetechnik – ein Welterfolg als Familienunternehmen

dies nicht nur einmal, sondern immer wieder, denn die Dynamik nicht nur des Unternehmens, sondern auch innerhalb der Familie erfordert einen periodischen Check. Einen kritischen Check, der auch „Worst-Case-Szenarien" beinhalten sollte (Ausfall von Schlüsselpersonen innerhalb der Familie/des Unternehmens, signifikante Umsatz- und Ertragseinbrüche etc.) wie die dazu entsprechenden Maßnahmen. Das Ergebnis sind klare, verbindliche Leitlinien und Zielvorstellungen seitens der Familie. Für die Familie, wie auch für das Unternehmen. Leitlinien und Zielvorstellungen, die auch offen kommuniziert werden können und sollen. Nur so wird Berechenbarkeit erzielt, Vertrauen geschaffen und Kontinuität erzeugt. Dies konsequent verfolgt, immer auch im Bewusstsein der eigenen Ersetzbarkeit und Endlichkeit sowie unter Einbeziehung hochqualifizierter und integrer familienexterner Führungskräfte, gibt Familienunternehmen und den Führungskräften den großen Vorteil, sich auf das konzentrieren zu können, was entscheidend ist: Das Unternehmen erfolgreich und nachhaltig zu führen und weiterzuentwickeln. Nur so sind und bleiben wir ein attraktiver Arbeitgeber, attraktiv für leistungsstarke und hochmotivierte Mitarbeitende und Führungskräfte, denn sie sind die Voraussetzung für nachhaltig erfolgreiches Wirtschaften.

Klaus Ortner – ein Perpetuum mobile mit absoluter Verlässlichkeit

Mag. Brigitte Ederer,
Europa- und Personalvorstand Siemens AG, München,
über den Unternehmer Klaus Ortner.

Klaus Ortner ist – wiewohl er seine Märkte bis hin zu globalen Trends sehr genau kennt – im Grunde genommen ein Instinktunternehmer. In dem Sinne, dass er nebst Analysen und Expertenbeurteilungen einen sechsten Sinn für unternehmerische Chancen, aber auch für Risiken und Gefahren hat. Er hat es zuwege gebracht, aus einem mittelständischen Tiroler Unternehmen ein großes österreichisches Unternehmen in der Haustechnik zu formen. Wobei er nicht nur in Österreich expandierte, sondern auch eine Tochtergesellschaft in Polen gegründet und diese unter Verantwortung seiner Tochter sehr erfolgreich entwickelt hat.

Mit der Beteiligung an der Porr und dem Jointventure von Siemens und Ortner bei den Firmen Bacon und Elin wurde er zum „Big Player". Obwohl es ungewöhnlich war, dass ein österreichisches Privatunternehmen und ein internationaler Konzern so eng kooperierten, funktionierte diese Partnerschaft exzellent und ich lernte dabei Klaus Ortner zu schätzen. Er kennt – trotz der mittlerweile beachtlichen Größe seines Unternehmens – immer noch alle Aufträge und deren Abwicklung im Detail. Manchmal hat man bei ihm den Eindruck, dass er ständig wie ein „Perpetuum mobile" unterwegs ist. Ganz besonders aber schätze ich an Klaus Ortner seine Verlässlichkeit, seine absolute Handschlagqualität. Er ist noch von jener gediegenen Sorte Unternehmer, wo man keine detaillierten Vertragswerke benötigt, sondern wo das zugesagte Wort Gewicht und Gültigkeit hat.

Er hat auch in der Zusammenarbeit mit Siemens immer sehr realistisch Vor- und Nachteile gesehen. So hatten wir einmal ziemliche Probleme mit einem gemeinsamen Kunden und Klaus Ortner wollte unbedingt hart bleiben und nicht nachgeben. Siemens hatte aber die Hoffnung, mit diesem Kunden auch weitere Aufträge abwickeln zu kön-

Mag. Brigitte Ederer: „Klaus Ortner ist noch von jener gediegenen Sorte Unternehmer, wo man keine detaillierten Vertragswerke benötigt, sondern wo das zugesagte Wort Gewicht und Gültigkeit hat."

nen und plädierte für eine „weichere" Haltung. Schließlich gab er nach und wir fanden einen gütlichen Kompromiss. „Das ist eben der Preis, wenn man einen großen Konzern zum Partner hat", war letztlich sein trockenes Fazit.

Ich wünsche Klaus Ortner jedenfalls in dieser schwierigen Zeit für Porr, Bacon, Elin und die IGO-Ortner Gruppe alle, alles Gute. Ihm persönlich wünsche ich vor allem mehr Gelassenheit und Ruhe und die Bereitschaft, die Verantwortung schrittweise an seine beiden Töchter abzugeben. Ich bin überzeugt, die beiden werden das Unternehmen gut führen, auch wenn ihr Vater nicht mehr jeden Tag tausendprozentig im Geschäft ist.

Erfolgsfaktoren der strategischen Unternehmensführung

Em. Univ.-Prof. Hans H. Hinterhuber über den Erfolg der IGO-Ortner Gruppe.

In einer Langzeitstudie in mehr als 250 Business Units und 50 Unternehmen weltweit haben Hinterhuber&Partners 2011 nachgewiesen, dass fünf Faktoren für den nachhaltigen Erfolg eines Unternehmens verantwortlich sind: eine exzellente Führung, eine gute Strategie, die richtigen Mitarbeiter, taktische Maßnahmen mit rasch spürbaren Wirkungen und Glück. Diese fünf Faktoren unterliegen dem Einfluss der Unternehmensleitung; sie sind wichtiger als die wirtschaftlichen Rahmenbedingungen und bestimmen zu 80 Prozent den Unterschied zwischen erfolgreichen und erfolglosen Unternehmen. Die wirtschaftlichen Rahmenbedingungen tragen nur zu 20 Prozent zum nachhaltigen Erfolg eines Unternehmens bei. Mit diesen fünf Faktoren lässt sich der Erfolg der IGO-Ortner Gruppe erklären.

**EM. UNIV.-PROF.
HANS H. HINTERHUBER**

**Universität Innsbruck
Chairman, Hinterhuber&
Partners
Strategy/Pricing/Leaderschip**

ERFOLGSFAKTOR 1: eine exzellente Führung. Die Führungskompetenzen lassen sich messen: Visionsfähigkeit, strategische Orientierung, Gespür für Markt und was die Kunden wirklich wollen, organisatorische Fähigkeiten, Team-Leadership, unternehmerische Einstellung, Ergebnisorientierung, Resilienz. Der Unternehmer muss in einigen wenigen dieser Führungskompetenzen herausragen, die restlichen müssen dann im Führungsteam abgedeckt werden. Ich überlasse es dem Leser, die Führungskompetenzen von Klaus Ortner auf einer Skala von eins bis fünf zu beurteilen; der Erfolg der IGO-Ortner Gruppe zeigt, dass er gemeinsam mit einer kritischen Masse von Führungskräften alle diese Führungskompetenzen abdeckt.

ERFOLGSFAKTOR 2: eine gute Strategie. In der oben genannten Studie wird festgestellt, dass nur etwa 25 Prozent der untersuchten Business Units eine klare Strategie aufweisen. Mit anderen Worten: 75 Prozent der Geschäftseinheiten verfolgen eine Strategie, die diesen Namen nicht verdient. Die Strategie der IGO-Ortner Gruppe erfüllt die vier Merkmale einer guten Strategie: klare, kundenfokussierte Marktsegmentierung mit hohen Eintrittsbarrieren, eindeutige Wettbewerbsvorteile, hoher Kundenwert der angebotenen Lösungen und eine langfristig orientierte Personalpolitik. Letztere führt zum

ERFOLGSFAKTOR 3: die richtigen Mitarbeiter. Die richtigen Mitarbeiter erkennt man an der unternehmerischen Einstellung, sie wissen, was zu tun ist, agieren selbstständig und übernehmen Verantwortung. Sie haben keinen Job, sondern eine Verantwortung. Beispielhaft genannt sei hier Herr Karl Sachs, der unter schwierigsten Verhältnissen das Ostgeschäft aufbaute. Wer als Unternehmer Erfolg haben will, umgibt sich mit Führungskräften und Mitarbeitern, die in dem, was sie tun, besser sind, als er selbst. Die beiden Töchter, Iris und Nina, stehen deshalb mit ihrem Team vor einer großen Herausforderung. Das Vorbild ihres Vaters und ihrer Mutter erleichtern diesen Weg.

ERFOLGSFAKTOR 4: taktische Maßnahmen mit rasch spürbaren Wirkungen. Das sind: eine effiziente Infrastruktur, eine flache Organisation mit klaren Verantwortlichkeiten, in denen in Prozessen und nicht in „Königreichen" gedacht wird, operative Exzellenz, eine am Kundenwert ausgerichtete Preispolitik, eine dezentrale Führung, Maßnahmen, die mit der Strategie in Einklang stehen. Der Erfolg der IGO-Ortner Gruppe zeigt, dass auch dieser Faktor erfüllt ist.

ERFOLGSFAKTOR 5: Glück. Ohne Glück geht es bekanntlich nicht im Leben. Glück lässt sich aber innerhalb bestimmter Grenzen anziehen, wenn man weiß, wohin die Reise geht. Denn dann kann man aus den günstigen Gelegenheiten, die sich im Leben immer bieten, Nutzen ziehen. Glück schafft bekanntlich Möglichkeiten, aber es ist der Tüchtige, der diese am Schopf packt und daraus etwas macht.

Die Verbindung zwischen den Werten eines Familienunternehmens und den genannten Erfolgsfaktoren sichert das nachhaltige Überleben eines Unternehmens. Die IGO-Ortner Gruppe kann mit Zuversicht in die Zukunft schauen.

Europa, für und wider. Und wieder

Auch wenn heute einiges gegen Europa spricht und die Zukunft im wahrsten Sinne des Wortes „in den Sternen steht“ – für viele heimische Unternehmen waren Ostöffnung, EU-Beitritt und Euro eine Erfolgsgeschichte. Und: Krisen hat Europa schon viele erlebt.

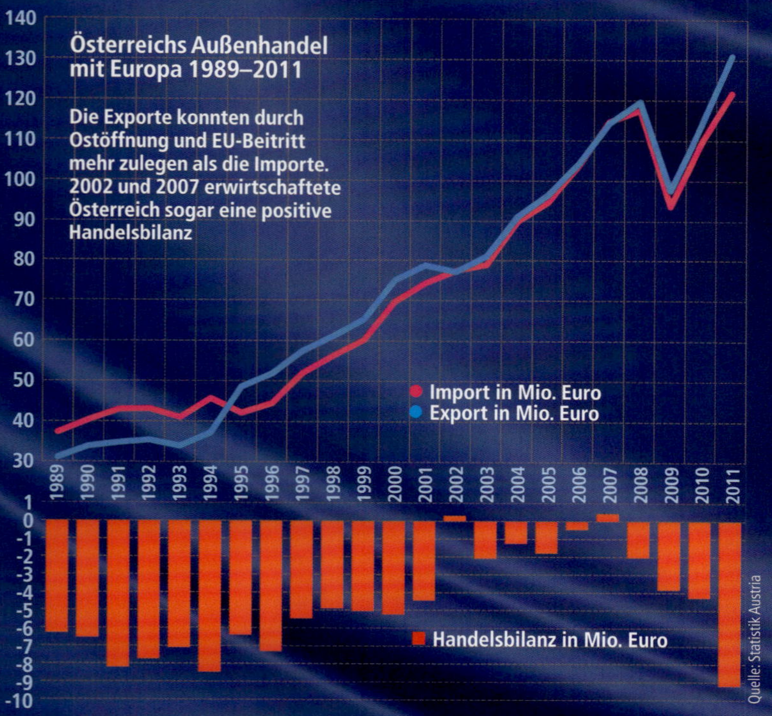

„Mit der Ostöffnung erschlossen sich für Österreich neue Märkte vor der Haustüre.“

Fritz Breuss

emeritierter Professor am Europainstitut der Wirtschaftsuniversität Wien

„Ganz abgesehen davon, dass wir auf der Baustelle gar kein Telefon hatten, hat eine Minute telefonieren von Wien nach Innsbruck damals sieben Schilling gekostet. Das würde heute rund sieben Euro entsprechen. Man musste sich also schon gut überlegen, wann und wie lange man telefoniert“, erinnert sich Klaus Ortner an das Jahr 1968, als er, frisch ins Unternehmen eingestiegen, den Sprung nach Wien wagte.

Für einen Tiroler Gewerbebetrieb war eine Niederlassung in der Bundeshauptstadt damals alles andere als eine Selbstverständlichkeit. Heute, 45 Jahre später, ist nicht nur die IGO-Ortner Gruppe überall dort zu Hause, wo man auf höchste Qualität und technische Ingenieurskunst Wert legt. Viele heimische Unternehmen haben sich aus einer regionalen Stärke heraus zu internationalen Playern entwickelt, die zumindest Europa heute als ihren Heimmarkt bezeichnen können.

Europa als eher späte Chance

Historisch betrachtet hatten österreichische Unternehmen aber alles andere als ideale Voraussetzungen, um sich auf der internationalen Bühne zu behaupten. Denn gemeinhin werden zwei historische Tatsachen von Experten als entscheidend für eine nach außen orientierte Wirtschaft angeführt: Tradition in der Seefahrt und Kolonien.

Beides hatte Österreich quasi nicht. Zu Zeiten der Monarchie war man in mehrfacher Hinsicht mit sich selbst beschäftigt und nach dem Zweiten Weltkrieg verschwand auch noch ein großer Teil der Industrie hinter dem Eisernen Vorhang. Doch weil sich ein Blatt auch gerne wendet, waren es gerade diese gekappten Verbindungen, die Österreichs Unternehmen ab den 1990er-Jahren ganze neue Chancen eröffneten.

Den Anfang dieser Entwicklung markiert das Jahr 1989. Bereits im Juni durchschneiden die beiden Außenminister Österreichs und Ungarns, Alois Mock und Gyula Horn, den Stacheldrahtzaun an der gemeinsamen Grenze bei Sopron. Ein symbolischer Akt, der den Fall des Eisernen Vorhangs markiert und der mit dem Fall der Berliner Mauer im November 1989 tatsächlich Wirklichkeit wird.

Der Zusammenbruch des kommunistischen Regimes in vielen Ländern Osteuropas bedeutet aber auch das Ende der Planwirtschaft. Die EU reagierte relativ rasch, indem sie den neuen unabhängigen Ländern in Mittel- und Osteuropa (den sogenannten MOEL-Staaten) Erleichterungen im Handel gewährte und bald auch eine Mitgliedschaft in der EU in Aussicht stellte.

Davon profitierten vor allem mutige Unternehmen aus Österreich, die aufgrund der geografischen Nähe und der historischen Verbindungen rasch in den Nachbarländern Fuß fassen konnten. So auch Ortner, der zudem mit dem Bau von Hotels bereits Erfahrungen im Osten hatte (siehe dazu das folgende Kapitel). Ortner: „Wir exportieren nicht Waren im herkömmlichen Sinn, wir bauen vor Ort.“

Nachweisbar positive Effekte

Ebenfalls im Jahr 1989, ganz genau am 17. Juli, hatte Österreich auch den Antrag auf Aufnahme in die Europäische Gemeinschaft abgegeben. Dem folgte 1991 mit dem positiven Avis der EU der Beginn der eigentlichen Beitrittsverhandlungen. Die Aufnahme Österreichs in die EU erfolgte schließlich mit 1. Jänner 1995, gemeinsam mit Finnland und Schweden. 1999 wird schließlich mit dem Start der Wirtschafts- und Währungsunion (WWU) die Einführung des Euro eingeleitet. Zunächst sind elf europäische Staaten Mitglied in der WWU, 2002 wird der Euro als gesetzliches Zahlungsmittel eingesetzt und seit 2009 sind 17 Staaten Mitglied im sogenannten Euro-Raum.

Beide Ereignisse, Ost-Öffnung und EU-Mitgliedschaft, waren und sind nicht nur von großer politischer und gesellschaftlicher Bedeutung für Österreich, sie haben sich auch nachweislich positiv auf die wirtschaftliche Entwicklung und damit auf den Wohlstand Österreichs ausgewirkt. Fritz Breuss, emeritierter Professor am Europainstitut der Wirtschaftsuniversität Wien, hat eine solche Bewertung angestellt, die in einer Publikation der Schumpeter Gesellschaft, Der „Ostfaktor“, Österreichs Wirtschaft und die Ostöffnung 1989 bis 2009, herausgegeben von Dieter Stiefel im Böhlau Verlag, dokumentiert ist.

Demnach haben Ostöffnung und EU-Mitgliedschaft (inklusive der Teilnahme an der Währungsunion und der EU-Erweiterung) einer Modellsimulation folgend Österreich zu einem zusätzlichen Wirtschaftswachstum von 0,5 bis einem Prozent pro Jahr verholfen. Den mit Ostöffnung und EU-Mitgliedschaft einhergehenden Beschäftigungseffekt beziffert Breuss mit 100.000 bis 150.000 zusätzlichen Arbeitsplätzen, die zwischen 1989 und 2009 entstanden sind, wobei er die beiden historischen Ereignisse nicht getrennt sehen will. Breuss: „Durch die zeitliche Parallelität von Ostöffnung und EU-Beitritt haben sich die Integra-

Europajahr 1989: Am 27. Juni öffnen Außenminister Alois Mock und sein ungarischer Amtskollege Gyula Horn symbolisch den Eisernen Vorhang. Am 17. Juli stellt Österreich den Antrag auf Aufnahme in die EU

tionseffekte – insbesondere die Handelseffekte – teilweise überlagert bzw. potenziert."

Europa brachte mehr Dynamik

Insgesamt ist Österreichs Wirtschaft seit der Ostöffnung 1989 bis zum Krisenjahr 2009 um durchschnittliche 2,5 Prozent pro Jahr gewachsen. Die EU-Erweiterung 2004 brachte in den Folgejahren (bis 2009) sogar ein Wachstumsplus von 2,7 Prozent. Damit erzielte Österreich gegenüber den Vergleichsländern von EU-15 in den Jahren 1989 bis 2009 einen Wachstumsbonus von 0,3 bzw. 0,6 Prozentpunkten und konnte nachweislich auch mehr als alle anderen europäischen Länder von Ostöffnung und EU-Erweiterung profitieren. Zusätzlich wurde Österreich durch die Internationalisierung seiner Produktion und Dienstleistungen von einem Netto-Importeur von Direktinvestitionen zu einem Netto-Exporteur von FDIs.

1980 beliefen sich die Auslandsinvestitionen heimischer Firmen gerade einmal auf 530 Millionen US-Dollar (heute wären das rund 397 Millionen Euro), 2010 waren es 128,7 Milliarden Euro. Dazu ist Österreich heute in Slowenien, Kroatien, Bosnien und Herzegowina sowie in Serbien der größte internationale Investor, und in Bulgarien, Rumänien, der Slowakei, Tschechien und Ungarn zählt man laut jüngster Auswertung immerhin zu den Top-drei-Investoren. Breuss kommt in seiner Studie daher zum Schluss: „Mit der Ostöffnung erschlossen sich für Österreich neue Märkte vor der Haustüre. Sowohl die nachbarschaftliche Nähe als auch die traditionell guten Beziehungen Österreichs (Stichwort k&k-Verbundenheit) haben dazu beigetragen, dass die Chancen rasch und gut genutzt wurden. Und der Beitritt Österreichs zur EU eröffnete die Chance voll am EG-Binnenmarkt teilzunehmen – mit allen damit zusammenhängenden Integrationseffekten: Abbau der Grenzkontrollen, mehr Wettbewerb, Effizienz- und damit Produktivitätssteigerung, volle Ausschöpfung der vier Grundfreiheiten."

Ähnlich sieht es auch Walter Koren, Leiter der Aussenwirtschaft Austria, der in einem Interview mit dem Wirtschaftsmagazin GEWINN im Frühjahr 2012 drei große Entwicklungssprünge für Österreichs Wirtschaft skizzierte. Zwei davon haben ebenfalls mit der Entwicklung in Europa zu tun. Koren: „Ich sehe drei große Entwicklungssprünge. Der Erste ist mit der Ostöffnung 1989 und Folgende passiert. Ab da war die Internationalisierung nicht mehr auf ein paar wenige Große und auf traditionelle Handelsfirmen beschränkt, sondern ist in die Breite gegangen. Der zweite große Sprung war sicher der EU-Beitritt 1995 und Folgende. Die Exportquote heute ist doppelt so hoch wie noch 1994 oder 1995. Und der dritte Sprung war für mich 2002. Unter anderem durch die globale Entwicklung, ein Jahr nach 9/11, der Internet-Boom, das Aufkommen der BRIC-Staaten (Brasilien, Russland, Indien, China). Damit ist die Welt kleiner geworden, und das war die Ausgangslage, dass wir von damals 15.000 Exporteuren auf heute 40.000 Exporteure gewachsen sind."

Europa verliert an Boden

Kein Licht ohne Schatten. Die höhere Wachstumsdynamik der Schwellenländer führt zu einer Gewichtsverlagerung in der Weltwirtschaft. 2000 lag der Beitrag der OECD-Länder zum globalen BIP bei 75 Prozent, 2010 nur bei einem Drittel. Dafür stieg der Wachstumsbeitrag der BRIC auf über ein Drittel und 2015 könnten sie für 40 Prozent des globalen Wachstums sorgen.

Österreich und Europa seit 1989

Hand in Hand damit geht ein Rückgang der Wettbewerbsfähigkeit Europas, der sich im geringer werdenden Anteil der EU am Welthandel verdeutlicht. In den letzten fünf Jahren sank der Anteil der EU am weltweiten Export von 37,9 Prozent (2006) auf 33,8 Prozent (2010). Eine ähnliche, aber nicht so dramatische Entwicklung macht Nordamerika durch, dessen Anteil am globalen Export in diesem Zeitraum von 13,7 Prozent auf 12,9 Prozent zurückging. Der Anteil Asiens am weltweiten Export legte umgekehrt von 29,5 Prozent (2006) auf 33,3 Prozent (2010) zu.

Die Zeiten, in denen die Lebensqualität in Europa auf Kosten der Kolonialstaaten ging, sind jedenfalls vorbei. Oder wie es Ortner formuliert: „Vor 50 Jahren war das Öl fast gratis, heute ist es um ein Vielfaches teurer. Die Ölimporte müssen hart verdient werden, was auf Kosten unseres Lebensstandards geht."

Dasselbe gilt auch für Konsumgüter wie etwa Mode, die heute noch billig in Asien produziert werden. Mit den steigenden Lohnkosten dort, werden auch bei uns die Preise dafür steigen müssen. Aber auch daraus können sich neue Chancen für Europa ergeben, die Exporte in diese Regionen steigen. So legten die österreichischen Ausfuhren im Vorjahr nach Asien um rund 16 Prozent, nach Osteuropa um zwölf Prozent und nach Amerika um 20 Prozent zu.

Vielfalt: Segen, Fluch und Chance

Die Zukunft Europas steht im wahrsten Sinne des Wortes in den Sternen ihrer aktuell 27 Mitglieder. Dabei erweist sich vor allem die kulturelle und sprachliche Vielfalt als große Herausforderung. 27 Staaten sind derzeit in der EU, 17 davon im europäischen Währungsverbund. Das bedeutet, dass alleine zum Thema „Euro" 17 Regierungen, gebildet aus 25 bis 30 Regierungsparteien, und dazu geschätzte 30 bis 40 Oppositionsparteien mitreden. Und das in 23 verschiedenen Amtssprachen.

Klaus Ortner: „Das ist die babylonische Verwirrung. Es gibt niemanden, der rasch entscheidet, dabei wäre eine falsche Entscheidung oft besser als gar keine. Daher sehe ich bis zu einem gewissen Grad schwarz."

Ein bisschen Enttäuschung klingt da schon mit, schließlich bezeichnet sich Ortner selbst als einen „Vor-

Intergrationseffekte der Teilnahme Österreichs an der Europäischen Integration*

Simulationshorizont		BIP real in %	VPI in %	Beschäftigte in %	Beschäftigte in 1.000	Arbeitslosenquote in Prozentpunkten	Leistungsbilanz in % des BIP	Budgetsaldo in % des BIP
Ostöffnung 1989								
1989/1997	kumuliert	3,6	–0,2	2,6	76,9	2,9	0,6	0,9
	(pro Jahr)	(0,5)	(–0,0)	(0,3)	(9,6)	(0,4)	(0,1)	(0,2)
1995/2011	kumuliert	4,4	0,3	2,1	74,3	–0,4	–1,6	0,2
	(pro Jahr)	(0,2)	(0,0)	(0,1)	(3,4)	(–0,2)	(0,7)	(0,3)
EU-Mitgliedschaft 1995								
1995/2000	kumuliert	2,8	–3,3	1,3	42,3	–0,3	–1,7	–0,9
	(pro Jahr)	(0,5)	(–0,6)	(0,2)	(7,1)	(–0,1)	(–0,3)	(–0,2)
1995/2005	kumuliert	4,4	–0,8	2,4	75,0	–0,3		
	(pro Jahr)	(0,5)	(–0,1)	(0,4)	(7,5)	(–0,0)		
1995/2011	kumuliert	9,7	–4,6	5,9	199,8	–0,8	–8,2	0,6
	(pro Jahr)	(0,6)	(–0,3)	(0,4)	(12,6)	(–0,4)	(–4,3)	(0,7)
WWU-Teilnahme 1999								
1999/2011	kumuliert	5,5	–0,1	2,9	101,5	–0,5	–4,8	1,0
	(pro Jahr)	(0,4)	(–0,1)	(0,2)	(8,7)	(–0,3)	(–3,0)	(1,0)
EU-Erweiterung 2004 und 2007								
2002/2010	kumuliert	1,3	–0,9	0,8	27,5	–0,1	0,6	0,4
	(pro Jahr)	(0,1)	(–0,1)	(0,1)	(3,0)	(0,0)	(0,1)	(0,0)
2001/2010	kumuliert Höhepunkt	0,9	–1,5	0,1	3,0	0,7	0,0	0,1
	(pro Jahr)	(0,2)	(–0,3)	(0,0)	(0,5)	(0,1)	(–0,0)	(0,0)
2004/2011	kumuliert	2,8	–0,1	1,5	53,1	–0,2	–1,8	0,3
	(pro Jahr)	(0,4)	(–0,0)	(0,2)	(7,6)	(–0,2)	(–1,2	(0,4)
Intergrationseffekte insgesamt seit 1989 (alle Intergrationsschritte)								
1989/2011	kumuliert	21,1	–4,6	11,6	374,9	–1,7	–12,5	1,0
	(pro Jahr)	(0,9)	(–0,2)	(0,5)	(17,0)	(–0,7)	(–3,0)	(0,5)

*) Quellen: „Österreichische EU-Mitgliedschaft – eine Evaluierung", WKO 2012; Fritz Breuss: Die österreichische Wirtschaft seit der Ostöffnung. In: Dieter Stiefel (Hg.): Der Ostfaktor, Österreichs Wirtschaft und die Ostöffnung 1989 bis 2009, eine Publikation der Schumpeter Gesellschaft, Böhlau Verlag, Wien-Köln-Weimar, 2009, S. 115–157

kämpfer für die Europäischen Union und die Einheitswährung". Ortner: „Wobei ich vor allem daran geglaubt habe, dass die Europäische Union vieles besser machen kann. Es wäre nötig gewesen, durch Maßnahmen und ehrliche Kontrollen, die Leistungsunterschiede der verschiedenen Volkswirtschaften besser auszugleichen bzw. allenfalls schneller zu reagieren oder den Beitritt einzelner Länder zur Währungsunion zu verhindern. Woran wir heute leiden, ist die unflexible, praxisfremde Verwaltung und die zu wenig krititische Politik der Europäischen Union. Sie stellt vielfach nur den kleinsten gemeinsamen Nenner dar und trifft oft verspätet und zu wenig klare Entscheidungen."

Die europäische Einheit rückgängig machen wollte er aber nicht: „Ich finde die EU politisch wie auch als gesellschaftliches Modell wichtig. Wir ziehen auch viel Gutes aus einer gemeinsamen Währung. Man muss aber einiges korrigieren."

Europa wird sich auf härtere Zeiten einstellen müssen, einiges deutet aber auch daraufhin, dass sich das Blatt auch wieder wenden kann. Denn quer durch alle Branchen finden sich Unternehmen, die beginnen, Produktionen von China auch wieder nach Europa zu verlagern. Vor allem wenn es um höhere Anforderungen an Dienstleistung und Qualität geht, wird Europa wohl auch in Zukunft punkten können. Als erfahrener Unternehmer sieht auch Ortner Chancen: „Zum Beispiel im Maschinenbau sind wir in Europa, vor allem im deutschsprachigen Raum, sehr stark. Wenn wir unsere Chancen nützen, wird eine positive Entwicklung gesichert sein."

Dass dem so ist und man in Europa in der Vergangenheit schon ganz andere Krisen bewältigt hat, verdeutlichen die Worte von Josef Ortner angesichts der ersten Ölkrise 1973: „Ich habe den ersten Weltkrieg erlebt, ich habe mehrere Währungsänderungen (von der Krone zum Schilling zur Reichsmark und wieder zum Schilling), Hyperinflation, Hungersnöte, den Zweiten Weltkrieg, rassistische Verfolgungen, Bomben und Wiederaufbau erlebt. Wir haben all diese Schwierigkeiten gemeistert, da wird auch die gegenwärtige Energiekrise ein vorübergehender Zustand sein." Das muss einem für die Zukunft Europas zumindest Mut machen.

Von Polen über Kasachstan bis Ghana

Schon in den 1970er-Jahren startete die IGO-Ortner Gruppe mit ersten Projekten in Osteuropa. Heute ist die Unternehmensgruppe die führende Haustechnikfirma in Polen, hat aber auch Erfahrung in wesentlich exotischeren Märkten wie Ghana, Kasachstan oder Indonesien.

„Unser erstes Auslandsprojekt war das Forum-Hotel in Budapest Ende der 1970er-Jahre", erzählt Klaus Ortner von den Anfängen außerhalb Österreichs. Mit dem kommunistischen Ungarn hatte er sich nicht den einfachsten Markt für die Auslandsexpansion ausgesucht. „Damals war Budapest nicht 200 Kilometer von Wien entfernt, sondern bildlich gesprochen 10.000 Kilometer", beschreibt Ortner die Herausforderung der ersten Projekte hinter dem Eisernen Vorhang. „Man musste sämtliches Material in Wien in einen Container packen und nach Ungarn auf die Baustelle transportieren. Selbst Gas und Sauerstoff mussten wir hinüber transportieren. Es war wirklich eine Pioniertat. An der Grenze hat man mindestens eine Stunde gestanden. Hatte man das Material allerdings einmal auf der Baustelle, dann war die Abwicklung von Projekten während des Kommunismus teilweise einfacher als heute. Man konnte auf den Baustellen arbeiten, wie es unseren Standards entsprach. Heute ist der Behördeneinfluss viel größer", blickt Ortner zurück.

Von Anfang an bei den Auslandsprojekten dabei war Karl Sachs, der bis zu seiner Pensionierung zur Jahrtausendwende 30 Dienstjahre bei der IGO-Ortner Gruppe verbrachte. Der Ingenieur kümmerte sich auch um den zweiten Auftrag in Ungarn, das Hotel Tihani am Plattensee: „Wir wickelten diese Projekte noch zur Gänze mit Personal ab, das wir aus Österreich nach Ungarn schickten. Sanitär, Heizung, Kühlung, Klimatisierung, Lüftung, Sprinkleranlagen – die gesamte klassische Haustechnik wurde von uns installiert."

Die Sowjetunion zerbricht – Ortner baut in Moskau

1991 kümmerte sich Sachs gerade um einen großen Auftrag in Moskau, das berühmte Hotel Gorki im Zentrum der Stadt. Zeitgleich ging die Sowjetära mit dem (gescheiterten)

Blick auf die nächtliche Skyline von Warschau. Die IGO-Ortner Gruppe hat am modernen Gesicht der polnischen Hauptstadt einen großen Anteil. Bei jedem dritten Wolkenkratzer kommt die Haustechnik von Ortner. Im Vordergrund das unter der Mitwirkung der IGO-Ortner Gruppe installierte Büro- und Einkaufszentrum Zlote Tarasy

Das Metechi Palace Hotel in Tiflis war das erste Luxushotel in Georgien nach westlichen Standards und wurde 1991 eröffnet. Ortner realisierte noch zu Sowjet-Zeiten zahlreiche Hotelprojekte auf dem Gebiet der damaligen UdSSR

Baustelle des Metechi Palace Hotel in der georgischen Hauptstadt Tiflis im Jahr 1990

Putsch gegen Gorbatschow zu Ende, Boris Jelzin übernahm die Macht. „Ich sah tatsächlich während des Putsches Boris Jelzin auf dem Panzer vor dem Moskauer Weißen Haus stehen, als er zur Menge sprach", erzählt Sachs.

Die Wendezeit war allerdings nicht ganz ungefährlich für Ausländer in Russland. „Am besten sind meine Monteure durchgekommen, wenn sie nicht zu sehr aufgefallen sind. Sie mussten ebenso arm aussehen wie die Russen, um nicht überfallen zu werden. Auch unser Material war begehrt. Deshalb wurden die Container in Wien zugeschweißt, um nicht aufgebrochen zu werden. Vor Ort wurden sie dann mit der Flex wieder aufgeschnitten", so Sachs.

Die Logistik bei den frühen Auslandsprojekten war die größte Herausforderung. „Was nicht auf dem Lkw war, hat es vor Ort nicht gegeben. Und der Lkw hat oft drei Wochen von Österreich zur Baustelle gebraucht."

Das Problem war immer dasselbe, egal ob in Russland oder Bulgarien, wo Sachs für Ortner von 1983 bis 1984 die Haustechnik für ein Thermalhotel in der Stadt Sandanski installierte. „Fehlte ein Stück vom Material, hat alles wochenlang gestanden. Für die Kommunikation mit Österreich gab es dort nur einen Fernschreiber, natürlich kein Fax und oft nicht einmal ein Telefon. Unsere Monteure mussten in das 50 Kilometer entfernte Griechenland fahren, um zu telefonieren. Zur Sicherheit zuviel Material hinzuschicken war auch keine Alternative. Diese Teile bekam man nie wieder zurück. Sie verschwanden und tauchten dann beim Hausbau des örtlichen Bürgermeisters wieder auf", schmunzelt Sachs.

Ein Wiener Kaffeehaus in Kasachstan

Von all diesen Widrigkeiten ließ sich die IGO-Ortner Gruppe allerdings nicht abschrecken. Alle Aufträge wurden erfolgreich finalisiert, die Hotels laufen teilweise bis

heute. Die Hotelprojekte in den früheren Sowjetrepubliken wurden meist gemeinsam mit dem österreichischen Unternehmen ABV durchgeführt. Dessen Inhaber, Leopold Bausbek, war ein Schwager des letzten sowjetischen Außenministers und späteren georgischen Präsidenten Eduard Schewardnadse und war in der Region hervorragend vernetzt. Schon 1990 errichteten die Partner in der georgischen Hauptstadt Tiflis das Metechi Palace Hotel, das erste Luxushotel nach westlichen Standards. Das Hotel wurde ein Erfolg. Für die Ortner-Mannschaft vor Ort war es aber einer der härtesten Aufträge, schildert Projektleiter Sachs: „Unsere Monteure arbeiteten dort sechs Tage die Woche von früh bis spät. Nur alle vier Wochen flogen sie nach Österreich."

Durch die zahlreichen Hotelprojekte genossen ABV und die IGO-Ortner Gruppe in den Nachfolgestaaten der Sowjetunion einen hervorragenden Ruf, der bis nach Kasachstan reichte. In der früheren Hauptstadt Almaty baute Ortner von 1994 bis 1995 am ersten Fünf-Sterne-Hotel Zentralasiens mit: Das 300 Zimmer große Rachat Palace Hotel samt Wiener Kaffeehaus. „Das war sicher einer unserer größten Erfolge im Ausland. Der Auftrag war mit 120 Millionen Schilling für die damaligen Verhältnisse riesig. Zu der Zeit war Kasachstan noch kein Boomland", sagt Klaus Ortner. Projektleiter war auch hier wieder Karl Sachs. „Ein Wellnessbereich und ein Pool mit Wildbach und Rutsche waren für Kasachstan damals noch völlig neu", so Sachs. Hotelgäste waren bis dahin einen deutlich geringeren Standard gewohnt. „Als ich zum ersten Mal nach Kasachstan kam, wollte ich ein Einzelzimmer buchen", erzählt Sachs. „Man erklärte mir, dass eine Unterbringung generell nur im Zweibettzimmer möglich sei und ich mir das Zimmer mit einem anderen Gast teilen müsste."

Poleczki Park in Warschau:
Ein Projekt der UBM-Realitätenentwicklung.
Bürozentrum mit 20 Gebäuden und zirka 260.000 m^2 Nutzfläche; von Porr als GU errichtet, die Haustechnik von HTG-Polska und TKT geplant und ausgeführt

Die Nummer eins in Polen

Trotz der Erfolge in Kasachstan, Russland oder Georgien – an die Bedeutung von Polen kommt kein Auslandsmarkt von Ortner heran. „Wir machen dort heute 60 Millionen Euro Umsatz und sind das führende Unternehmen auf dem Heizungs-, Lüftungs- und Sanitärsektor“, freut sich Klaus Ortner über das rasante Wachstum der polnischen Niederlassung. HTG sp. z o.o., die erste Auslandstochter des Unternehmens, besteht bereits seit 1996. Im Jahr 2004 folgte die Übernahme der Mehrheitsbeteiligung an der polnischen KMW-Gruppe, die aus dem Anlagenbauer TKT Engineering und dem Montagebetrieb KMW Engineering bestand. 2007 kam es zur Trennung von der KMW Engineering und der vollständigen Übernahme der TKT Engineering, die heute weitgehend selbstständig innerhalb der IGO-Ortner Gruppe agiert. Neben der Zentrale in Warschau gibt es Niederlassungen in Breslau und Posen. Auf Konzernebene ist Iris Ortner für das Polen-Geschäft verantwortlich. Das ist kein Zufall, sagt Vater Klaus Ortner: „Meine Tochter ist schon 1997 mit 23 Jahren, gleich nach dem Studium in Zürich, nach Warschau gegangen und hat in der dortigen Niederlassung zweieinhalb Jahre gearbeitet. So hat sie z. B. die Bauleitung für das Warsaw Financial Center in Warschau übernommen. Seitdem spricht sie auch verhandlungssicheres Polnisch.“

Vor allem im Zentrum der polnischen Hauptstadt begegnet man den Projekten von Ortner auf Schritt und Tritt: „Wir haben in Warschau ein Drittel der Hochhäuser gebaut“, schätzt Ortner. Darunter sind einige der prominentesten Gebäude der Stadt. So wurde 2003 das von den österreichischen Immobilienunternehmen Warimpex und UBM entwickelte, 164 Meter hohe Hotel Intercontinental mit Haustechnik ausgestattet. Das Auftragsvolumen für

Eines der markantesten Gebäude von Warschau und einer der prominentesten Aufträge in Polen, das Hotel Intercontinental, dahinter das Warsaw Financial Center, ebenfalls von der IGO-Ortner Gruppe installiert und von Porr als GU errichtet

Kontrast zu den Wolkenkratzerprojekten: In Owendo (Gabun) hat Elin 2012 den Auftrag für das University-Hospital erhalten

Das Rachat Palace Hotel im kasachischen Almaty: Das 300-Zimmer-Haus wurde Mitte der 1990er-Jahre gebaut. Der Großauftrag war einer der größten Erfolge der IGO-Ortner Gruppe im Ausland

das sechsthöchste Gebäude der Stadt betrug zehn Millionen Euro. Auch das fünfthöchste Haus, das 165 Meter hohe Warsaw Financial Center, war ein Zehn-Millionen-Euro-Projekt von Ortner im Jahr 1999. Durch die Größe des Objekts mit 72.000 Quadratmetern war das Financial Center ein technisch sehr herausforderndes Projekt, erinnert sich Karl Sachs. „Schon ab Mitte der 1990er-Jahre gab es in Warschau einen Hochhausboom. Zur gleichen Zeit wurden in Wien noch kaum solche Türme gebaut. Wir konnten also nicht auf Erfahrung aus Österreich zurückgreifen. Allein die Logistik ist auf solchen Baustellen mit 40 Stockwerken extrem aufwendig."

Die Exoten – Ghana, Indonesien, Libyen

Neben dem starken Polen-Engagement bleibt die IGO-Ortner Gruppe jedoch weiter offen für Aufträge aus anderen Ländern. Zieht es einen der zahlreichen langjährigen Geschäftspartner der Gruppe wie Porr, Sandoz oder Vamed in exotische Weltgegenden, ist auch Ortner oft mit an Bord. Nachdem Ortner für den Sandoz-Standort im Tiroler Kundl regelmäßig große Anlagen liefert, engagierte der Schweizer Pharmakonzern seinen österreichischen Partner auch für den bisher weitest entferntesten Auftragsort. Die Anlagenbauer von Ortner durften Mitte der 1990er-Jahre für ein Sandoz-Werk in Indonesien die Abwasseraufbereitung liefern und montieren. „Der Auftrag dauerte ein halbes Jahr. Wir haben die Montage überwacht und die Inbetriebnahme durchgeführt. Technisch war dieser Auftrag allerdings keine besondere Herausforderung", erinnert sich der zuständige Prokurist Rupert Mooser.

Elin und Bacon haben wiederum schon einige Erfahrung auf dem afrikanischen Kontinent. So stattete man für den Spitalserrichter Vamed bereits sechs Krankenhäuser im westafrikanischen Ghana aus. „Dabei handelte es sich

Warsaw Towers:
In den 1990er-Jahren gab es in Warschau einen wahren Hochhausboom

Das Fünf-Sterne-Hotel Andel's in Lodz mit 280 Zimmern entstand im Gebäude einer alten Textilfabrik in Zusammenarbeit mit Porr, UBM und HTG Polska

um sogenannte Container-Krankenhäuser. In Österreich werden diese Spitäler in 60 bis 80 Containern komplett fertig zusammengestellt, dann zerlegt und vor Ort wieder zusammengebaut", sagt der langjährige Bacon-Geschäftsführer Bernhard Berger. „Das funktioniert sehr gut. Vor zehn Jahren haben wir das erste Krankenhaus geliefert. Wir kümmern uns dabei um Kühlung, Lüftung und die Steuerungstechnik für diese Anlagen und sorgen beispielsweise auch dafür, dass in den Operationsräumen ein Überdruck herrscht."

Weniger gut in Erinnerung hat Berger den Bau eines Spitals im libyschen Bengasi. „Es wurde gemeinsam mit der Vamed zu 90 Prozent fertig gestellt, dann allerdings nie in Betrieb genommen. Unsere Monteure hatten immer einen Notkoffer gepackt. Wenn dem damaligen Machthaber Gaddafi etwas nicht gepasst hat, mussten sie innerhalb von sechs Stunden das Land verlassen." Dennoch wäre Libyen ein Markt mit Potenzial, wenn nicht die Revolution dazwischen gekommen wäre. Seitdem ruhen alle Aufträge. „Wir hatten noch weitere Aufträge in Aussicht, wie etwa das Fußballstadion von Tripolis gemeinsam mit Porr", so Klaus Ortner.

Aufträge in exotischen Ländern wie Indonesien oder Ghana bleiben freilich die Ausnahme. „Solche Projekte werden als klassischer Export abgewickelt. Man verpackt die Anlagen in Österreich und schickt sie zum Beispiel nach Indonesien. Unser Geschäft ist aber mehrheitlich ein ‚Local Business'. Man muss vor Ort sein", ist Klaus Ortner überzeugt. Das geschieht in erster Linie durch die Niederlassung in Polen. Projekte im benachbarten Ausland, etwa das neue Hotel Angelo in München, werden von den österreichischen Niederlassungen mitbetreut. „Insgesamt soll der Auslandsanteil am Geschäft konstant bleiben", wünscht sich Ortner.

Das Hotel- und Bürozentrum Pulkovo wurde nahe dem Flughafen in St. Petersburg unter der Leitung von UBM errichtet und von der IGO-Ortner Gruppe mit den gebäudetechnischen Anlagen ausgestattet

Projekte in Deutschland, im Bild das Hotel Angelo in München, werden von den österreichischen Niederlassungen in Innsbruck und Linz mitbetreut

„Man muss Altlasten beseitigen."

Porr-Chef Karl-Heinz Strauss über die optimale Partnerschaft mit Ortner, gemeinsame Projekte von Österreich bis Libyen und warum die Porr wieder gut aufgestellt ist.

GEWINN: *Sie haben viele Jahre Erfahrung in der Bau- und Immobilienbranche. Was ist Ihre erste Erinnerung an Klaus Ortner und die Firma Ortner?*

STRAUSS: Es ist die Erinnerung an einen Unternehmer, der sich persönlich sehr um einen Auftrag für das Büroprojekt Euro Plaza in Wien bemüht hat. Das war im Frühjahr 2001. Damals haben wir gerade den Auftrag für die Haustechnik vergeben und Ortner hat sehr positiv hervorgestochen.

GEWINN: *Hätten Sie damals gedacht, dass Sie gemeinsam einmal die Mehrheit an Österreichs drittgrößtem Baukonzern, der Porr, halten werden?*

STRAUSS: Das war weder geplant, noch angedacht, noch ein Lebensziel.

GEWINN: *Was unterscheidet Klaus Ortner von anderen Unternehmern?*

STRAUSS: Man spürt ihn im ganzen Unternehmen. Jeder Mitarbeiter weiß: Der Herr Ortner steht dahinter. Für uns war es immer ein besonderes Asset, dass, wenn es irgendwo auf der Baustelle ein Problem gab, dieses mit einem Anruf gelöst war. Klaus Ortner kämpft um jeden Auftrag, ist unheimlich präsent und hat seine Gruppe total im Griff.

GEWINN: *Der optimale Partner für eine Baufirma wie Porr?*

STRAUSS: Optimal. Wir hatten noch vor meiner Zeit bei der Porr, bei Strauss & Partner, immer eine sehr sachliche und niemals unfaire Partnerschaft. Klaus Ortner kann bei Baubesprechungen schon mal laut werden, aber er kämpft immer mit offenem Visier, sagt alles klar heraus und ist auch kompromissbereit.

GEWINN: *Ortner profitiert vom internationalen Porr-Netzwerk, Porr von der Haustechnikexpertise der IGO-Ortner Gruppe. Eine gute Ergänzung?*

STRAUSS: Ich denke, dass es für Ortner mit einem Partner wie der Porr leichter ist, schwierige Aufträge zu akquirieren.

Denn hier weiß jeder, dass er sich auf den anderen verlassen kann. Der Vorteil ist auch, dass Ortner in einem sehr frühen Stadium an Projekte herankommt. Die Porr profitiert wiederum, weil es bei Ortner bei der Qualität nie zu einer Nivellierung nach unten kommt. Das heißt, Ortner ist vielleicht um ein bis zwei Prozent teurer, dafür weiß man, dass die Leistung ordentlich erfüllt wird. Darauf kann man sich verlassen, und das bedeutet weniger Fehler am Bau. Das ist eine Win-Win-Situation. Es gibt allerdings keine Verpflichtung, miteinander zu arbeiten. Das ist sehr wesentlich. Denn letztlich müssen immer die Leistung, das Budget und die Zeit passen.

GEWINN: *Welche großen Projekte werden derzeit gemeinsam mit Ortner umgesetzt?*

STRAUSS: Wir werden gemeinsam am Krankenhaus Nord in Wien arbeiten. Dann gibt es gemeinsame Aufträge für diverse Bürobauten, im Pharmabereich, Hotels etc.

Karl-Heinz Srauss:
„Klaus Ortner kämpft um jeden Auftrag, ist unheimlich präsent und hat seine Gruppe total im Griff."

GEWINN: *Ist bei gemeinsamen Projekten hilfreich, dass Sie als Porr-CEO und die IGO-Ortner Gruppe über ein Syndikat die größten Aktionäre der Porr sind? Sind die Wege da besonders kurz?*

STRAUSS: Die Wege waren immer kurz. Schnelle Entscheidungen sind eine der wesentlichen Stärken von Herrn Ortner. Man bespricht Dinge direkt mit ihm und nicht mit Mitarbeitern, die wieder fragen gehen müssen, ob sie eine Entscheidung treffen dürfen. Das bringt für das Unternehmen sehr viele Vorteile.

GEWINN: *Eine einfache Formel sagt, bei einem Bau entfällt ein Drittel der Kosten auf den Rohbau, ein Drittel auf die*

Haustechnik und ein Drittel auf die Fassade und den Innenausbau. So gesehen ergeben sich gute Synergien zwischen Porr und der IGO-Ortner Gruppe.

STRAUSS: Das stimmt nicht ganz. Ungefähr 40 Prozent kalkuliert man für Baumeisterarbeiten und Fassade, 30 bis 35 Prozent, manchmal sogar mehr, entfallen auf die Haustechnik. Der Rest ist Innenausbau. Porr und Ortner können den Großteil eines Projekts abdecken. Alles aus einer Hand wird immer wichtiger. Es dürfen sich aber weder Porr noch Ortner zu sicher sein, dass sie Aufträge bekommen, denn sonst ist man nicht mehr marktfähig.

GEWINN: *Synergien sind in Zeiten des Kostendrucks und der sinkenden Infrastrukturausgaben gefragt. Steht die Baubranche vor einer neuen Konsolidierungswelle? Werden große Player verschwinden?*

STRAUSS: Es findet immer eine Auslese statt. Das Bau- und Baunebengewerbe ist immer ein Spitzenreiter in der Insolvenzstatistik. Ich denke schon, dass es in manchen Märkten zu einer echten Auslese kommen wird. In Slowenien gibt es die ersten drei schon jetzt nicht mehr, weil der Markt nicht mehr existent ist. In Polen findet so etwas gerade statt, in Südosteuropa ist es ähnlich.

GEWINN: *Ist die Porr schon fit für diese Zeit?*

STRAUSS: Die Porr ist gut aufgestellt. Vor allem durch die neue Eigentümerkonstellation. Und wir haben unsere Optimierungs- und Restrukturierungsprogramme schon 2011 begonnen. Wir sind daher um ein Jahr vor allen anderen fertig. Wir haben Osteuropa-Forderungen abgeschrieben. All das, was unsere Mitbewerber erst 2012 gemacht haben.

GEWINN: *Sie haben die Porr seit Ihrem Antritt schon kräftig umgebaut. Das ging nicht ohne Verluste.*

STRAUSS: Man muss auch Altlasten beseitigen. Wir weisen 2012 aber schon wieder Gewinne aus und ich glaube, dass wir für die nächsten vier bis fünf Jahre sehr gut aufgestellt sind.

GEWINN: *Ortner ist berühmt für sein starkes Eigenkapital. Klaus Ortner wirtschaftet seit 1975 ohne einen Euro Kredit. Wäre eine dickere Eigenkapitaldecke auch ein Erfolgsrezept für die Baubranche?*

STRAUSS: Eigenkapital kann man nie genug haben. Die Porr ist keine reine Baufirma, sondern hat eine Milliarde Euro Immobilienvermögen. Innerhalb der nächsten Jahre wird das nicht betriebsnotwendige Immobilienvermögen abgebaut. Das Ziel ist, dass die Porr in drei Jahren schuldenfrei ist. Damit steigt unser Eigenkapital auf eine sehr komfortable Größe von 30 Prozent und darüber. Wir brauchen aber trotzdem starke Bankpartner und die braucht auch die IGO-Ortner Gruppe. Es geht dabei nicht um Finanzierungen, sondern um Avallinien (Anm.: Bürgschaften, Garantien). In Zeiten wie diesen steigt die Nachfrage nach Avalen stark an. Die Porr hat drei Milliarden Euro Umsatz und braucht daher eine Milliarde Euro Rahmen für Avale. Das funktioniert nur mit konkurrenzfähigen, großen Banken.

GEWINN: *Sie haben den forcierten Verkauf von unternehmenseigenen Immobilien angesprochen. Wovon trennt sich die Porr?*

STRAUSS: Büroimmobilien, Gewerbeparks, Garagen, Shopping-Center, Logistikimmobilien, Hotels und Hotelbeteiligungen. Uns gehören unter anderem die Hotels Kempinski in Jochberg und in Wien oder das Steigenberger in Berlin. Das ist alles nicht betriebsnotwendig. Hier wird sehr viel Kapital gebunden.

GEWINN: *In Osteuropa, wo die Porr sehr renommierte Projekte umgesetzt hat – von der Save-Brücke in Belgrad bis zur Autobahn in Ungarn –, läuft es für alle Baufirmen nicht rund. Wie haben Sie darauf reagiert?*

STRAUSS: Die Porr hat eine Konzentration der Märkte vorgenommen bzw. setzt diese gerade um. Wir bleiben stark in Polen und Tschechien, sehen das restliche Osteuropa aber kritisch. Wir glauben, dass es die nächsten drei bis vier Jahre schwierig bleiben wird. In Ländern wie der Slowakei, Kroatien oder Ungarn machen wir nur noch projektbezogenes Geschäft und fahren diese Märkte deutlich zurück oder ziehen uns überhaupt zurück.

GEWINN: *Hat Osteuropa ein langfristiges Problem oder sehen Sie schon Licht am Ende des Tunnels?*

STRAUSS: Ich sehe die Situation in Form einer Delle. Der Bedarf in Osteuropa ist nach wie vor gewaltig. Einerseits muss es gelingen, die wirtschaftlichen und politischen Schwierigkeiten zu meistern. Vor allem aber muss es juristische Sicherheit geben, dass Verträge auch exekutiert werden können. Und die Banken müssen sich konsolidieren und wieder Projekte finanzieren. Dann wird es in diesen Ländern wieder bergauf gehen.

GEWINN: *Sie wollen sich mehr auf Kernmärkte wie Deutschland und Österreich konzentrieren. Aber auch dort mangelt es an Geld der öffentlichen Hand. Macht das die Privatwirtschaft wett?*

STRAUSS: Nein, aber die öffentliche Hand hat auch viele Projekte vergeben, die sehr langfristig sind. Etwa Stuttgart 21 der Deutschen Bahn. Auch Asfinag und ÖBB investieren nach wie vor, teilweise eben zeitverschoben. Wir sehen das positiv, weil wir momentan einen sehr großen Auftragspolster haben. Außerdem können im Infrastrukturbereich Investitionen zwar um zwei bis drei Jahre verschoben werden, aber sie müssen nichtsdestotrotz getätigt werden. Andernfalls sind die Straßen kaputt oder die Brücken fallen runter. Instandsetzung ist daher in den nächsten Jahren ein großes Thema und vielfältig aufgestellte Konzerne wie die Porr sind hier im Vorteil.

GEWINN: *Sind auch neue Märkte außerhalb Europas absehbar, wo die Regierungen weniger unter Spardruck stehen?*

STRAUSS: Ja, das ist das dritte Standbein der Porr. Wir haben gesagt, wir gehen in die Länder, wo das Geld schon auf dem Konto liegt, wie Katar oder Oman. Wir haben uns diese Märkte zwei Jahre lang angeschaut und jetzt die ersten Aufträge erhalten. In Katars Hauptstadt Doha arbeiten wir an den Vorbereitungsmaßnahmen für den U-Bahn-Bau. Wir haben dort eine eigene Mannschaft – primär Ingenieure – und gute lokale Partner. Bauen ist ein

„Instandsetzung ist ein großes Thema."

lokales Geschäft und es ist People Business. Aus der Ferne schauen wir uns noch die Türkei an, weil auch dort ein Riesenbudget vorhanden ist und das Land momentan gewaltig in seine Infrastruktur investiert.

GEWINN: *Die türkische Renaissance-Gruppe ist Großaktionär bei Porr. Ein Startvorteil?*

STRAUSS: Es hilft bei Kontaktaufnahmen. Allerdings ist die Renaissance-Gruppe in Wahrheit ein russisches Bauunternehmen mit einem türkischen Eigentümer. Gebaut wird in Russland, Turkmenistan, Aserbeidschan, im Irak etc. In der Türkei selbst ist Renaissance primär als Immobilienentwickler tätig.

GEWINN: *Kämpft momentan nicht die ganze Welt um Märkte wie die Türkei und den Nahen Osten, man denke nur an die chinesischen Baufirmen?*

STRAUSS: Natürlich ist dort die ganze Welt vertreten. Die Porr gehört aber im Bereich Infrastruktur und Tunnelbau zu den Top-drei-Konzernen Europas. Außerdem setzt man in diesen Ländern gerne auf österreichische und deutsche Technologie. Da haben wir momentan sehr gute Karten. Von den Chinesen ist man teilweise schon wieder geheilt.

GEWINN: *Die nächsten Fußballweltmeisterschaften finden 2018 in Russland und 2022 in Katar statt. Porr und die IGO-Ortner Gruppe haben bereits Erfahrung im Stadionbau. Rechnen Sie sich Chancen aus?*

STRAUSS: Prinzipiell gehen wir nicht in den russischen Markt. Eine Ausnahme bilden aber die Fußballstadien. Da sind wir noch in Diskussionen. In Katar hoffen wir, dass wir eines der Stadien bauen können. Hier könnte uns helfen, dass einer der Söhne des Emirs unser lokaler Sponsor ist. In einem Land wie Katar benötigt man einen sogenannten Sponsor, der an der lokalen Gesellschaft Prozente hält, das Unternehmen mit seinen Kontakten unterstützt und darauf achtet, dass sauber und ordentlich gearbeitet wird.

GEWINN: *Porr und Ortner sind auch immer wieder Geschäftspartner in exotischen Weltgegenden wie Libyen. Dort hat die Revolution die Aufträge gestoppt. Lohnt sich das Risiko, in solche Märkte zu gehen?*

STRAUSS: Das Risiko lohnt sich sicher, wenn man es wohl überlegt angeht. Dann kann man wirklich gut performen. Jedoch muss man darauf achten, dass der Anteil am Gesamtgeschäft nicht zu groß ist. Es soll verschmerzbar sein, wenn der Auftrag von heute auf morgen aufhört.

GEWINN: *In Libyen hätten Sie fast das Nationalstadion gebaut. Ist das Projekt für immer verloren?*

STRAUSS: Dort ist Gott sei Dank der Stopp erfolgt, bevor wir richtig begonnen haben. Der Auftrag ist aber nach wie vor aufrecht. Ich glaube aber, dass sich in nächster Zeit nichts tun wird.

FASZIN
TECH

Der Neubau des Hauptbahnhofes in Wien: Im Hintergrund die Baugrube des neuen Erste-Bank-Campus. Die gesamte Haustechnik beider Bauvorhaben kommt von der IGO-Ortner Gruppe

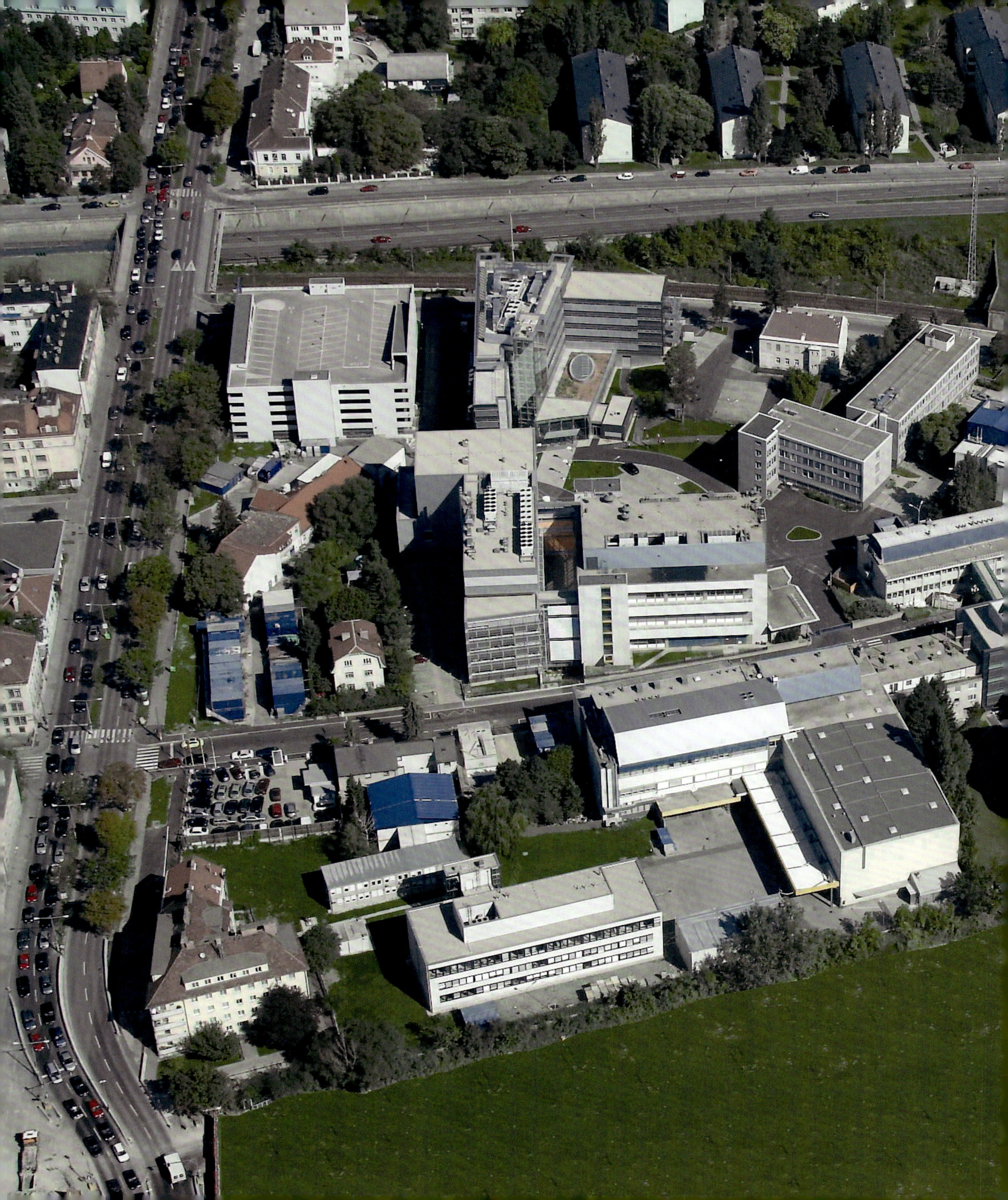

Boehringer Ingelheim Austria: Seit 1972 prozess- und gebäudetechnische Anlagen sowie diverse Bauabschnitte auch als Total- oder Generalunternehmer gemeinsam mit Porr

UNIQA

Flughafen Wien Terminal 3:
Errichtung der sanitärtechnischen Anlagen sowie der Heizungs- und Klimatechnik in Arbeitsgemeinschaft

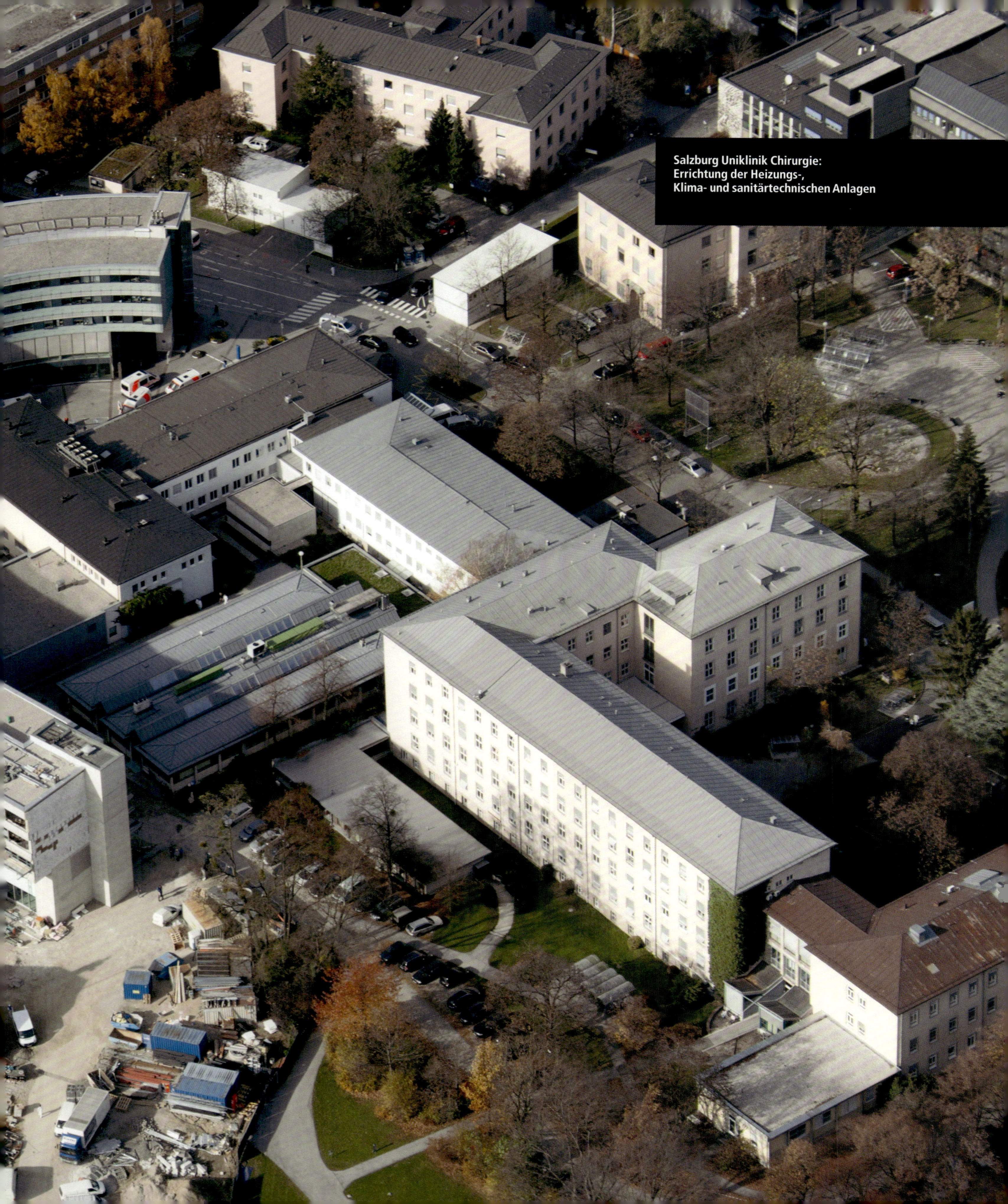

Salzburg Uniklinik Chirurgie:
Errichtung der Heizungs-,
Klima- und sanitärtechnischen Anlagen

Siemens City Wien:
Planung und Installationen der gesamten Gebäudetechnik

Roppener Tunnel, Tirol: Elektro- und Anlagentechnik von der IGO-Ortner Gruppe

Swarovski Kristallwelten, Tirol: Haustechnische Anlagen, installiert von Ortner

Die Wiener Linien sind ein wichtiger Stammkunde von Elin. Über Jahrzehnte betreut Elin diesen Kunden in allen Bereichen der Elektrotechnik. Seit 2002 ist die Mittelspannungsversorgung der U-Bahn-Linien eines der wichtigsten Projekte

Der Reiz der Herausforderung

Anlagenbau und Gebäudetechnik – die beiden Begriffe sind zwar geläufig, was aber hinter den beiden Geschäftsbereichen der IGO-Ortner Gruppe steckt, weiß man als Laie zumeist nicht.

Im Idealfall sieht man sie nicht, riecht man sie nicht und hören sollte man sie auch nur in den seltensten Fällen. Die Rede ist von Haustechnik. Aber was ist Haustechnik wirklich? Und warum übersteigen die Betriebskosten dafür im Lebenszyklus eines Gebäudes immer öfter sogar die Errichtungskosten?

Um diese Fragen zu beantworten, drehen wir das Rad der Geschichte zurück – um zirka 50 Jahre. Was fand sich da in einem Hotelzimmer? Eine Deckenleuchte, ein, zwei Steckdosen, ein Heizkörper, ein Waschbecken und vielleicht eine Dusche oder eine Badewanne und ein Klo. Und in einem Krankenzimmer? Sicher nicht mehr. Heute ist das ganz anders: Die Deckenleuchte können Sie dimmen, dazu mit Wand- und Bettleuchten individuelle Beleuchtungssituationen schaffen, Steckdosen sind kein Thema – auch nicht im Bad – und Internet, Radio und Satellitenfernsehen ebenso wenig. Vielleicht können Sie sogar den Heizkörper über ein Display steuern und zur individuell einstellbaren Dusche gibt es in der Wanne vielleicht auch noch Massagedüsen und beim Klo eine Stopfunktion für die Spülung. Die Räume werden gekühlt, wenn notwendig befeuchtet, jedenfalls energiesparend reguliert.

Gebäudetechnik: Alles für den Komfort

Das alles ist das Wunder Haustechnik. Profis wie Klaus Ortner sprechen lieber von Gebäudetechnik und zählen dazu Heizungs- und Kältetechnik, Luft- und Klimatechnik, zentrale Leittechnik, Sanitär- und Gesundheitstechnik, Elektro- und Kommunikationstechnik sowie Brandschutz und immer öfter auch alternative Energieerzeugung.

Dabei gilt es immer höhere Ansprüche an Komfort und Wirtschaftlichkeit zu erfüllen, zudem erfordern geänderte Bauweisen die Entwicklung neuer Konzepte. Mit gestiegenen Ansprüchen geht einher, dass die Gebäudetechnik ein immer wichtiger werdender Faktor für Gesamtbauvorhaben wird. Termingerechte Fertigstellung, Qualität und Standard eines Gebäudes werden weitgehend von den haustechnischen Anlagen, der Betriebsaufwand wird fast ausschließlich von diesen bestimmt. Ortner: „Versäumnisse oder Fehler in diesem Bereich sind häufig nicht wieder gutzumachen und verursachen später im laufenden Betrieb hohe Kosten."

Apropos Kosten: Je umfassender und anspruchsvoller die Technik, umso höher deren Kosten – das leuchtet ein. Laut Ortner beträgt der Anteil der Kosten für die Technik an den Gesamtbaukosten zumindest 20 und bis zu 70 Prozent. Er kann damit also höher sein als die Kosten des Baus selbst. Ortner: „In der pharmazeutischen Industrie, sagt man, ist der Bau nur ein Korrosionsschutz für die Technik. Und wenn ich heute ein modernes Krankenhaus nehme, macht der Bau 100 aus und die Technik 130 oder 140." Damit nicht genug, bestimmt die Technik eines Gebäudes auch die laufenden Kosten und den Wert der Investition. Ortner: „Die Architektur eines Gebäudes ist ein wesentlicher Faktor, aber die Qualität und die Lebensdauer werden stark von der Haustechnik bestimmt. Daran hängt, wie viel das Gebäude über die gesamte Lebensdauer, den Life Cycle, kostet."

Heutige Aufgaben, neue Lösungen

Gebäudetechnik ist heute derart umfassend, dass es immer schwieriger wird, diese im Gebäude richtig unterzubringen. Ortner: „Die meisten Probleme beim Bau großer Gebäude entstehen daraus, dass man sich zu wenig mit der Planung der Technik beschäftigt." Den Beginn der Tätigkeit machten aber auch bei Ortner einfache Anlagen zur Heizungs- und Wasserversorgung. Erst die „Industrialisierung" und Arbeitsteilung Ende der 1960er-Jahre, gepaart mit dem Mut, sich gerne neuen Herausforderungen zu stellen, ermöglichten die Entwicklung zu einem umfassenden Spezialisten für Gebäudetechnik.

Heute sind bei allen Tochterfirmen der IGO-Ortner Gruppe eigene technische Büros mit der Planung von Installationen beschäftigt, eine kaufmännische Organisation mit IT gestützter Projektabwicklung kümmert sich um die Bearbeitung von Aufträgen, ein Lager mit angeschlossenem Großhandel sorgt dafür, dass alle benötigten Materialien

T-Mobile-Hauptsitz Österreich: Elektroinstallationen, EDV-Verkabelung und Sicherheitstechnik, Heizungs-, Klima- und Sanitärtechnik

stets vorhanden sind, und in eigenen Werkstätten werden auch Anlagen, Schaltschränke und Rohrteile vorgefertigt. Für Sonderteile arbeitet man zudem mit Vertragswerkstätten zusammen. Für die Arbeit vor Ort hat man eigene Montagetrupps. Im Lauf der Zeit konnte die IGO-Ortner Gruppe wie kaum ein anderer Anbieter Erfahrung in den unterschiedlichsten Bereichen sammeln. Gebäudetechnik made by Ortner findet sich in Verwaltungsgebäuden, Krankenhäusern, Kuranstalten, Rehabilitationszentren, Wohnhausanlagen, Senioren- und Studentenheimen, Universitäten, Laborgebäuden und Schulen, Hotels, Sport- und Freizeitanlagen, Konferenz- und Verwaltungszentren, Einkaufszentren, öffentlichen Gebäuden und Verkehrsbauten.

Anlagenbau: für Industrie und Kommunen

Der zweite große Tätigkeitsbereich der IGO-Ortner Gruppe ist der Anlagenbau. Und hier brachte der frühe Mut, andere und neue Wege zu gehen, den Erfolg. Ortner: „Bei der Biochemie Kundl haben wir 1963 einfache Anlagen und Labors installiert. Das war für uns die Chance, zusammen mit dem Nutzer zu lernen und uns gemeinsam zu entwickeln."

Die technische Entwicklung im Anlagenbau war dabei vor allem davon geprägt, die Technik selbst einfacher und bedienungsfreundlicher zu machen, die Sicherheit zu verbessern und die Lebensdauer zu verlängern. In technischer Hinsicht waren zudem die Erhöhung des Wirkungsgrades

und die Verringerung von Energieverlusten Themen, die die Entwicklung stark beeinflusst haben. Ortner hat sich außerdem auch im Anlagenbau eine breite Kompetenz aufgebaut. Zu den Anlagen, die man heute errichtet, zählen weitläufige Rohrleitungssysteme etwa für die Fernwärmeversorgung von Kommunen ebenso wie Anlagen für Industrieproduktionen sowie in der Verfahrens- und Umwelttechnik. Ortner: „Heute sind in der Industrie und im Kommunalbereich, aber auch im Wohnbereich, komplexe Gesamtlösungen gefragt, die wirtschaftlich und umweltschonend sind."

Schwerpunkte Umwelt und Industrie

Eine besondere Kompetenz konnte sich die IGO-Ortner Gruppe vor allem im Bereich Umwelttechnik und in der Prozesstechnik für Industriekunden zulegen, die höchsten Ansprüchen und strengsten Vorschriften in Sachen Qualität entsprechen müssen.

Abwasser- und Umwelttechnik: Seit die Probleme bei Abwasser- und Abluftreinigung, Müllentsorgung und -deponie erkannt wurden, hat die Umwelttechnik eine dynamische Entwicklung genommen. Ortner hat sich auch hier früh – die erste Kläranlage wurde 1969 realisiert – und intensiv mit der technischen Optimierung sowie mit der nachhaltigen Materialauswahl und Verarbeitung für derartige Anlagen beschäftigt und Maßstäbe gesetzt. Stand der Technik, so Ortner, sind heute optimale Lösungen bei Reinigungsgrad, Betriebskosten, und bei der Verwertung und Lagerung von Reststoffen. Zu den erfolgreichen Projekten zählen heute komplette maschinentechnische Ausrüstungen für kommunale Großkläranlagen, wie etwa in Innsbruck und Graz, wie die Abwasserreinigung der Papierfabrik Pöls und Swarovski Wattens, die Schlammtrocknung für Dornbirn oder die Deponiegasanlagen und Sonderlager für Salzburg.

Prozess- und Rohrleitungstechnik: Mit den steigenden Konsumbedürfnissen, aber auch durch die zunehmende Bedeutung der Gesundheit haben auch Anlagen für die Chemie-, Pharma- und Lebensmittelindustrie in den letzten Jahrzehnten eine besonders dynamische Entwicklung genommen. Hier punktet Ortner bei Kunden wie Boehringer Ingelheim, Infineon, Red Bull, Baxter oder Sandoz zum einen mit einer breiten Erfahrung und Kenntnis in Anlagen- und Prozesstechnik, zum anderen ist auch die Kompetenz in der Haustechnik sehr oft Voraussetzung für eine ordnungsgemäße Produktion und daher eng mit dem Anlagenbau verbunden. Komplexe Lösungen etwa zur Erzeugung und Verteilung von Dampf, Wärme und Kälte, Versorgung mit Reinstwasser und -gasen und Produktionsmitteln sind ebenso selbstverständlich wie Reinigung von Abluft oder Abwasser oder Errichtung von Klimaanlagen, die spezielle Raumkonditionen in Bezug auf Temperatur, Feuchte und Druck bei nur geringen Toleranzen schaffen.

„Wir wollten immer schon Dinge machen, die eine Herausforderung sind."

Dipl.-Ing. Klaus Ortner

Die einfachen Dinge haben Klaus Ortner nie besonders gereizt. Oder wie er es an einem Beispiel erklärt: „Sanitäranlagen in einem Wohnbau zu installieren, das ist für mich eine relativ uninteressante Geschichte. Außer Sie bauen einen neuen Stadtteil mit 3.000 Wohnungen. Dann hat es eine gewisse Größe, die interessant ist. Wir wollten immer schon Dinge machen, die eine Herausforderung sind." Im Folgenden haben wir daher einige Projekte aus den unterschiedlichsten Bereichen ausgewählt, die beispielgebend für den Pioniergeist der IGO-Ortner Gruppe und für die breite Kompetenz Ortners bei technischen Installationen waren.

Sandoz Kundl:

Der Auftrag für die Errichtung von Anlagen für die Produktionsgebäude der Biochemie Kundl 1968 (heute als Novartis Tochter Sandoz einer der weltgrößten Antibiotika-Hersteller) markiert den Einstieg Ortners ins Hightech-Segment der Gebäudetechnik und den Beginn der Tätigkeit in der Pharmaindustrie. Heute ist Ortner dort mit Klima- und Reinraumtechnik, Medienver- und -entsorgung und prozesstechnischen Anlagen ein führender Anbieter für Kunden wie Baxter, Boehringer Ingelheim und Novartis. Bei Planung und Ausführung sind Vorgaben nach FDA, GMP, DGVO und DGRL, Qualitätssicherung und Qualifizierung Grundlagen für eine verlässliche Partnerschaft.

Kläranlage Innsbruck – Kläranlage Graz:

Über ein rund 250 Kilometer langes Kanalsystem werden die Abwässer der Landeshauptstadt Innsbruck entsorgt und in der Kläranlage in einem mehrstufigen Verfahren gereinigt. Die Abwässer werden dann in entsprechend guter Qualität wieder über den Inn in den natürlichen Wasserkreislauf eingeleitet. Seit 1968 bis heute wurden die Anlagen in mehreren Bauabschnitten auf 400.000 Einwohnergleichwerte ausgebaut. Modernste biologische Stufen erfüllen die Anforderungen der Wasserrechtsgesetze.

Die Kläranlage Graz wurde in den Jahren 1974 bis 2005 in mehreren Etappen erbaut und mit einer biologischen Stufe auf die derzeitige Kapazität von 500.000 Ein-

wohnergleichwerte erweitert. Für beide Kläranlagen hat Ortner die gesamten maschinentechnischen Anlagen ausgeführt. Beispielsweise wurden Gasmotoren für die Blockheizkraftwerke, Turboverdichter, Räumer, Belüftungseinrichtungen, Faulraumausrüstungen, Gasspeicher mit Entschwefelungsanlagen und alle für die Prozesstechnik notwendigen Rohrleitungen geliefert. Ortner hat seitdem mehr als 20 Großkläranlagen, wie zum Beispiel Dornbirn, Kirchbichl, Hall-Fritzens, Achental-Inntal-Zillertal und für die Zellulose- und Papierfabrik in Pöls, errichtet. Ebenso wurden zahlreiche Deponie- und Abfallprojekte wie zum Beispiel Siggerwiesen in Salzburg ausgeführt.

Allgemeines Krankenhaus Wien:

Krankenhäuser sind eine Kernkompetenz der IGO-Ortner Gruppe. Das AHK Wien zählt mit rund 2.100 Betten zu den größten Kliniken Europas. Ortner hat bei Neubau und Ausbau umfangreiche gebäudetechnische Anlagen installiert. In den letzten Jahren hat die IGO-Ortner Gruppe bei über 50 weiteren Krankenhausprojekten weltweit mitgewirkt.

Das SMZ-Ost und Lorenz-Böhler-Krankenhaus in Wien, die Universitätskliniken Innsbruck und Salzburg, Krankenhäuser in Linz, Klagenfurt und Vöcklabruck sind nur einige weitere Großprojekte, die von Ortner in Österreich ausgeführt wurden. Beim neuen Krankenhaus Nord in Wien wird die IGO-Ortner Gruppe wesentliche Teile ausführen.

Infineon Technologies Dresden:

Dresden ist einer der größten Fertigungsstandorte der InfineonTechnologies AG. Unter Einsatz komplexer Fertigungstechnologie werden hier hochwertige Chips für innovative Automobilelektronik-, Sicherheits- und Chipkarten- sowie Power-Management- und Multimarket-Anwendungen hergestellt. Die Fertigung zeichnet sich durch einen hohen Automatisierungsgrad aus und entspricht dem Qualitätsstandard Reinraumklasse 1. Die benötigten Installationen für die Reinstgasversorgung wurden von Ortner durchgeführt. Für die Fertigung von Infineon Technologies Austria AG in Villach wurden außerdem umfangreiche Abwasseraufbereitungsanlagen geplant und geliefert.

Photovoltaik:

Unter dem Titel „Mit der Sonne unterwegs“ ging 2011 im steirischen Mureck auf einer Fläche von zwei Hektar mit einer Leistung von 1.050 kWp Österreichs größtes Photovoltaikwerk ans Netz. Elin realisierte im Auftrag der SEBA Mureck als Generalunternehmer die Komplettanlage. Unter anderem hat die IGO-Ortner Gruppe auch in Italien als Generalunternehmer Photovoltaikkraftwerke in Florenz (300 kWp) auf den Dächern einer Fabrikanlage installiert. Zwei Freiflächenphotovoltaikanlagen wurden in Bracalente und Fiati (jeweils 700 kWp) errichtet. Aufgrund der guten Sonneneinstrahlwerte setzt Italien mit interessanten Förderungen verstärkt auf diese Technologie.

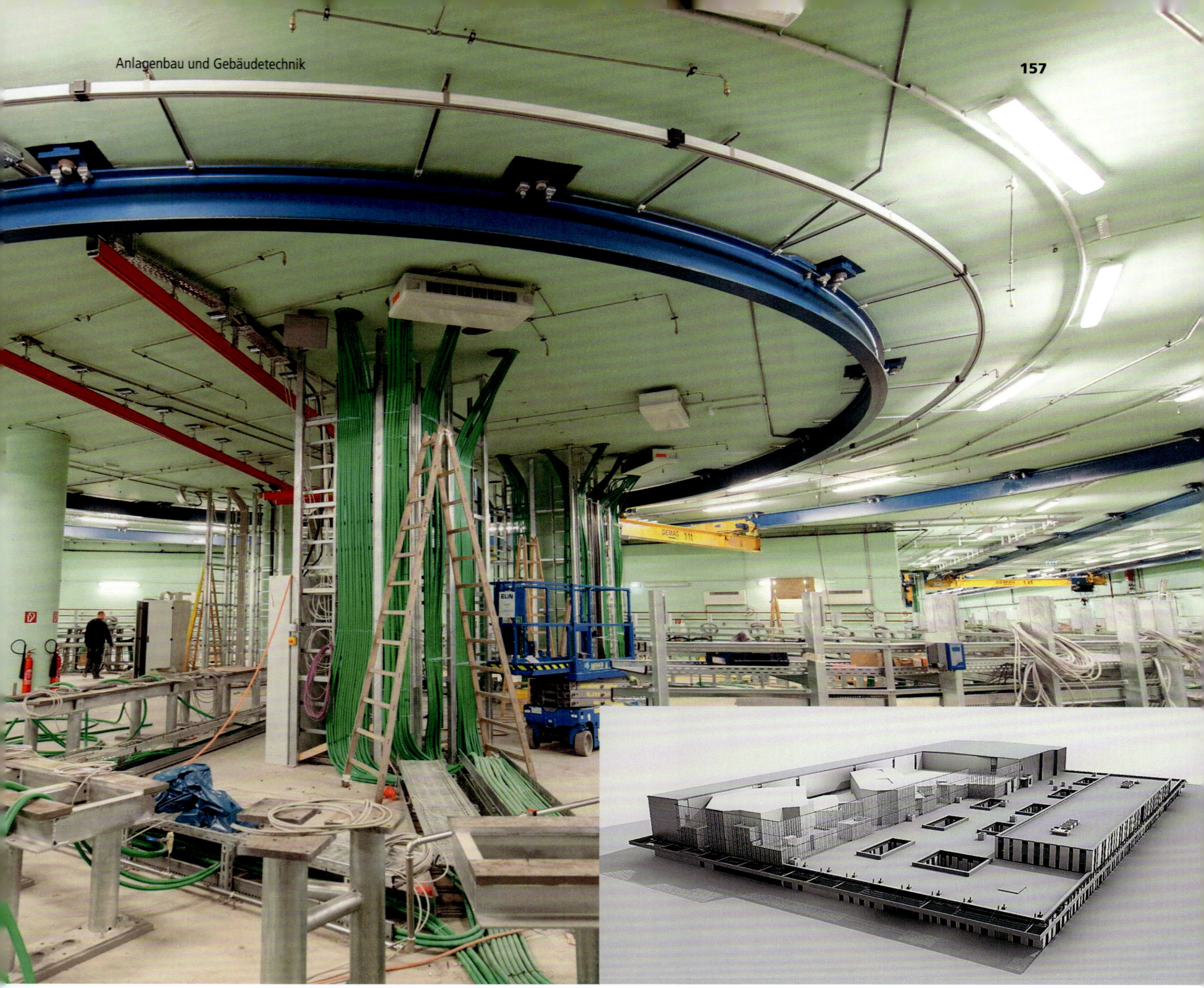

MedAustron:

Mit MedAustron entsteht in Wiener Neustadt eines der modernsten Zentren für Ionentherapie und Forschung in Europa. Die Krebsbehandlung teilt sich in chirurgische Eingriffe, Chemotherapie und Strahlentherapie. In der Ionentherapie ist MedAustron eines von vier Zentren weltweit. Die Ionen werden auf 200.000 m/s beschleunigt und der Patient wird auf 0,6 Meter eingerichtet. Ab 2013 startet der Testbetrieb, ab 2015 beginnen die Behandlungen. Jährlich werden bis 1.400 Krebspatienten von internationaler Spitzenmedizin profitieren. Für die Errichtung der gesamten technischen Gebäudeausrüstung haben Elin und Bacon dabei einen wesentlichen Beitrag geleistet.

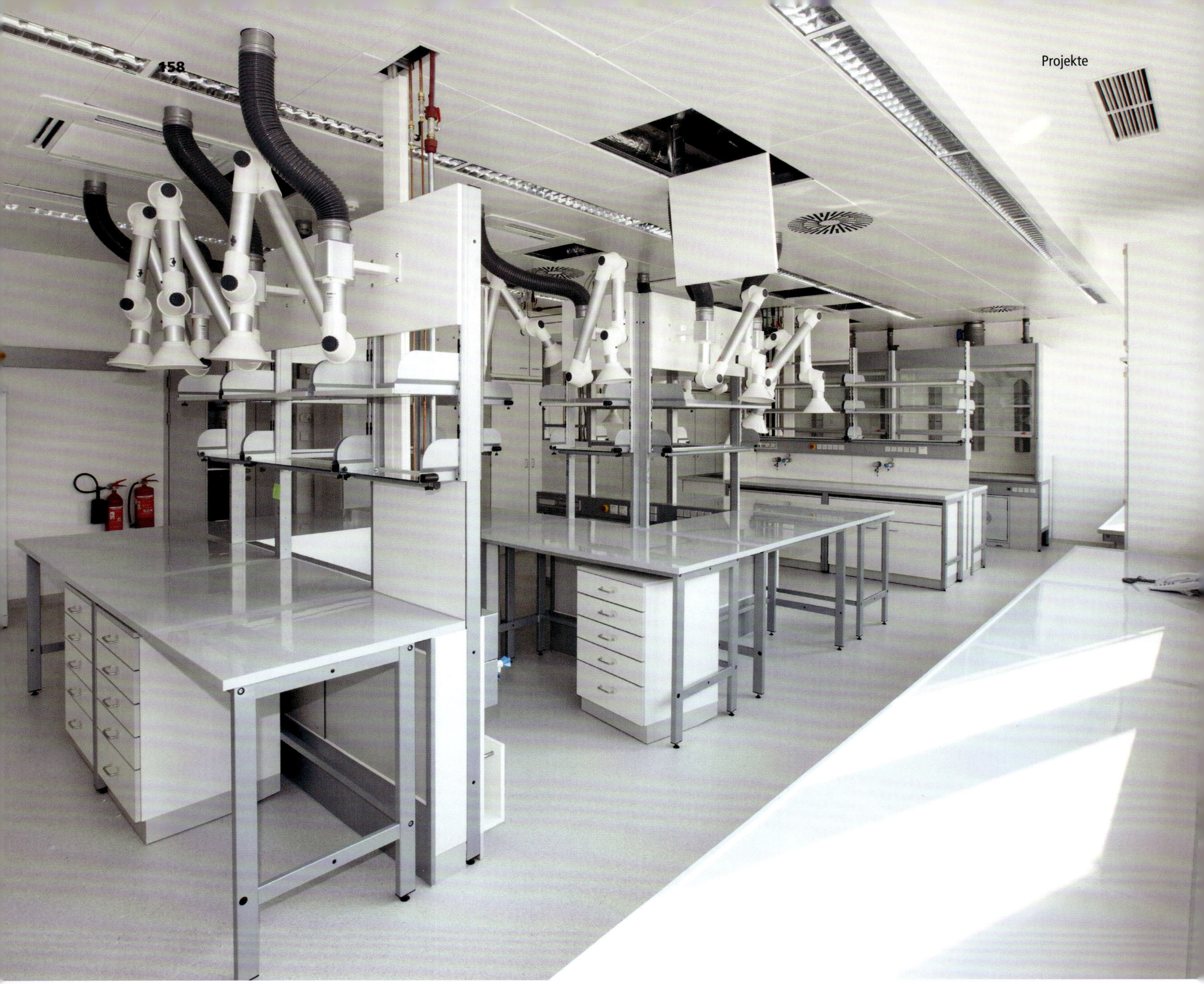

Vet. Med. Universität Wien – Hochschule für Bodenkultur Wien – Laborgebäude:

In Gebäuden für Lehre und Forschung muss die Gebäudetechnik wissenschaftlichen Ansprüchen genügen. Diese zu erfüllen, ist Kernkompetenz der IGO-Ortner Gruppe. Labors werden mit Medien, wie aufbereiteten Wässern, Gasen oder Vakuum versorgt, Abwässer mit unterschiedlichen Verfahren gereinigt. Bedingungen für die Raumluft wie Reinheit, Temperatur oder Feuchtigkeit sollen mit größter Präzision eingehalten, aggressive oder infektiöse Abluft verlässlich gereinigt werden. Ortner hat die gebäudetechnischen Anlagen für drei Baustufen der Hochschule für Bodenkultur in Wien errichtet.

Für den Neubau der Veterinärmedizinischen Uni in

Wien wurden 48 Hörsaal-, Instituts- und Laborgebäude mit sanitärtechnischen Anlagen, Medienver- und -entsorgung ausgestattet. Darüber hinaus hat Ortner zahlreiche Laborgebäude mit gebäudetechnischen Anlagen ausgestattet, wie etwa für das ISTA in Gugging, die Landwirtschaftliche Lehranstalt in Hirschstetten, die Technische Universität Wien – Institut Operngasse, für das Institut für Molekulare Pathologie in Wien, Dr.-Bohr-Gasse, das Universitätszentrum für Pharmazie, Erdwissenschaften, Strahlenchemie, Petrologie in Wien, Althanstraße, die naturwissenschaftliche Fakultät der Universität Salzburg sowie zahlreiche Universitätsinstitute in Innsbruck.

Rehabzentrum Münster Tirol:

Im Jahr 2011 hat die hospitals Projektentwicklungsgesellschaft – eine Beteiligung der IGO-Ortner Gruppe – ein Rehabilitationszentrum mit 250 Betten in Münster in Tirol eröffnet. In dieser Krankenanstalt werden Fälle in den Bereichen Herz-Kreislauf, Neurologie, Lungenerkrankungen und Onkologie behandelt. hospitals hat dieses Eigenprojekt nicht nur entwickelt und das Projektmanagement übernommen, sondern führt auch den Betrieb mit derzeit 220 Mitarbeitern gemeinsam mit Humonacare. Das Gebäude wurde von der Arge Porr-Ortner als Generalunternehmer errichtet. Die BGF beträgt 15.600 Quadratmeter, Ortner hat sämtliche gebäudetechnischen Anlagen installiert.

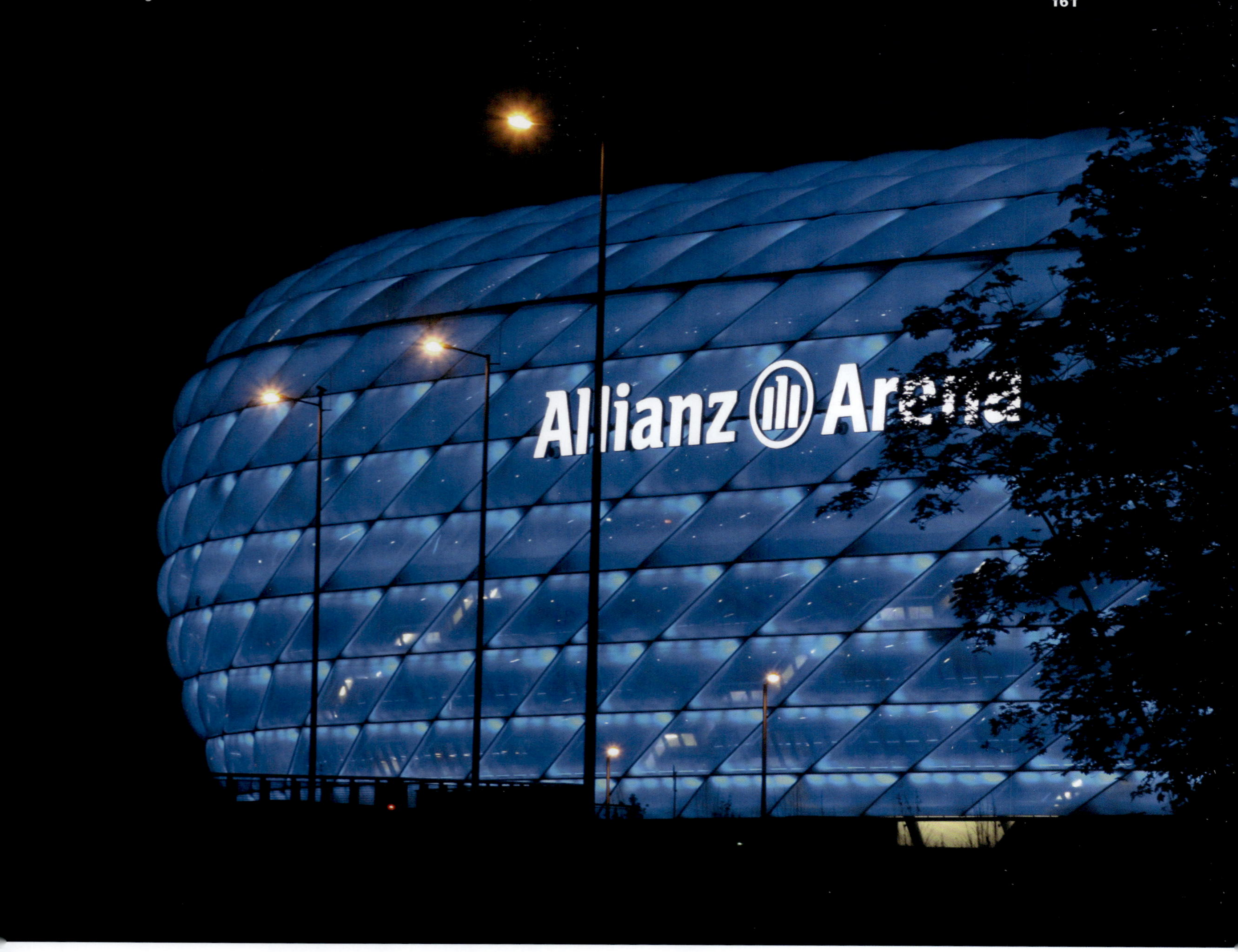

Allianz Arena München:

Mit 66.000 Sitzplätzen Kapazität ist die Allianz Arena in München Mitteleuropas modernstes Fußballstadion. 64.000 Quadratmeter Membranhülle beleuchten mit rund 25.000 Einzelleuchten das Stadion in den jeweiligen Vereinsfarben der beiden Münchner Großvereine. Elin stellt mit der gesamten technischen Gebäudeausrüstung inklusive MSR-Technik und dem laufenden Facility-Management ihr Know-how unter Beweis. Highlights: 110 Lüftungsanlagen mit einem Umwälzvolumen von > 1,7 Millionen m³ pro Stunde, Energieversorgung mit zwei getrennten Umspannwerken mit einer installierten Leistung von zwölf MW, 4,0 Millionen Meter Kabel, 750 Schaltschränke, 800.000 Meter Glasfaser.

Insta-Bloc-Installationssysteme:

Die von Sanitär-Elementbau aus Haus im Ennstal entwickelten und vorgefertigten Insta-Bloc-Installationssysteme bewähren sich seit vielen Jahrzehnten vor allem bei Wohn- und Hotelbauten, Seniorenheimen, Verwaltungsgebäuden sowie bei Krankenhausbauten. Projektbezogen werden Sanitärbausteine, Sanitärwände oder Schachtelemente aus Leichtbeton individuell geplant und industriell gefertigt. Auch Sanitärzellen werden in verschiedenen Ausführungen erzeugt. Besondere Beachtung finden dabei der Brand- und ein hochwertiger Schallschutz. Die Verwendung solcher Systeme erleichtert meist die Bauabwicklung und bewirkt einen schnellen und sauberen Bauablauf.

Biomassekraftwerk Villach:

Gemeinsam mit der TU Wien und basierend auf den Erfahrungen, die man bereits bei einem Biomassekraftwerk im burgenländischen Oberwart sammeln konnte, hat der Anlagenbau der IGO-Ortner Gruppe in Villach eine neuartige Anlage entwickelt und errichtet. In dieser Anlage wird das bei der Verbrennung von Holz in großen Mengen entstehende Gas mittels Gasmotoren zur Stromerzeugung genutzt. Das von der österreichischen Forschungsförderung unterstützte Projekt stellt eine wesentliche Weiterentwicklung konventioneller Biomasseprojekte dar. Die Holzvergasungsanlage ist für eine Leistung von 2x2 MW elektrischer Energie und 6,7 MW Wärmeleistung ausgelegt.

Kläranlage Seefeld:

Die Kläranlage Seefeld gehört zum Abwasserverband Zirl und Umgebung und wurde als vollbiologische Kläranlage auf 1.200 Meter Meereshöhe in Betrieb genommen. Nach vollständiger Klärung der Abwässer werden diese im Sinne der Umwelteffizienz gesammelt und von Reith mit einer Druckrohrleitung in das Inntal auf 622 Meter Meereshöhe geleitet. Mit dieser Methode wird das Abwasser zur Stromerzeugung genutzt. Die Anlage ist für 26.000 Einwohnergleichwerte ausgelegt und kann große Schwankungen, die durch den Fremdenverkehr auftreten, aufnehmen. Durch dieses Konzept werden bis zu 1,2 MW Strom erzeugt.

Fernwärmenetz Wien:

Besondere Bedeutung im Bereich des Rohrleitungsbaues hat die Fernversorgung erlangt. Im Rahmen der Arge Rohrleitungstechnik war die IGO-Ortner Gruppe auch am Ausbau des Fernwärmenetzes der Fernwärme Wien maßgeblich beteiligt. Mehr als 20 Kilometer Großrohrleitungen bis NW 800 wurden dazu in geschlossener Bauweise mittels Pressrohrvortrieb in begehbaren Pressrohrkanälen mit bis zu 2,2 Meter Durchmesser verlegt. Die Rohrleitungen werden für Betriebstemperaturen von 90 bis 160 Grad Celsius und einen Betriebsdruck von 25 bar ausgelegt. Die Bauarbeiten für die Schachtanlagen und die Pressrohrkanäle wurden in vielen Fällen von der Porr AG ausgeführt.

Aqua Dome Therme Tirol Längenfeld:

Das Vorzeigeresort der Vamed Vitality World besteht aus einer 50.000 Quadratmeter großen Thermenwelt am Rande der Ötztaler Alpen, einem Vier-Sterne-Superior-Hotel und einem medizinischen Kompetenzzentrum. Sämtliche gebäudetechnischen Installationen wurden von Elin und Ortner geplant und ausgeführt. Die IGO-Ortner Gruppe hat für Vamed auch heizungs-, lüftungs-, sanitär- und elektrotechnische Anlagen für die Therme Tauern Spa Kaprun in Salzburg errichtet. Für den Neubau der Therme Wien-Oberlaa hat Ortner die gesundheitstechnischen Anlagen und umfangreiche Anlagen zur Aufbereitung des schwefelhaltigen Thermalwassers installiert.

Voraussetzungen für ein energieeffizientes Gebäude

Dipl.-Ing. Gerd Scholze über Nachhaltigkeitskompetenz als Wettbewerbsvorteil.

DIPL.-ING. GERD SCHOLZE

TGA-Ingenieurgesellschaft Ebert und Scholze Stuttgart

Wolkenkratzer mit imposanten Strukturen und glitzernden Glasfassaden, die erst durch riesige und energiefressende Klimaanlagen bewohnbar gemacht werden, prägen zwar noch unsere Stadtbilder, werden aber so nicht mehr oder immer weniger gebaut. Rohstoffe werden knapp, und das Klima der Erde verändert sich negativ.

Da allein für die Errichtung und den Betrieb unserer Gebäude 40 Prozent der gesamten von uns verbrauchten Energie benötigt werden, liegen hierin gigantische Einsparungspotenziale. Gerade beim Bauen haben wir alle Möglichkeiten, um nicht nur den Verbrauch drastisch zu reduzieren, sondern mit dem Gebäudebetrieb einen Energieüberschuss zu erzeugen. Das energiesparende Passivhaus ist ein erster Schritt, ausgeklügelte Gebäudetechnik kann einen Wolkenkratzer vom Energiefresser zum Energielieferanten machen.

In der EU-Richtlinie 2010 wurde gesetzlich festgelegt, dass Neubauten ab 2020 ihre Energie hauptsächlich aus sich selbst und aus regenerativen Quellen bereit stellen müssen. Neue Techniken sind verfügbar, so etwa die Nutzung des Sonnenlichtes, der Erdwärme und des Wasserkreislaufes im Gebäude durch Wärmepumpen, große Wärmespeicher, Bauteilaktivierung und Kühldecken, um einige Beispiele zu nennen. Der Energieverbrauch muss auf der einen Seite durch Energieeffizienz gesenkt werden, und wird Energie trotzdem von außen gebraucht, so müssen erneuerbare Energien mit ihrer volatilen Stromerzeugung intelligent in das System integriert werden. Dies erfordert den Ausbau der Netzinfrastruktur, die Entwicklung von neuen Speichersystemen und die Einführung von Smart Grids, die Zu- und Abfluss von elektrischer Energie optimal steuern. .

Zur Energieeffizienz von Neubauten ist die Einführung des Prinzips der „flexiblen Optionen“ ein vielversprechender Ansatz. Denn die Technik bleibt nicht stehen, neue Entwicklungen sollen möglichst eingearbeitet werden, auch wenn Planung und Baugeschehen schon fortgeschritten sind. Sogar spätere Nachrüstungen und Änderungen an den Gebäuden müssen möglich sein. Schon der griechische Philosoph Heraklit stellte vor 2.500 Jahren fest, dass die einzige Konstante im Universum die Veränderung ist, und das gilt zunehmend auch für den Lebenszyklus eines Gebäudes.

Hoher Komfort und niedrige Betriebskosten schließen einander nicht aus. Ein wirtschaftlicher Nutzen für die Betreiber und eine Schonung der Umwelt stellen sich bereits kurzfristig ein. Voraussetzung dafür ist eine integrale Planung. Alle am Bau Beteiligten müssen möglichst früh eingebunden werden. Nutzungswert, Energieeffizienz, die Kubatur und die Bauphysik, die Kosten über den gesamten Lebenszyklus des Gebäudes bestimmen einerseits die Qualität, andererseits auch die Kosten des Bauwerkes. Dazu kommen die Anforderungen an den Gebäudebetrieb und das Facility Management sowie an den gewünschten Komfort.

Die Bauherren fordern heute energiesparende Konzepte und wirtschaftliche Lösungen, die eine intensive Zusammenarbeit von Architekten und Ingenieuren erfordern. Der Ingenieur entwickelt sich somit vom „Erfüllungsgehilfen“ zum kreativen Partner der Architekten und wertvollen Berater des Bauherrn. Durch diese veränderte Aufgabenstellung in der Zusammenarbeit werden gemeinsame Lösungen für Funktionalität, Ästhetik, Kosten und Wirtschaftlichkeit sowie Nachhaltigkeitskonzepte z. B. für Energie, Wasser, Monitoring, Recycling und Nutzerzufriedenheit entwickelt.

Die Kompetenz der ausführenden Handwerker und eine qualifizierte Bauleitung sind für das Gelingen entscheidend. Fazit ist: Bauen muss in allen Belangen nachhaltiger werden. Das Ziel ist erreicht, wenn die Menschen sich in diesen Gebäuden wohlfühlen und sich als Nutznießer der neuen Technik sehen. Ich bin sicher, dass die IGO-Ortner Gruppe in diesem Wettlauf zu immer höher qualifiziertem und – auf dem Energiesektor – immer effizienterem Bauen weiterhin „die Nase vorn“ haben wird.

Serviceimpulse

Standorte in Österreich

Mit der Fertigstellung eines Gebäudes hat sein Lebenszyklus gerade erst begonnen. Er reicht aber weit in die Zukunft hinein.

Standorte in 14 Orten Österreichs: Die Service- und Dienstleistungsangebote der IGO-Ortner Gruppe stellen kompetente Betreuung aus einer Hand bereit

Funktionstüchtigkeit und wirtschaftlicher Betrieb der Anlagen sind eine notwendige Voraussetzung. Daneben spielen aber die Gefühle des Kunden (Wohlbefinden) oder ethische Aspekte wie Nachhaltigkeit, Umwelt und Generationsgerechtigkeit eine Rolle.

Die Maßstäbe für den Wert einer Immobilie verändern sich kontinuierlich. Themen, mit denen sich Investor und Betreiber beschäftigen müssen, sind:

- Betriebskosten, die im Lebenszyklus weit über die Investitionskosten hinausgehen.
- Anlagen, die regelmäßig überprüft, gewartet und erneuert werden sollen und einschlägigen Bestimmungen entsprechen müssen.
- Störungen und Gebrechen, die unerwartet auftreten.
- Nutzer, die Wünsche und Bedürfnisse individuell empfinden oder im Laufe der Nutzungsdauer immer wieder neu definieren.
- Baulichkeiten, die dem Bedarf angepasst werden müssen.
- Modernisierungsschritte, um die Anlagen auf den Stand der Technik zu bringen (mit neu entwickelter Gebäudeautomation, Einbindung alternativer Energien oder von Geräten mit besserem Wirkungsgrad kann die Effizienz jedes Betriebsjahr um bis zu zwei Prozent gesteigert werden).

Nicht immer werden Notwendigkeit und Potenzial nachhaltiger Anlagenbetreuung richtig erkannt. Sei es, weil es manchen Serviceanbietern nicht gelingt, den Mehr-

Lufttechnische Anlage im Werk der Sandoz Schaftenau: Richtige Betreuung und Wartung verlängern Lebenszeit und sparen Betriebskosten

Höchste Ansprüche an die Ausbildung: Servicetechniker sollten nicht nur fachlich exzellent sein, sondern auch das sorgenfreie Wohlbefinden des Kunden und Aspekte wie Nachhaltigkeit, Umwelt und Generationsgerechtigkeit beachten

Höchste Ansprüche an die Servicetechnik: täglich 24 Stunden Bereitschaftsdienst, sieben Tage in der Woche – mit einer gut ausgebildeten, flexiblen Servicemannschaft, Logistik und Ersatzteilmanagement – und das alles kosteneffizient

wert für den Kunden erkennbar zu machen oder dieser durch die Nachlässigkeit des Anbieters auch real fehlt. Oder auch deshalb, weil der Kunde – das, was er sich in anderen Bereichen nicht selbst an Verantwortung aufbürden will – für eine Immobilie allemal sich selbst zutraut.

Professionelles Servicegeschäft bedeutet also örtliche Kundennähe, sehr gute Anlagenkenntnisse, vielfältige Dienstleistungen, 24 Stunden/sieben Tage Bereitschaftsdienst mit einer gut ausgebildeten, flexiblen Servicemannschaft, Logistik und Ersatzteilmanagement – und das möglichst kosteneffizient. Der ideale Servicetechniker sollte aber nicht nur exzellent in seinem Fach sein, sondern gleichzeitig auch Psychologe und Philosoph:

- Der Fachmann sorgt für die Funktionalität und Wirtschaftlichkeit der Anlage.
- Der Psychologe für das sorgenfreie Wohlbefinden des Kunden.
- der Philosoph für ethische Aspekte, wie Nachhaltigkeit, Umwelt und Generationsgerechtigkeit.

All diesen anspruchsvollen Kriterien wird der einzelne Servicetechniker wohl nicht immer sinnvoll genügen können. Als Unternehmen ist die IGO-Ortner Gruppe jedoch bemüht, diesem Anspruch gerecht zu werden.

Der Service- und Dienstleistungsbereich ist eine perfekte Ergänzung zum Projektgeschäft. Die starke Marktpräsenz und der vielfältige Leistungsumfang ermöglichen örtliche Betreuung aus einer Hand. Seit vielen Jahren betreut die Unternehmensgruppe als Kontrahent in diesem Dienstleistungsgeschäft insbesondere Kunden für Einkaufszentren, Verwaltungs- und Krankenhausbauten und ist Partner für Kunden aus Industrie und Infrastruktur.

Auch Analysen für Einsparungspotenziale, Vorschläge für Energiespar- und Anlagencontracting samt Finanzierung werden angeboten.

Technologie optimieren

Holzvergasungsanlage Villach, Gasregelstrecke. Ein Zweibett-Wirbelschicht-Verfahren zur industriellen Verwertung, entwickelt vom Ortner-Anlagenbau in Zusammenarbeit mit der TU Wien

Bauen ist doch so einfach . . . oder? Projektmanagement als Lösung

Univ.-Prof. Dipl.-Ing. Hans Lechner über die Komplexität von Bauprojekten

Planung ist eine nonverbale Kulturleistung, man kann Pläne nicht vorlesen, auch nicht im Duett singen. Wittgenstein meinte im „Tractatus Logico-Philosophicus“: „Man könne nur das denken, wofür es Worte gibt.“ Ganz sicher hatte er dabei nicht an Bach gedacht, dessen Musik oft als Struktur, als Netz gedacht wird, auch nicht an Planer, die Räume zuerst denken müssen, bevor sie gebaut werden können.

Räume brauchen Zwischenräume, um jene vielen Leitungen und Geräte einzubauen, die heute schon die Einfamilienhäuser technischer machen, als der VW war, den Ferdinand Porsche nach 1945 baute. Die Wichtigkeit der Zwischenräume wird besonders groß in Krankenhäusern, wo lebenserhaltende Medien und Energien wohl hoffentlich aus dem richtigen Stecker kommen.

UNIV.-PROF. DIPL.-ING. HANS LECHNER

Universität Graz

Ja aber . . . seit den Pyramiden . . . 4.500 Jahre . . . könntet ihr doch . . ., sagen uns viele, vor allem die wortgewaltigen Juristen und Journalisten.

Bauen ist doch so einfach! War es mal – die Pyramiden hatten neben einigen Hieroglyphen gerade mal drei Positionen, der Kalkstein mit dem sie gebaut wurden (2,3 Millionen Steinblöcke), die fast verschwundene Marmorverkleidung und etwas Granit in den Grabräumen. Kein Stück Eisen, die Meisel waren noch aus Kupfer. Wenn wir mit heutigen Kränen die Cheopspyramide nachbauen würden, so würde das 46 Jahre dauern – etwa doppelt so lange wie Cheops regierte und es würde etwa 13 Milliarden Euro Lohnkosten (ohne Material, ohne Planung) ausmachen.

Für die Wohnbauten der 1960er gab es Leistungsverzeichnisse mit etwa 800 Positionen, einschließlich der damals einfachen Wasseranschlüsse, ein Schalter fürs Licht, maximal zwei Stecker fürs Zimmer. Als die Koksöfen unbequem wurden, gründete die Stadt Wien eine eigene Firma, um die ersten Gasheizungen als Vorbild einzubauen.

Das Standardleistungsbuch hat heute über 30.000 Positionen. Am meist besprochenen Bauprojekt der letzten Jahre waren fast hundert Planungsbüros und Berater be-

teiligt. Das Bauen hat sich – jedenfalls für die Akteure – seit den Pyramiden doch etwas verändert. Management scheint heute oft wichtiger als Architektur zu sein, jedenfalls als Erfolgsfaktor in der Errichtung.

Projektmanagement ist eine sehr junge Disziplin, erst 1977 wurde die Projektsteuerung in die HOAI als delegierbare Aufgabe des Auftraggebers hineingeschrieben. Wenn das Projekt mehr als drei beteiligte Planer hat, sollte diese Methode angewandt werden, von drei auf fast 100 ist ein ziemlicher Sprung in der Komplexität, es wird wohl noch etwas Arbeit und Lehre notwendig sein, bis das einige können.

Komplexität ist ein gutes Stichwort, gerade jene die uns gerne raten, was wir besser machen sollen, beherrschen zwar oft die Sprache, selten aber die Technik. Fast keinem der vielen Journalisten, mit denen ich in den letzten Jahren sprach, konnte ich die vielfältigen Aufgaben einer Bauleitung in weniger als drei Stunden erklären – alle haben danach gesagt: „Das kann ich doch nicht schreiben, ich habe nur zwei Seiten . . .“

Kaum einer will hören, dass 70.000 Pläne ein komplexes Problem darstellen, auch nicht, wenn es gut gegangen ist. Bauen gilt als „altes“ Handwerk, dabei gibt es Bauten, in denen kein Ziegel vorkommt und die Rohbaukosten liegen in Krankenhäusern bei gerade mal 15 Prozent, dafür umfasst die Haustechnik oft über 30 Prozent der Gesamtkosten, eine gewaltige, unsichtbare Maschinerie, die meist nur durch Schalter, Stecker, Luftauslässe an die Oberfläche kommt.

Der Ausfall der Energieversorgung nach dem Hurricane Sandy hatte die Evakuierung der stromlosen Krankenhäuser in NYC sehr eindrucksvoll gezeigt, ein Drittel von Manhattan war wochenlang stromlos, die Cafés und Restaurants an der Grenze der Stadtteile hatten spontan Verlängerungskabel und Mehrfachstecker zum Aufladen der Handys installiert.

Der Airbus A380 wurde 1996 mit Planungskosten von zwölf Milliarden Euro geplant, die ersten Pläne sahen die Auslieferung von 125 Stück pro Jahr vor, die Produktion der ersten Jahre lag bei 30 Stück! Das (kommunizierte) Problem: 500 Kilometer Kabel passten nicht in die Maschine.

Knapp 5.000 Quadratmeter Stellfläche hat so eine A380, ein Klacks im Vergleich zu vielen Bauten von heute, die in zwei bist drei Jahren geplant und drei bis vier Jahren gebaut werden – wenn konsequentes Projektmanagement vom Start weg angewandt wird.

Eine langjährige strategische Partnerschaft – ein Wettbewerbsvorteil?

Dipl.-Ing. Dr. Manfred Gutternigg über Vorteile langfristiger Partnerschaft.

Die Anforderungen an Lieferanten im Bau- und Baunebengewerbe sind aufgrund von immer kurzfristigeren Planungs-, Entscheidungs- und Bauphasen in den letzten Jahren sehr stark gestiegen. Die Zusammenarbeit aller Partner wird auch dank neuer Medien immer mehr durch Transparenz, Dynamik, Flexibilität, schnellere Kommunikation, aber vor allem auch durch die Kurzlebigkeit der Geschäftsbeziehung geprägt. Kooperationen und langfristige Partnerschaften sind leider eher Seltenheit als Regel.

Was sind die wichtigsten Voraussetzungen einer strategischen Kooperation und einer langfristigen erfolgreichen Partnerschaft anhand des Beispiels von Ortner und Hilti?

DIPL.-ING. DR. MANFRED GUTTERNIGG

Geschäftsführer
Hilti Austria GmbH

Tradition, Herkunft, ähnliche Wurzeln

Ortner wie auch Hilti sind zu 100 Prozent Familienunternehmen, geprägt durch starke Unternehmerpersönlichkeiten, die am langfristigen Unternehmenswert orientiert sind und nicht wie börsennotierte Unternehmen an einer kurzfristigen Maximierung des Gewinnes und des Aktienkurses.

Eine Unternehmenskultur, aufgebaut auf ähnlichen Werten

Die Unternehmenskultur wird durch die Mitarbeiter und insbesondere Vorgesetzten geprägt; von Werten wie Integrität, Engagement, Teamarbeit, Mut und Fairness sowohl innerhalb des Unternehmens als auch gegenüber Partnern.

Ähnliche Vision der Partner

Seit dem Jahre 1968, also über 45 Jahre, besteht diese Partnerschaft, und der persönliche Kontakt von Klaus Ortner zu Martin und Michael Hilti; damals waren beide Unternehmen noch Klein- bzw. Mittelbetriebe und erst am Anfang einer Entwicklung zu Marktführern in ihrem jeweiligen Segment.

Langfristig orientierte, auf Wachstum beruhende Strategie

Markt- bzw. Produkt-/Anwendungsführerschaft in den jeweiligen Segmenten ist das Ziel von beiden Unternehmen; unterstützt durch operative Exzellenz in allen Prozessen und dem Streben nach Innovations- und Qualitätsführerschaft.

Basierend auf diesen Voraussetzungen, welche zum größten Teil unter den Partnern übereinstimmen sollten, ergeben sich differenzierende Wettbewerbsvorteile.

Produktivität Profitabilität

Jedes Bauprojekt ist eine Art Prototyp, ein Unikat! Deshalb ist es entscheidend, dass die relevanten Partner in allen Phasen einen Projektes sehr eng miteinander kooperieren:

- **Projektentwicklung:** Welche Technologien kommen zum Einsatz. Die Techniker beider Häuser arbeiten sehr eng zusammen, um Projekte in der Ausführung effizient und für alle Partner profitabel abzuwickeln. Außerdem kommen so immer technisch ausgereifte und vor allem wirtschaftliche Lösungen zum Einsatz.
- **Projektabwicklung:** In der Branche ist es üblich, jedes Projekt individuell zu verhandeln, und nicht nur Rahmenbedingungen wie Rabatte neu zu vereinbaren, sondern auch Lieferanten zu wechseln. Dadurch steigen Prozesskosten auf beiden Seiten, und es führt in sehr vielen Fällen auch verstärkt zu Reklamationen. Um diesen Aufwand zu minimieren, sind beide Unternehmen schon vor mehr als zehn Jahren einen auch jetzt noch unüblichen Weg gegangen: Einmal verhandelte Rahmenbedingungen und Preissicherheit gelten unabhängig von der Projektgröße über zumindest ein Kalenderjahr bzw. Projektdauer! Das ist mit Basis für operative Exzellenz.
- **Projektausführung:** Themen wie einfache und schnelle Montage, Liefersicherheit und -genauigkeit spielen eine immer bedeutendere Rolle. Eine individuelle

Betreuung, auch vor Ort auf der Baustelle, bietet zusätzlich große Vorteile.

- **Projekt-„Care"-Phase:** Vertrauen in Partner, dass es diese auch noch gibt, falls Reklamationen innerhalb und außerhalb der Gewährleistungsfrist auftreten. Hier muss man sich auf Partner verlassen können.

Innovation

- **Gemeinsame innovative Lösungen:** Diese stellen sowohl die Effizienz bei der Ausführung als auch die Profitabilität des Auftraggebers und Auftragnehmers sicher!

Integrität, Engagement, Teamarbeit, Mut und Fairness sowohl innerhalb des Unternehmens als auch gegenüber Partnern

- **Gemeinsame Produkt-/Serviceentwicklungen:** Hilti ist bekannt für innovative Produkte und Lösungen. Die Ideen dazu kommen meistens von unseren Kunden. Hilti verfolgt hier das „Vertrauenskunden"-Konzept; d. h. wenige ausgesuchte Kunden weltweit, welche sich auch der Innovation verschrieben haben, sind Partner im Produktentwicklungsprozess. So eine Entwicklungszusammenarbeit geht meist über mehrere Jahre. Ein aktuelles Beispiel ist die Entwicklung der nächsten Generation der Montageschienen. Hier wird mit Ortner sehr eng zusammengearbeitet.

Qualität

Welcher Kunde bzw. Auftragnehmer will nicht gute Qualität bzw. eine starke Marke kaufen? Das Vertrauen in Unternehmen mit einem starken Markennamen ist unvergleichlich höher. Qualitativ hochwertige Referenzprojekte sind ein Wettbewerbsvorteil für zukünftige Aufträge. Sowohl Ortner als auch Hilti erfüllen diesen Markenanspruch auf dem österreichischen Markt!

Zusammenfassend ist der Nutzen einer langjährigen strategischen Partnerschaft:

- Planungssicherheit in einer immer unzuverlässigeren Geschäftswelt.
- Wettbewerbsvorteile durch den Einsatz neuester Technologien und Hebung der Qualitätsstandards.
- Produktivitäts- und Profitabilitätssteigerung durch enge Kommunikation und Kooperation in allen Projektphasen.

Die Basis einer langjährigen strategischen Partnerschaft ist absolutes gegenseitiges Vertrauen und diese Zusammenarbeit ist vielfach nicht in seitenlangen Vereinbarungen mit vielen Paragraphen niedergeschrieben, sondern geprägt von Handschlagqualität. Genau diese Handschlagqualität ist im Bau- und Baunebengewerbe in den letzten Jahren verloren gegangen.

Klaus Ortner ist noch ein Unternehmer, den eben diese auszeichnet, und daher bin ich überzeugt, dass dieser geradlinige Weg auch in Zukunft sehr erfolgreich sein wird!

Der Einkauf zwischen Anspruch, Anforderung und Erwartung

Klaus Hilbert über Qualitätsmaßstäbe für Lieferanten in der Pharma-Industrie.

Worauf die Pharma-Industrie bei der Auswahl eines Lieferanten achtet, ist eine Frage, die sich häufig stellt. In der Praxis wird diese aber viel zu oft nach nur einem Kriterium entschieden: Dem Preis. Wie jeder mittlerweile weiß, sagt der Preis viel über die Qualität der Ware aus, aber herzlich wenig über die Zusammenarbeit. Während der Laufzeit eines Projektes rächt sich dieses Missverständnis bisweilen. Aber dies nur vorab.

KLAUS HILBERT

Consultant – Pharma-Industrie
Procurement, Controlling

Anforderungen an die Pharma-Industrie

Die Ansprüche an die Pharma-Industrie sind im Lauf der Jahre immer weiter gestiegen. Drei Gründe dafür:

1. Der internationale Wettbewerbsdruck (im Rennen um den nächsten Blockbuster).

„Maßstäbe setzen kann nur einer, der welche hat. Bisher gibt es keinen Lieferanten, der mich vom Gegenteil überzeugen konnte.“ KLAUS HILBERT

2. Die extrem hohen Anforderungen der Gesundheits- und Aufsichtsbehörden.
3. Die kontinuierliche Überarbeitung der Normen und Anforderungen während des Projektes.

GMP – Dreh- und Angelpunkt bei den Anforderungen

Egal ob im Anlagenbau, der Montage, der notwendigen Betriebsausrüstung oder der Lüftung – ohne eine Ausführung bzw. Zertifizierung gemäß GMP kommt der Lieferant für uns nicht infrage.

GMP und cGMP: Begriffserläuterung

GMP (Good Manufacturing Practice) wird primär in Europa angewandt. cGMP in den USA, wo sich die Anforderungen schneller ändern. Das „c“ steht für „current“. Hier eine gebräuchliche Definition von Wikipedia: *Unter Good Manufacturing Practice (engl., kurz GMP, dt. „Gute Herstellungspraxis“) versteht man Richtlinien zur Qualitätssicherung der Produktionsabläufe und -umgebung in der Produktion von Arzneimitteln und Wirkstoffen, aber auch bei Kosmetika, Lebens- und Futtermitteln. In der pharmazeutischen Herstellung spielt die Qualitätssicherung eine zentrale Rolle, da hier Qualitätsabweichungen direkte Auswirkungen auf die Gesundheit der Verbraucher haben können. Ein GMP-gerechtes Qualitätsmanagementsystem dient der Gewährleistung der Produktqualität und der Erfüllung der für die Vermarktung verbindlichen Anforderungen der Gesundheitsbehörden. Entsprechende Richtlinien für den Arzneimittelbereich sind beispielsweise durch die Europäische Kommission, durch das Pharmaceutical Inspection Co-Operation Scheme (PIC/S), durch die US-amerikanische FDA sowie auf globaler Ebene durch die „International Conference on Harmonisation of Technical Requirements for Registration of Pharmaceuticals for Human Use“ (ICH) (bisher für Wirkstoffe und Qualitätsrisikomanagement) erstellt worden.*

Wenn es um einen einfachen Vergleich ginge, würde ich sagen, dass GMP bzw. cGMP (Current Good Manufacturing Practice) nicht weniger anspruchsvoll ist als die Flugsicherung. Und das zu Recht. Weil jedesmal Menschenleben auf dem Spiel stehen, wenn es zu einem Fehler oder Ausfall kommt. (Von den wirtschaftlichen Konsequenzen für das Unternehmen mal abgesehen.)

Wie ich die Qualität eines Lieferanten prüfe

1. Lieferantenqualifizierung durch einen Vor-Ort-Audit.
2. Nach Beauftragung erfolgen Zwischenkontrollen.
3. Kritische Abnahmen durch qualifizierte Mitarbeiter.

Vier Kriterien für die Prüfung eines Angebots

1. Wurde das Angebot entsprechend Lastenheft (LH) erstellt? Das ist natürlich das A&O. Wenn der eine oder

Lufttechnische Anlage für Reinraumentsorgung in der Pharmaindustrie.

andere Punkt des LH nicht erfüllt wurde, wurde darauf verwiesen? Wurde eine Alternative vorgeschlagen/beschrieben? Leuchten die Vorteile ein?
2. Höhere Materialanforderungen erfüllt? Ist der Anbieter in der Lage, die zum Einsatz kommenden Materialien zu beschaffen bzw. zu verarbeiten?
3. Hält er Aufschläge für „customized equipement" im Rahmen? Häufig wird vom Unternehmen „Maßkonfektion" gefordert. Die Modifikation eines Serienproduktes bedeutet aber höhere Kosten. Sind diese gerechtfertigt?
4. Hat der Bieter gute Referenzen? Als Lieferant sollte man das nicht unterschätzen. Weil dadurch der Beweis erbracht wird, als Bieter „befähigt zu sein".

Was die Entscheidung für einen Bieter erheblich erleichtert

1. Eine bereits gelieferte und funktionierende Anlage im Unternehmensverband.
2. Eine bewährte Zusammenarbeit.

Natürlich fragt der Einkäufer immer wieder bei den Lieferanten an, auf die er sich in Bezug auf Qualität, Kosten und Termintreue verlassen kann. Jeder „Neubau" stellt für das Unternehmen eine wirtschaftliche Herausforderung dar. Mit einem vertrauensvollen Partner an der Seite, ist die Sicherheit groß, dass man sie auch meistert.

Mit Ortner verbindet mich als Auftraggeber schon eine lange und gute Zusammenarbeit.

Erfolgreiche Umsetzung von komplexen Bauvorhaben

Dipl.-Ing. Heinz Gschnitzer über die Erfahrungen aus dem Bauprojekt Hauptbahnhof Wien.

Großprojekte – besonders im Bereich der Infrastruktur – stellen für alle Projektbeteiligten eine außergewöhnliche Herausforderung dar. Das gilt auch für Schieneninfrastrukturprojekte. Kein einziges Projekt gleicht dem anderen – jedes wird unter einzigartigen Umständen realisiert und gilt somit als Prototyp. Manche Projekte – vorrangig Streckenneubauten – entstehen beispielsweise auf der sogenannten „grünen Wiese", andere wiederum betreffen Erneuerungen, Ergänzungen oder komplette Neuerrichtungen im bestehenden Schienennetz und erfolgen vielfach unter laufendem Betrieb. Es lässt sich also festhalten, dass große Bauvorhaben extrem komplex sind, jedes für sich in Anspruch nehmen kann, einzigartig zu sein, und dass bei der Projektabwicklung daher nur beschränkt auf Erfahrungswerte zurückgegriffen werden kann.

PROK. DIPL.-ING. HEINZ GSCHNITZER

ÖBB Infrastruktur AG, Geschäftsbereichsleiter Technik im Geschäftsbereich Neu- und Ausbau

Auch die Zeitspannen von der Projektplanung bis hin zur baulichen Umsetzung sind mitunter enorm und umfassen oftmals mehrere Jahrzehnte. Das bedeutet, dass während der Projektentwicklung oftmals neue technische Erkenntnisse und sich verändernde gesetzliche Grundlagen einfließen, aber auch gesellschaftliche Veränderungen, wie etwa ein gesteigertes Umweltbewusstsein, auf das Projekt einwirken. Unter diesen Rahmenbedingungen ist eine termingerechte und kostenstabile Projektfertigstellung dieser komplexen Bauvorhaben nicht selbstverständlich.

Die Politik und das Eisenbahnunternehmen als Auftraggeber, die ausführenden Baufirmen, die Ingenieure, die das Projekt begleitenden Juristen und nicht zuletzt die Bürgerinnen und Bürger, die den Bahnhof benützen, sollen zufrieden gestellt werden. Dazu bedarf es in der Planungs- und in der Bauphase einer besonderen Kultur der Zusammenarbeit, die von gegenseitiger Wertschätzung, Korrektheit und Bereitschaft zur Kooperation getragen sein muss. Zeitnahe Konfliktlösung, lösungsorientiertes Handeln und die Übernahme von Verantwortung unter den Projektbeteiligten ist Grundvoraussetzung für eine effektive Projektabwicklung. Rasche, kompetente Entscheidungen unter Abwägung einer Vielzahl von Informationen, aber auch das Verstehen und wertfreie Akzeptieren von Interessen und Zwängen der Projektpartner sind ausschlaggebende Erfolgsfaktoren. Zu diesem Erfolgsrezept braucht es auch Mut, Vertrauen und eine langfristige Perspektive. Dadurch werden kreative Lösungen zum Vorteil des Gesamtprojektes erst möglich.

Eine klar definierte Risikozuordnung zu den einzelnen Vertragspartnern ist unter anderem ein essenzieller Vertragsbestandteil und Grundlage für eine faire Vertragsabwicklung. Es ist für den Erfolg des Bauvorhabens besonders wichtig, bei der Erstellung der Bauausschreibung einen eindeutig logischen und verständlichen Bauauftrag zu erarbeiten und auf eine ausgewogene, transparente und faire Risikozuordnung zu achten. In der Baudurchführungsphase ist die Vertragsabwicklung gemäß ÖNORM B 2110 und B 2118 mit der regelmäßigen Anberaumung von Partnerschaftssitzungen sinnvoll. Die Österreichische Bautechnik Vereinigung hat daher in Zusammenarbeit mit Auftraggebern, Auftragnehmern, Ingenieurbüros und der Wissenschaft ein Merkblatt für die „Kooperative Bauabwicklung" entwickelt, in dem ein Leitfaden für die erfolgreiche Umsetzung komplexer Bauvorhaben empfohlen wird.

Als Beispiel für solch eine erfolgreiche Umsetzung eines komplexes Bauvorhabens möchte ich die Teilinbetriebnahme des Hauptbahnhofes Wien der ÖBB-Infrastruktur AG am 9. Dezember 2012 anführen. Die Kooperative Projektabwicklung führte nicht nur zur termingerechten Inbetriebnahme zum vereinbarten Zeitpunkt, sondern es wurden – und das möchte ich besonders hervorheben – die veranschlagten Kosten eingehalten.

Die Firma Ortner ist am Hauptbahnhof Wien mit der Ausführung aller haustechnischen Gewerke beauftragt und ist damit einer der für die erfolgreiche Realisierung des Bauvorhabens entscheidenden Auftragnehmer. Im Zuge der bisherigen Projektabwicklung hat sich die Firma Ortner als verlässlicher Partner und überzeugter Vertreter für die Projektkultur der „Kooperativen Bauabwicklung" erwiesen.

Neubau Zentralbahnhof Wien

Tradition und Innovation, Kontinuität und Flexibilität

Vor allem in den letzten fünfzehn Jahren hat die IGO-Ortner Gruppe ein rasantes Wachstum erlebt. Dass man dabei nicht ins Straucheln geraten ist, verdankt man einer im Grunde einfachen Strategie und einer gehörigen Portion Glück.

Von einem Tiroler Kleinunternehmen zu einer europäischen Größe, von einem Zwei-Mann-Betrieb zu einer Firmengruppe mit zahlreichen Beteiligungen und mehr als 3.500 Mitarbeitern allein auf dem Sektor Gebäudetechnik. Auch wenn der große Wachstumsschub erst 1998 mit der Beteiligung an der Porr AG und 1999 mit der Übernahme der Bacon Gebäudetechnik und eingesetzt hat, die Saat wurde bei Ortner schon sehr früh ausgebracht und hat auch mehrere Wurzeln.

Denken in großen Dimensionen

Ein ganz wichtiger Schritt war das Denken in großen Dimensionen. Als Klaus Ortner 1968 in die Firma eintritt, beginnt er Bereiche des Unternehmens zu trennen. Denn, was Industrieunternehmen von Gewerbeunternehmen unterscheidet, ist eine kluge Organisation und Arbeitsteilung. Die ist wesentlich, um überhaupt wachsen zu können, so Ortner: „1968 bin ich in eine kleine Firma gekommen, in der jeder alles gemacht hat. Es gab technische Kaufleute, die haben Offerte kalkuliert, eingekauft und Projekte abgerechnet. Da gab es zwar drei, vier davon, aber jeder hat eben alles gemacht. Und wenn einer gerade ein Offert kalkuliert hat, hat er keine Zeit gehabt, sich um den Einkauf oder um eine Abrechnung zu kümmern. Das ist dann liegen geblieben. Damit Dinge aber gut funktionieren, muss man sie auch richtig organisieren."

Organisation ist also nicht nur das halbe Leben, sondern auch ein entscheidender Wachstumsimpuls. Ein beeindruckendes Wachstum, das Ortner bis in die 1990er-Jahre trotzdem als „schön langsam" bezeichnet. Erst die Beteiligungen an Bacon, Porr und später auch an Elin und die Übernahmen in Österreich und Polen stellten das Unternehmen vor eine neue Herausforderung: Integration oder die Unternehmen als eigenständige Töchter behalten?

Ortner entschied sich für Zweiteres: „Wir haben die Betriebe mehr oder weniger mit eigenen Geschäftsführungen und in Einheiten beibehalten, die nahe am Kunden sind. Das hängt auch mit der Branche zusammen. Wenn man im Bau als Einheit zu groß wird, wird es immer schwieriger, das zu organisieren."

Die „Mehr-Marken-Strategie" der IGO-Ortner Gruppe hat aber auch noch einen anderen Grund: Bestimmte Firmen sind regional unterschiedlich bekannt und eingeführt auf dem Markt. Also beließ man Bacon als Bacon, Elin als Elin und EBG Haustechnik als EBG Haustechnik. Ortner: „Natürlich hat man Synergien gesucht, aber ich bin zu dem Schluss gekommen, dass ich lieber dreimal eine schlagkräftige Administration habe, als eine, die zu groß ist. Es macht einen Unterschied, ob ich langsam von 200 auf 300 und dann von 300 auf 500 Mitarbeiter wachse oder ob ich von 500 auf 3.000 springe."

Und welche Probleme man sich bei zu schnellem Wachstum einhandeln kann, hatte Ortner bei der Übernahme der insolventen Bacon in deren Büchern nachlesen können. Ortner: „Das schnelle Wachstum war eine Ursache für deren Konkurs. Noch mehr aber war ausschlaggebend, dass man sich aufgrund des starken Wachstums nicht fokussiert hat. Wir haben als Ortner immer zielgerichtet versucht eher größere Aufträge anzunehmen, die nicht überall verstreut waren."

Eine weitere Stärke die Ortner wichtig ist: Neugier. So konnte man etwa in den gemeinsamen Beteiligungen mit Siemens viel darüber lernen, wie ein Großkonzern funktioniert – was daran gut ist, aber auch was weniger gut ist. Ortner: „Damit die Zusammenarbeit gut funktioniert, mussten wir in der Organisation offener nach außen werden und uns etwas stärker administrieren, bei Elin waren die Notwendigkeiten genau umgekehrt. Also habe ich gesagt:

Wir müssen jetzt bei Ortner die Organisation um 20 Prozent raufbringen und bei Elin müssen wir um 40 Prozent runter, damit wir die richtigen Strukturen schaffen."

Konservativ und liberal zugleich

Dieses Denken resultiert aus einer persönlichen Wertewelt, die ein Unternehmer zwangsweise in die Firma einbringt. Klaus Ortner bezeichnet sich als „konservativen Liberalen oder liberalen Konservativen mit einem christlichen Einschlag". Das bedarf einer näheren Erklärung. Ortner: „Konservativ sein, das bedeutet für mich eine gewisse Tradition und Kontinuität zu pflegen. Ich versuche, Dinge nach meinen Werten zu tun. Ich bin aber so liberal, dass ich andere Meinungen gelten lasse und jemanden nicht unbedingt überzeugen muss."

Für die strategische Führung eines Unternehmens leitet Ortner daraus zwei wesentliche Säulen ab, auf denen schlussendlich auch der Erfolg der IGO-Ortner Gruppe fußt: Tradition und Innovation. Was er darunter versteht, erklärt er anhand von zwei Zitaten. Ortner: „Das eine lautet: ‚Ihr sollt nicht die Asche bewachen, sondern das Feuer bewahren.' Und das andere: ‚Es ist besser ein Netz zu knüpfen, als um einen Fisch zu bitten.' Im ersten Zitat geht es um die Tradition, die man aber nicht um ihrer selbst willen pflegen soll. Und beim Knüpfen des Netzes geht es darum, innovative Lösungen für Probleme zu suchen und Mut zu Neuem zu entwickeln."

Die Umsetzung dieser Strategie lässt sich daran ablesen, dass es der IGO-Ortner Gruppe sicher mehr als anderen Unternehmen gelungen ist, in technologisches Neuland zu diversifizieren, den Schritt in geografisch auch weit entfernte Märkte zu wagen und Chancen zu ergreifen, die außerhalb des gewohnten Umfeldes lagen. So hat sich ein bedeutender Unternehmensverbund entwickelt, der dabei aber nach wie vor auf die Qualitäten und Werte eines Familienunternehmens bauen kann. Ortner: „Seit über 100 Jahren leben wir die produktive Verbindung zwischen den Werten eines Familienunternehmens und den wirtschaftlichen, technischen und ökologischen Herausforderungen der Zeit. Wir verbinden Tradition mit Innovation und Kontinuität mit Flexibilität."

Gegensätze, die gut miteinander können

Wie gut diese vermeintlichen Gegensätze auf strategischer Ebene zusammenpassen, zeigt sich bei Ortner in vielen Bereichen – auf technischer Ebene ebenso wie auf kaufmännischer.

So setzt man in der Technik ganz auf neue Entwicklungen und Hightech, verzichtet nach Möglichkeit aber auf Dinge, die noch nicht ausgegoren sind oder Risiken beinhalten, die man noch nicht abschätzen kann. Die Erfahrung vieler Jahre hilft Ortner und seinen Mitarbeitern, diese richtig abzuschätzen. Ortner: „Natürlich wollen wir Neues probieren, aber wir wollen uns nicht gleich ganz aus dem Fenster lehnen. Bevor wir etwas machen, überlegen wir uns, ob wir das mit unserem Wissen auch gut machen können. Dabei werden bei uns Risiken immer eher über- als unterbewertet."

Dasselbe gilt auch auf kaufmännischer Ebene. Ortner: „Wir wachsen nicht, nur um der Expansion willen. Wir schauen auch hier sehr darauf, unsere wirtschaftlichen Möglichkeiten nicht zu überschreiten, sind konservativ finanziert, aber bleiben trotzdem immer offen für neue Möglichkeiten."

Eigentlich setzt man bei Ortner nur im Umgang mit Kunden ausschließlich auf alte Werte. Ortner: „Da kommen jene Tugenden zum Tragen, die auch schon Ignaz Ortner, der Gründer des Unternehmens, zu pflegen wusste: Verlässlichkeit, persönlicher Einsatz, Freude an dem, was man tut."

Beraten im Team, Entscheiden alleine

Klaus Ortner hat also schon viel gesehen und viele Unternehmensformen kennengelernt. Was ist nun seiner Meinung nach das beste Modell ein Unternehmen zu führen: streng hierarchisch, dezentral oder im Team? Ortner: „Prinzipiell muss man zuerst dafür sorgen, dass jedes Unternehmen einen starken Geschäftsführer hat. Manchmal gibt es auch zwei, die sich gut ergänzen, aber üblicherweise ist immer einer, der die Entscheidung trifft, gut, weil der dann auch rasch entscheiden kann."

Dass es jemanden braucht, der den „Takt vorgibt", musste Ortner auch auf Gruppenebene erfahren. Da erwies sich ein Geschäftsleitungsgremium, das gemeinsam mögliche Synergien suchen und realisieren sollte, als nicht so erfolgreich: „Das hat nicht so gut funktioniert, weil es zwei gegensätzliche Dinge sind, auf der einen Seite für das eigene Geschäft zuständig zu sein, auf der anderen Seite sich mit anderen zu koordinieren. Natürlich gibt es Ausnahmen, aber so etwas wird bei Alpha-Tieren schwierig."

In Zukunft wird Ortner, der sich aus der operativen Führung der Tochterfirma Ortner zurückgezogen hat, diese Koordination zwischen den Geschäftsleitungen im Zuge des Beteiligungsmanagements selbst mit seinen Töchtern Iris und Nina übernehmen. Als Patriarch der alten Schule fühlt sich Ortner deswegen aber nicht: „Im Gegenteil. Natürlich habe ich bestimmte Grundsätze und bestimmte Überlegungen, die ich aber nicht diktatorisch verfolge. Und auch wenn ich mir die letzte Entscheidung vorbehalte, hole ich immer viele Meinungen ein. Wichtige Entscheidungen treffe ich rasch, aber nicht sofort."

Und wichtig ist, dass man auch nur tut, was zu einem passt. Die Persönlichkeit spielt bei einem eigentümergeführten Unternehmen immer eine essenzielle Rolle. So ergab sich vor Jahren aus einem von Ortner einberufenen Strategie-Meeting, dass der Aufbau einer eigenen Wartungsabteilung eine gute Geschäftsidee wäre. Ortner: „Da war die Firma noch ein Stück kleiner. Und zum Schluss habe ich gesagt, das war jetzt strategisch ganz richtig, aber ich bin nicht die richtige Person dafür. Das ist mir da zuviel Kleingeschäft, wir machen das nicht."Inzwischen wurde das bei einer Tochtergesellschaft erfolgreich nachgeholt.

Das Glück ist mit den Tüchtigen

Auch bei Bacon hat Ortner erfahren, dass Nein sagen können, auf eine bessere Chance warten, gleichfalls strategische Tugenden sind, die sich langfristig als besser für ein Unternehmen erweisen können. Denn als man Ortner das insolvente Unternehmen angeboten hatte, war das zwar verlockend, aber alleine für ihn zu unsicher. Also lehnte er schweren Herzens doch ab.

Dann meldete sich Siemens bei ihm. Siemens war an Bacon interessiert, wollte das aber mit einem Partner machen, der die nötige Erfahrung einbrächte. Ortner: „Das hat dann auch für uns gut gepasst. Siemens gibt die nötige Sicherheit, wir können das Know-how einbringen. Wäre ich von Anfang an eingestiegen und hätten wir es allein gemacht, wären wir heute nicht dort, wo wir sind. Da wäre ich nicht zu Elin gekommen und zu vielen anderen Dingen auch nicht."

Jedenfalls steht für Ortner rückblickend fest, dass die ursprünglich kleine Beteiligung an der Porr sozusagen die Eintrittskarte in jene Liga war, in der man mit bedeutenden Konzernen mitspielen kann. Ortner: „Das hat sicherlich den Weg zur Zusammenarbeit mit Siemens erleichtert."

Dass so etwas aber auch immer mit Glück zu tun hat, steht auch für Ortner außer Zweifel. Er weiß, dass bei aller Organisation und bei aller Strategie immer eine große Portion Glück über Erfolg und Misserfolg als Unternehmer entscheidet. Ortner: „Wenn Sie bei einer so großen Konkurrenz auf dem Markt eine solche Position erreichen, wie wir es als IGO-Ortner Gruppe geschafft haben, müssen Sie besser sein, aber auch Glück haben. Glück und Können müssen sich in vielen Dingen die Waage halten. Man muss wissen, was richtig ist und was man will, und dann muss man eben auch die richtige Gelegenheit zur richtigen Zeit ergreifen. Das Glück ist mit den Tüchtigen – dieses Sprichwort sagt eigentlich alles aus."

Die ursprünglich kleine Beteiligung an der Porr war die Eintrittskarte in die Liga der Big Player, in der man es mit Konzernen wie Siemens zu tun hat

Wirtschaftsunternehmen in einer verrechtlichten Gesellschaft

Dr. Michael Winischhofer über Vorsorgemaßnahmen gegen rechtliche Attacken von außen.

DR. MICHAEL WINISCHHOFER

Rechtsanwalt, Wien

Als das von Franz von Zeiller geschaffene Allgemeine Bürgerliche Gesetzbuch im Jahre 1812 in Kraft getreten ist, schien die Rechtswelt des Unternehmers noch einigermaßen in Ordnung zu sein: Handelte es sich doch um ein für jedermann verständliches Gesetzeswerk, welches auch im Wesentlichen dem „natürlichen Rechtsempfinden" der Staatsbürger entsprach.

Genauso aber, wie sich die Welt des Bauens und der Planung, des Projektmanagements und der Bauleitung verändert hat, trifft dies für die Komplexität der dem Unternehmer gegenüber stehenden Rechtsordnung zu.

Bedauerlicherweise ist aber dem Gesetzgeber im Laufe der Zeit nicht nur die Gabe sprachlicher Präzision abhanden gekommen, sondern ist auch die Formulierung einer Rechtsvorschrift häufig das Ergebnis langwieriger Streitereien unterschiedlichster Interessenvertretungen, sodass vielfach eine bestimmte Absicht des Gesetzgebers aus dem Gesetz gar nicht mehr erkennbar ist.

Worauf ist diese Entwicklung zurückzuführen? Bis in das 19. Jahrhundert hinein umfassten die Gerechtigkeitsvorstellungen der Bürger kaum mehr als die Erwartung eines fairen Verfahrens vor einem möglichst unbestechlichen Richter. Reichtum einerseits und Not andererseits wurden als schicksalhaft ebenso akzeptiert, wie Krankheit und Armut. Mit dem technischen Zeitalter begann sich diese Einstellung zu wandeln. Der zunehmenden Beherrschbarkeit der Natur entsprach die wachsende Erwartung einer Berechenbarkeit und Sicherung der persönlichen Lebensumstände. Dieser Paradigmenwechsel äußert sich nicht nur in zivilrechtlichen Rechtsansprüchen bei Schaden, Unfall und Not, sondern auch in zunehmender strafrechtlicher Verantwortlichkeit. An die Stelle des Schicksals ist die Suche nach dem Haftpflichtigen oder – ganz allgemein – dem Schuldigen getreten.

Auslöser der – damit einhergehenden – Verrechtlichung der Gesellschaft ist das zunehmende Misstrauen zwischen den Bürgern sowie das Schwinden sozialer Identitäten und Bindungen. Die Gesellschaft erscheint als Ansammlung isolierter, potenziell gefährdeter und gefährlicher Individuen.

Folgerichtig erfordert die Differenzierung der Gesellschaft und die damit einhergehende soziale Arbeitsteilung und Koordination aller spezialisierten Funktionen einen enormen Regelungsaufwand.

Schon das römische Recht hat die hierin liegende Gefahr erkannt: „summum ius – summa iniuria". Was nichts anderes bedeutet, als dass sich Super-Recht mitunter auch zu Super-Unrecht wandeln kann.

Man mag diese Entwicklung der Verrechtlichung der Gesellschaft mit Sorge beobachten oder begrüßen, aufhalten wird man sie nicht. Dies umso weniger, als sich unsere Politiker zwar in der Rolle von Goethe's Zauberlehrling wiederfinden und nicht wissen, wie sie die gerufenen Geister wieder loswerden, gleichzeitig aber viele von ihnen mit dem für sie zuständigen Staatsanwalt häufiger Kontakt haben als mit ihren Wählern.

Für den modernen Unternehmer gerade im Bau- oder Baunebengewerbe bedeutet diese Entwicklung, dass er sich neben seiner Kernaufgabe – also der Errichtung von Gebäuden und der Herstellung einer funktionierenden Gebäudetechnik – mit einer Flut von Normen nicht nur des Baurechtes, sondern auch des Arbeits-, Konsumenten-, Umwelts-, Gesellschafts-, Werkvertrags-, Vergabe- und Steuerrechts (um nur einige zu nennen) auseinandersetzen muss, um nur einigermaßen die Gratwanderung zwischen Gewinnstreben und Gesetzestreue zu bewältigen.

Eine besondere Herausforderung besteht darin, dass sich nicht nur international tätige Großkonzerne, sondern auch der mittelständische Unternehmer einer Vielzahl von Mitarbeitern bedienen muss, um die ihm gestellten Aufgaben zu erfüllen. Da er aber nun für jede Fehlleistung seiner Mitarbeiter – sei es gegenüber den jeweiligen Auftraggebern, sei es gegenüber der Öffentlichkeit – einzustehen hat, bedarf es eines Instrumentes, um die von ihm

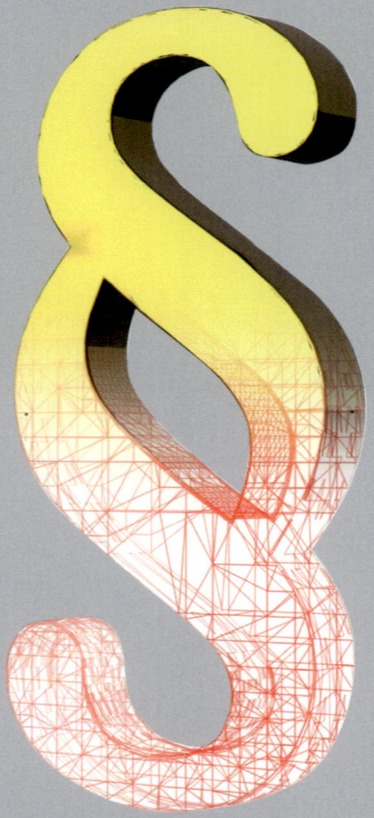

geforderte Gesetzestreue auch bei seiner Belegschaft zu erreichen.

Das noch vor wenigen Jahren unbekannte Zauberwort heißt „Legal Compliance".

An sich bedeutet diese Wortkombination nichts anderes, als Handeln im Einklang mit dem geltenden Recht. Also im Sinne des Kant'schen Kategorischen Imperativs eine Selbstverständlichkeit. Darüber aber, mit welchen Pflichten im Einzelnen das „Compliance"-Gebot verbunden ist, lassen uns die Schöpfer des Unternehmensrechtes im Unklaren und überlassen die nähere Ausgestaltung dieses Begriffes – wie in solchen Fällen üblich und dem amerikanischen Vorbild entsprechend – der Rechtspraxis. Vereinfacht gesagt, geht es also um Maßnahmen eines Unternehmens, betriebliches Fehlverhalten hintanzuhalten.

Angesichts der beinahe unüberschaubaren Fülle von Haftungsgefahren und einer ausufernden Zahl von Rechtsvorschriften ist die lückenlose Rechtsbefolgung durch die Mitarbeiter eines Unternehmens kaum zu bewerkstelligen. Diese allein durch organisatorische Maßnahmen ausnahmslos durchzusetzen, wird aber wohl auch meist ein frommer Wunsch bleiben.

Ein erfolgreicher Unternehmer ist nicht nur gehalten, dem Unternehmensziel der Gewinnerwirtschaftung Rechnung zu tragen, sondern er muss auch die – sich stets fortentwickelnden – gesellschaftlichen Interessen berücksichtigen, um marktfähig zu bleiben. Nur ein Handeln unter gesellschaftlicher Akzeptanz kann auch zu wirtschaftlichem Erfolg führen. Für unser Thema bedeutet dies, dass sich der Unternehmer – dem „Zug der Zeit" folgend – vor die Aufgabe gestellt sieht, alle erforderlichen und zumutbaren organisatorischen Vorkehrungen zu treffen, um die Verwirklichung rechtlicher Fehlleistungen im Rahmen seines Unternehmens zu verhindern. Auch wenn der Gesetzgeber ebenso wie die Rechtsprechung hinsichtlich einer Konkretisierung der in Rede stehenden Sorgfaltspflichten vornehme Zurückhaltung geübt haben, bleibt es dem – solcherart im Regen stehenden – Unternehmer überlassen, nach besten Kräften ein internes System der „Legal Compliance" zu schaffen, welches – grundsätzlich – geeignet ist, ein rechtlich einwandfreies Verhalten seiner Mitarbeiter zu gewährleisten.

Dabei aber zu glauben, diesem Postulat durch Schaffung eines gut klingenden Verhaltenskodexes und dessen stichprobenartiger Überprüfung durch einen mit dieser lästigen Zusatzaufgabe betrauten Mitarbeiter Genüge tun zu können, könnte sich als verhängnisvoll erweisen. Entscheidend wird künftig nicht sein, dass überhaupt ein Kontrollsystem eingerichtet ist, sondern dass dieses auch konsequent umgesetzt wird. Unternehmen, die angesichts ihrer Größe nicht in der Lage sind, eine personell ausreichend besetzte und geschulte Compliance-Abteilung zu unterhalten, werden diese Aufgabe wohl betriebsfremden Juristen übertragen müssen.

Die Zeiten, in denen ein aufmerksamer Blick über die Schulter des Mitarbeiters genügt hat, sind jedenfalls vorbei.

Nur dann, wenn die Unternehmensführung für ein effektives Compliance-Programm sorgt und auch einen „Notfallplan" schafft, wird sie gegen von außen kommende rechtliche Attacken gewappnet sein. So kann Ungemach, wenn schon nicht abgewendet, so doch erheblich gemindert werden.

Kein einziger Euro Kredit

Die Finanzkrise hat es drastisch gezeigt: Nur wer über ausreichend Eigenkapital verfügt, geht auch aus schwierigen Zeiten gestärkt hervor. Eine Strategie, die bei Ortner schon seit Jahrzehnten verfolgt wird.

„Wir haben seit 1975 keinen einzigen Euro Kredit", sagt Klaus Ortner nicht ohne Stolz, auch wenn er hinzufügt: „Das klingt altmodisch und widerspricht der Lehrmeinung, möglichst viel Fremdkapital in die Firma zu stecken." Vor wenigen Jahren hätte eine solche Aussage bei modernen Managern tatsächlich noch für Verwunderung und nicht unbedingt für Bewunderung gesorgt. Das musste auch Tochter Iris Ortner erfahren, als sie 2001 ihren MBA in INSEAD im französischen Fontainebleau absolvierte, immerhin eine der angesehensten Business Schools der Welt. „Als meine Tochter zurückkam, sagte sie: ‚Wir machen nach der Theorie eigentlich alles falsch.' Denn dort wurde gelehrt, möglichst viel Fremdkapital aufzunehmen und in die Firma zu investieren. Im Unternehmen sollte dieses Fremdkapital dann eine Rendite von mindestens zehn bis 15 Prozent abwerfen." In der Theorie klingt diese Vorgehensweise verlockend einfach. Auf Pump wird rasches Wachstum ermöglicht, ohne davor langwierig Eigenkapital aufzubauen. Durch die hohen Margen bleibt nach Abzug der Kreditzinsen, vor allem in Zeiten billigen Geldes, dennoch ein schöner Ertrag über.

„Wir haben das Geld immer erst ausgegeben, nachdem wir es eingenommen hatten." Dipl.-Ing. Klaus Ortner

Doch Ortner ging bewusst den altmodischen Weg. „Wir haben das Geld immer erst ausgegeben, nachdem wir es eingenommen hatten." Schon in den 1970er-Jahren machte sich diese Strategie bezahlt. Damals mussten die USA ihre hohen Staatsschulden nach dem Vietnamkrieg

„weginflationieren". Die Auswirkungen waren auch in Europa spürbar. „Man bekam zwar elf Prozent Sparzinsen, zahlte aber auch 13 bis 15 Prozent Zinsen für Kredite. Da machte es einen Riesenunterschied, ob man etwas Geld zur Seite gelegt hatte oder verschuldet war."

Eigenkapital als Erfolgsgeheimnis

Dieser Unterschied besteht bis heute, auch wenn die Zinsen deutlich niedriger sind. „Die Befürworter eines hohen Fremdkapitalanteils lassen außer Acht, dass man Eigenkapital benötigt, um Krisen zu überstehen. Die Geschichte hat gezeigt, dass solche Krisen immer wieder kommen. Und dann entscheidet der Unterschied zwischen haben und nicht haben. Das ist mit ein Geheimnis unseres Erfolgs", so Ortner.

Spätestens seit den Turbulenzen der Finanzkrise 2008 wird niemand mehr Ortners Ansatz für falsch halten. Das beweisen auch Studien. So hat etwa Christian Helmenstein, Chefökonom der österreichischen Industriellenvereinigung, nachgewiesen, dass Unternehmen mit einem hohen Eigenkapitalanteil eine größere Krisenimmunität besitzen. „Eine nur um einige Prozentpunkte größere Eigenkapitalbasis senkt die Insolvenzhäufigkeit und erhöht die Lebensdauer des Unternehmens", sagt Helmenstein. Besonders für innovative Unternehmen ist laut dem Ökonomen Eigenkapital die beste Finanzierungsform. Auch wenn die Erträge schwächer werden und die Zinsen steigen, können Innovationen leichter finanziert werden.

Der Eigenkapitalanteil von österreichischen Großbetrieben liegt bei rund 32 Prozent, kleine und mittlere Unternehmen (KMUs) kommen im Schnitt auf 25 Prozent. Viele Unternehmen, bei KMUs rund ein Drittel, operieren sogar gänzlich ohne Eigenkapital. Der Eigenkapitalanteil der IGO-Ortner Gruppe lag hingegen immer rund um die 60 Prozent. Durch die Komplettübernahme von Bacon und Elin im Jahr 2011 von Siemens ist die Eigenkapitalquote auf 48 Prozent gesunken. Schon in wenigen Jahren soll sie aber wieder auf die ursprüngliche Höhe angestiegen sein.

Die Strategie des schuldenfreien Unternehmens wird konsequent weitergeführt. Betriebsgebäude – von der Fertigungshalle bis zum Bürohaus – werden prinzipiell nur mit 100 Prozent Eigenkapital errichtet, Übernahmen von Firmen ohne Hilfe der Banken abgewickelt. Lediglich die Aufstockung der Porr-Anteile 2013 wurde erstmals mit einer in sich geschlossenen Akquisitionsfinanzierung abgewickelt, um notwendige Reserven zu behalten.

Schnelles Wachstum ohne Schulden

Für diese Strategie ist allerdings ein starker Wille gefragt. Die Versuchung besteht, besonders in Niedrigzinsphasen, das Wachstum über günstige Kredite zu finanzieren. Schnelles Wachstum und hohe Eigenkapitalquote passen üblicherweise nicht zusammen. Bei Ortner schon. Das Unternehmen hatte 1960 einen Umsatz von 20 Millionen Schilling. Heute setzt die Gruppe über 500 Millionen Euro um. „Wir sind für meinen Geschmack immer schnell genug gewachsen", versichert Klaus Ortner, der die Eigenkapitalquote stets im Auge behielt. „Wir hatten auch nie eine Wachstumsstrategie, die besagte: In fünf Jahren wollen wir so und so groß sein, koste es, was es wolle. Im Gegenteil: Ich habe immer gesagt, Wachstum ist nicht unbedingtes Ziel, aber Gelegenheiten, Entwicklungen ergeben sich."

Doch mit einer gewissen Hartnäckigkeit lässt sich bedeutendes Wachstum mit hoher Eigenkapitalquote vereinen. Das wohl beste Beispiel ist Ortners Einstieg beim

Seit der Finanzkrise 2008 weiß man, dass Unternehmen mit einem hohen Eigenkapitalanteil wie die IGO-Ortner Gruppe eine größere Krisenimmunität besitzen

Baukonzern Porr: „Wir hatten in den 1990er-Jahren einiges an Liquidität. Wir haben langsam Anteile aufgekauft und innerhalb von zehn Jahren hatten wir 30 Prozent. Wenn man mir auf einmal 30 Prozent an der Porr angeboten hätte, hätte ich es sicher nicht gemacht. Solche Übernahmen macht man nach Möglichkeit Schritt für Schritt. So musste ich mich auch nicht verschulden."

Schritt für Schritt statt alles auf einmal war auch die eigenkapitalschonendere Variante beim Einstieg in das Gebäudetechnikunternehmen Bacon. „Nach der Insolvenz von Bacon hat man mich gefragt, ob ich die Firma übernehmen möchte. Ich habe abgelehnt. Dann hat Siemens gefragt, ob ich mich an Bacon beteiligen möchte." Ortner sagte zu und übernahm die Hälfte von Bacon. Erst 2011, mehr als zehn Jahre später, übernahm Ortner auch die zweite Hälfte von Siemens. Genauso wie die zweite Hälfte von Elin. Ohne einen Euro Kredit.

Steuerklima für Familienunternehmen

Mag. Dr. Johann W. Seidl über die Rahmenbedingungen des unternehmerischen Erfolges.

MAG. DR. JOHANN W. SEIDL, WP/STB

BDO Austria GmbH Wirtschaftsprüfungs- und Steuerberatungsgesellschaft

Ähnlich wie bei dem viel beschworenen Pflänzchen sind für die Entwicklung und das Wachstum von Familienunternehmen – neben unternehmerischer Tatkraft, wirtschaftlichem Geschick, Fleiß und Beständigkeit – entsprechende Umweltbedingungen unerlässlich. Dieses „Klima" wird nicht zuletzt durch die Entwicklung des Steuer- und Abgabensystems bestimmt.

Die wesentlichen Meilensteine in der Entwicklung der Unternehmensbesteuerung in Österreich in den letzten Dezennien lassen sich schlagwortartig dazu wie folgt zusammenfassen:

- Senkung des Körperschaftsteuertarifs zuletzt mit der Steuerreform 2005 auf 25 Prozent,
- Abschaffung der Gewerbesteuer ab 1993,
- Schaffung des Umgründungssteuergesetzes mit Wirksamkeit ab 1992,
- Abschaffung der Vermögensteuer ab 1993,
- Einführung einer Gruppenbesteuerung ab 2005,
- Abschaffung der Erbschafts- und Schenkungssteuer ab dem 31. Juli 2008.

Die schrittweise Absenkung des Körperschaftsteuertarifs verbunden mit der Abschaffung der Gewerbe(ertrag)steuer und der Vermögensteuer, die ja in der Rechtsform von als Kapitalgesellschaften betriebenen Unternehmen doppelt belastete, war begleitet von einer eher sprunghaften Entwicklung im Bereich der steuerlichen Investitionsbegünstigungen, die zu deren gegenwärtigen fast vollständigen Auslaufen führte. Auch die eher umständlich zu handhabende Eigenkapitalzuwachsverzinsung ist heute kaum noch in Erinnerung. Diese Reformmaßnahmen förderten jedoch die für mittelständische Unternehmen so wesentliche Eigenkapitalbildung.

Das Umgründungssteuergesetz und später die Einführung der Gruppenbesteuerung ermöglichten es, die Unternehmens- und Gruppenstruktur flexibel an geänderte Verhältnisse anzupassen, beseitigten Wachstumshemmnisse und erleichterten in sinnvoller Weise Akquisitionen und Auslandsengagements.

Die Abschaffung der Erbschafts- und Schenkungssteuer ist für Familienunternehmen, jedenfalls soweit es um den Übergang von Unternehmensbeteiligungen geht, essenziell, um diese überhaupt als solche erhalten zu können.

Die Schaffung der Privatstiftung – als Maßnahme im Bereich des Gesellschaftsrechts mit wesentlichen steuer-

lichen Implikationen – mag in dieser Aufzählung von wesentlichen Reformschritten manchen vielleicht abgehen, Klaus Ortner stand dieser Rechtsform jedoch immer mit einer gewissen Skepsis gegenüber und sah darin ein Art Entmündigung für künftige Generationen.

Die IGO-Ortner Gruppe hat diese Rahmenbedingungen stets unter dem Aspekt eines nachhaltigen Wachstums für sich genutzt. Im Mittelpunkt standen dabei eine solide Eigenkapitalausstattung durch Thesaurierung von erwirtschafteten Gewinnen, die Schaffung einer klaren und übersichtlichen Konzernstruktur sowie eine auf Erhaltung der Unternehmenssubstanz ausgelegte Gestaltung der Unternehmensnachfolge, ohne die Möglichkeiten der Nachfolgegeneration zur unternehmerischen Initiative einzuschränken.

Als langjährige Berater durften wir die IGO-Ortner Gruppe dabei begleiten und unterstützen.

Es liegt in der Natur des unternehmerischen Handels, nach vorne zu blicken. Die Budgetspielräume für künftige Reformschritte im Bereich des Steuerrechts dürften sehr beschränkt sein. Die Schaffung eines besseren, gerechteren und einfacheren Steuersystems wird jedoch auch im Mittelpunkt von künftigen Reformüberlegungen stehen. Es wäre sehr kurzsichtig, bei künftigen steuerpolitischen Maßnahmen, insbesondere zur Erreichung der für Österreich immer wieder geforderten Senkung der Lohnnebenkosten, die Erfordernisse der mittelständischen Familienunternehmen zu vernachlässigen. Diese sind nach wie vor das Herz und der Motor der wirtschaftlichen Prosperität unseres Landes. Auch im Zusammenhang mit der immer wieder aufflammenden Diskussion um höhere vermögensbezogene Steuern und eine Wiedereinführung der Erbschafts- und Schenkungssteuer sollte dies bedacht werden. Eine existenzgefährde Ausdünnung der Eigenkapitaldecke durch den Anfall von Erbschaftssteuer bei der Generationennachfolge oder eine Substanzbesteuerung für den Fall der Wiedereinführung der Vermögensteuer wird schwerlich mit dem Ziel einer Verbesserung der steuerli-chen Attraktivität des Wirtschaftstandortes Österreich in Einklang zu bringen sein.

Auch wenn der Zeitgeist – zumindestens in einzelnen Staaten der Europäischen Union – derzeit scheinbar in eine andere Richtung ausschlägt und die Besteuerung der Reichen und Superreichen im Mittelpunkt der Diskussion steht, bleiben die Senkung der Abgabenquote und die Erhöhung der Verlässlichkeit des Steuerrechts die zentralen Anliegen an eine seriöse Steuerpolitik.

Die Bewahrung eines entsprechend „gedeihlichen Klimas“ für Familienunternehmen, insbesondere durch eine weitere Verbesserung der steuerlichen Eigenkapitalförderung und die Erleichterung der Generationennachfolge, ist für die Behauptung des Wirtschaftsstandortes Österreich im globalen Wettbewerb von nicht zu überschätzender Bedeutung.

Mitarbeiter als intellektueller Schatz

Ohne die passenden Mitarbeiter wären das Unternehmen und der Mensch Ortner heute nicht da, wo sie sind. Mittlerweile ist die Firma eine große Gruppe, die jedoch wie ein Familienunternehmen läuft und deren Mitarbeiter sich auch wie in einer großen Familie fühlen. Nicht umsonst verbringen viele ihr gesamtes Arbeitsleben und darüber hinaus in und für die Ortner-Firmen. Ein kleiner Blick auf Geschichten und Erlebnisse von Mitarbeitern, die in der einen oder anderen Form ein Stück der Firmengeschichte mitgeschrieben und mittlerweile die Verantwortung in die Hände tüchtiger neuer Verantwortlicher gegeben haben. Sie und die nachwachsende junge Generation stehen für die Aussagen aller aktiven Mitarbeiter.

30 Jahre im Einsatz für Personal und Recht

Dr. Heinz Mückstein

Einzelprokurist Ortner, Aufsichtsrat der Porr AG

Dr. Heinz Mückstein ist eines der ersten Mitglieder der Geschäftsleitung von Ortner Wien. Im Sommer 1979 trat er ein und knapp 30 Jahre später ging er, wie viele andere aus diesem Unternehmen, „so irgendwie in Pension". Das so irgendwie bedeutet einfach, dass er auch weiterhin Ortner beriet und beistand und dies auch heute noch tut. Doch der Reihe nach.

Wie Mückstein zu Ortner kam, war schon etwas kurios. Klaus Ortner hatte einen Recruiter beauftragt, für die Geschäftsleitung einen Techniker zu suchen, und Mückstein hatte sich bei dem Recruiter als Jurist um eine Aufgabe in einem anderen Unternehmen beworben. Im Gespräch stellte sich rasch heraus, dass diese andere Aufgabe nicht infrage kam. „Da meinte der Personalberater, dass Herr Ortner doch eigentlich keinen Techniker benötige – das ist er ja selbst –, und ein Jurist viel gescheiter sei." Ortner ließ sich überzeugen und sie wurden rasch einig.

In den Anfängen, 1979, war Ortner in Wien noch sehr klein und so übernahm Mückstein erst Aufgaben, die mit seiner juristischen Ausbildung nichts zu tun hatten. „Zum Beispiel habe ich – auch zum Kennenlernen des Betriebes – die Einteilung des Montagepersonals übernommen. Eine Aufgabe, die mir dann bis wenige Jahre vor meiner Pensionierung geblieben ist."

Sehr rasch wurde er Personalchef, auch die Betreuung

juristischer Agenden und das Claim Management im weiteren Sinn wurden die Schwerpunkte seiner Tätigkeiten. „Beim Claim geht es darum, die Potenziale eines Werkvertrages zu optimieren und die Mitarbeiter, insbesondere die Projektleiter, dabei zu begleiten." Eine Art zu arbeiten, die damals kaum andere praktizierten.

In diesem Zusammenhang schulte er auch die Mitarbeiter in bauvertragsrechtlichen und baubetriebswirtschaftlichen Themen. „Ihm habe ich wesentliche Erfolge in unserem Unternehmen zu verdanken. Insbesondere bei der juristischen Begleitung der Großaufträge hat er eine sehr große Rolle gespielt und damals exzellente Kenntnisse in der Claim-Verfolgung und in der Verfolgung verschiedener, uns zustehender Rechte aus den Aufträgen heraus entwickelt. All das war zum damaligen Zeitpunkt eigentlich noch unbekannt", streut Ortner seinem langjährigen Wegbegleiter Rosen.

Als Personalchef hatte Mückstein zu den Mitarbeitern ein Verhältnis des gegenseitigen Vertrauens und Respekts. Dies hat sich unter anderem darin geäußert, dass Mitarbeiter sich öfter auch mit persönlichen Anliegen – wie finanzielle, familiäre oder psychische Probleme – an ihn wandten. „Ich war immer bemüht, Konflikte fair mit Augenmaß und unter Bedachtnahme auf den Umstand zu lösen, dass Arbeitnehmer sozial schwächer sind und ihnen daher nicht nur mit Respekt, sondern auch mit einer gewissen Haltung der Fürsorge zu begegnen ist. In fast 30 Jahren als Personalchef stand ich nur ein einziges Mal – zu Unrecht – vor dem Arbeitsrichter", blickt Mückstein zufrieden zurück.

Völlig neue berufliche Ausblicke eröffneten sich für ihn schließlich ab seiner Bestellung zum Aufsichtsrat der Allgemeinen Baugesellschaft A. Porr AG: „Das hat mir interessante persönliche Begegnungen ermöglicht und mich in wirtschaftliche Aufgabenstellungen neuer Dimension eingeführt."

Zu seiner Arbeit mit Ortner selbst meint Mückstein trocken: „Ich habe das Glück gehabt, mich in Mentalität und Temperament deutlich von meinem Chef zu unterscheiden. Wir beide hatten das Glück, dass es uns gelungen ist, diese Unterschiedlichkeit konstruktiv im Sinne einer wechselseitigen Ergänzung aufzugreifen und umzusetzen. Das Ergebnis war für mich persönlich das befriedigende Gefühl, in der Firma Ortner am richtigen Platz zu sein und in meiner Funktion und als Person geschätzt zu werden. Wertschätzung ist mir größtenteils auch von Mitarbeitern, Geschäftsfreunden und Mitbewerbern entgegengebracht worden, sodass ich auf ein geglücktes Berufsleben zurückblicke. Im Lauf der Jahre war ich in jeder Lebenslage für, mit und neben Herrn Ortner."

Für Ortner ist er noch immer wieder tätig, „was ich auch noch gerne eine Weile fortsetze".

Mit Schweizer Präzision zum Erfolg

Dipl.-Ing. Bernhard Berger

Geschäftsführer Bacon und BABAK

Eigentlich kommt der gebürtige Schweizer Dipl.-Ing. Bernhard Berger ja ursprünglich von der größten Konkurrenz Ortners. 28 Jahre lang war er beim Anlagen- und Gebäudetechnikunternehmen Sulzer Infra, heute Cofely Gebäudetechnik. Bis er auf Klaus Ortner stieß und sich überzeugen ließ, dass es besser ist, eine Firma wieder in Schwung zu bringen, als sicher eingebettet in einem internationalen Unternehmen zu sein.

Zunächst war Berger in der Schweiz Regionalleiter bei Sulzer. Danach kam als Geschäftsführer 1995 nach Wien und lernte Ortner erstmals als Mitbewerber kennen. Bis 1999 hielt es ihn noch bei Sulzer, doch dann kam es zum Konkurs der Firma Bacon. Ortner wollte diese zusammen mit Siemens übernehmen, suchte dafür aber noch einen kompetenten Geschäftsführer. „In einem Meeting kamen wir fast mehr aus Jux darauf zu sprechen, dass diese Aufgabe wie für mich gemacht wäre", so Berger. Aber wie so oft im Leben wurde daraus Ernst.

Anfang 2000 stieg Berger schließlich als Geschäftsführer bei Bacon ein: „Damals haben viele gesagt, der wird sich anschauen, der Berger! Vom gut abgesicherten Geschäftsführer zum Neuanfang. Jetzt sind die ruhig und staunen." Bewegte zwölf Jahre liegen hinter dem frisch Pensionierten. Erst der Wiederaufbau der Bacon gemeinsam mit Ortner zur starken Säule in der Gruppe, dann 2005 die Integration des Elektroinstallationsgeschäftes von Siemens. Schlussendlich im Zusammenhang mit der Beteiligung der IGO-Ortner Gruppe an der Firma Elin die Integration von Pfrimer&Mösslacher und weitere Bereinigungen. „Dann mussten einfach die Beteiligungen an den Markt angepasst werden, und so ist Bacon jetzt eine reine Gebäudetechnikfirma, während die Elektrotechnik im Rahmen der Entflechtung an

Elin übertragen wurde", so Berger über die Verschiebungen und das Restrukturieren einer guten, aber anfangs doch auch sehr maroden Firma. „Was sich noch im Lauf der Jahre geändert hat, ist, dass der Service bzw. die Dienstleistungen heute gut 20 Prozent des Geschäftes ausmachen. Auch die Auslandsbeteiligungen wurden neu überdacht. Die Tochter in Kroatien haben wir bald aufgelöst, die in Russland wird 2013 Geschichte sein. Hier war klar, das wird nichts mehr! Die Korruption ist ein ähnliches Thema wie in Kroatien, und außerdem brauchen und wollen die uns nicht!", und so zog man die Konsequenz und leitete die Auflösung in die Wege. „Geschäfte können und werden wir auch weiterhin in diesen Ländern machen. Aber wenn, dann eben von Österreich aus." Nebenbei wurde er auch noch Geschäftsführer der Firma Babak, die erst 2011 zugekauft wurde.

Ist Bacon eine Erfolgsgeschichte? „Aus meiner Sicht ganz klar – ja! Wir kennen unsere Stärken: Wohnungsbau – das können wir nicht, das ist zu wenig speziell. Hände weg. Wir machen Hotels oder Krankenhäuser", so auch sein Rat an die Nachfolger. Eines ist dem Schweizer, der auf alle Fälle in Wien bleiben will, heute klarer denn je: „Wenn sich Ortner und Berger nicht getroffen hätten, dann hätte das nie so funktioniert. Siemens war über Jahre hinweg ein wichtiger Bestandteil als zweiter stabiler Eigentümer und Partner im Hintergrund und nicht zuletzt als Namensgeber, doch wir beide haben uns ein hohes Vertrauen erarbeitet und das wurde zum Erfolgsrezept", ist Berger überzeugt.

Zusätzlich dazu, dass er mit seiner Frau jetzt mehr Zeit für Kultur aufbringen will, wird er auch weiterhin beratend Ortner und Bacon zur Seite stehen.

Der „Erfinder“ des Anlagenbaus

Ing. Rupert Mooser

Einzelprokurist Ortner

Zehn Jahre lang war der Tiroler Maschinenbauer Rupert Mooser in einem großen Ingenieurbüro in Frankfurt, bis es ihn wieder in die Heimat zog. In Innsbruck angekommen, wurde er sofort von Ortner eingestellt. „Damals gab es nur die Haustechnik bei Ortner, aber Vater und Sohn Ortner wollten auch mit dem Anlagenbau beginnen“, so Mooser über den Start des zweiten großen Standbeins des Unternehmens. „Mit einem Mann hoch, nämlich mir, habe ich begonnen und heute ist es eine eigene Sparte. Der Anlagenbau hat hinsichtlich Verfahrenstechnik, Werkstoffen und Schweisstechnik hohe Ansprüche und so zum guten Ruf, den Ortner heute hat, wesentlich beigetragen.“

Durch dieses neue Standbein wurden außer in Wien die meisten Großkläranlagen in Österreich gebaut, bis der Ausbau abgeschlossen war und dieser Tätigkeitsbereich weitestgehend wegfiel. „Das Entscheidende waren dann die notwendige Flexibiliät und die guten Kontakte“, so Mooser.

„So fanden wir mit den prozesstechnischen Anlagen in der pharmazeutischen Industrie im Anlagenbau eine gute Basis. Ebenso haben wir das Aufgabengebiet in den Bereichen Energietechnik, Biomassekraftwerke und bei der Holzvergasung erweitert, was viel Forschung und Einsatz gekostet hat. Diesen Aufbau haben wir Ingenieur Mooser mit seinem hundertprozentigen Einsatz, Ehrgeiz und Bemühen zu verdanken“, so Ortner. Das große Vertrauen in Mooser zeigte sich auch darin, dass er als Einzelprokurist völlig eigenständig die Abteilung führen konnte. „Die gelebte Ehrlichkeit der beiden Ortners nach innen und außen haben uns soweit gebracht“, ist Mooser nach 37 Jahren im Unternehmen und jetzt kurz vor der Pensionierung überzeugt.

Jahrzehnte Rechnungswesen

Bernd Jilg

Einzelprokurist Ortner

Begonnen hat alles 1970 mit einem Zeitungsinserat für eine Stelle als Bilanzbuchhalter. „Damals hat man noch selbst inseriert", erklärt Bernd Jilg, „und Ortner hat sich bei mir gleich gemeldet."

Es ging um allgemeines Rechnungswesen, das er dann bis zum Schluss, knapp 33 Jahre später, enorm ausgebaut hatte. „Damals waren wir noch ein durchschnittlicher Gewerbebetrieb und jetzt sind wir zum größten industriellen Gebäudetechnikunternehmen herangewachsen. 1980 wurde ich Einzelprokurist für die Firmen der IGO-Ortner Gruppe und habe den Ausbau mitgemacht. Dabei ging es mir aber immer ausschließlich um die kaufmännische Seite samt Personalwesen", so Jilg über seine Tätigkeiten.

De facto fiel in seine Zeit der Anfang der Zukunft von einzelnen Firmen und Immobilienentwicklungen sowie der Aufbau des Polen-Geschäftes. „Ein paar Mal waren Phasen, wo es etwas schwächer wurde, und wir überlegten, ob wir Personal kürzen müssen, und nie kam es dazu", ist Jilg zu Recht stolz.

„Es ist uns gelungen, diese Jahrzehnte nie mit Fremdkapital und trotzdem wachsend durchzuziehen", wie so etwas funktionieren kann, erklärt er sehr bescheiden und simpel folgendermaßen: „Es geht darum, dass der Betrieb kaufmännisch ordentlich geführt wird und dass man es im Griff hat, dass man mit einer straffen Verwaltung neue Akquisitionen selbst finanziert." So einfach ist das. Das Lob Ortners ist ihm dank dieser intensiven Zeit gewiss: „Mit seiner Genauigkeit, seinem Einsatz und seiner Verlässlichkeit hat er wirklich viel zur Entwicklung des Unternehmens beigetragen."

Wichtig war Jilg, dass diese strikte Kontinuität ordentlich weitergeführt wird, und so hat er sich – ganz nach alter Schule – seinen Nachfolger über Jahre hinweg herangezogen. Der weitere Erfolg gab ihm recht in seiner Wahl.

Mister Auslandsprojekte

Ing. Karl Sachs

Projektleiter Ortner Wien und Leiter Export

Vor fast 40 Jahren stieß Karl Sachs ganz zufällig zu Ortner, der gerade frisch weg von Tirol nach Wien gekommen war. „Wir haben erst mit Pharma-Projekten begonnen und nach ein paar Jahren auch Auslandsprojekte gestartet." Dabei ging es Sachs darum, eine „vernünftige Truppe" aufzustellen, die überall einsetzbar war. „Damals holten wir uns Leute aus den Bundesländern, die meist sechs Wochen am Stück arbeiteten und dann eine Woche nach Hause fuhren. Über die Zeit hinweg erreichten wir so ein sehr gutes Vertrauensverhältnis. Herr Ortner hatte immer den Überblick, doch gleichzeitig ließ er den Leuten ihre Selbstständigkeit, und das macht den Unterschied zu vielen anderen", so Sachs zu den Anfängen der Pionierarbeit im Ausland.

Pionierarbeit: genau das war es. Die Aufträge im Ausland, und dabei vor allem jene im Osten, waren ein logistischer Monsteraufwand, der von Sachs, begonnen bei der Koordination der Mitarbeiter über die Organisation an sich bis zur Lieferung der letzten Schraube, durch und durch völlig eigenständig geleitet wurde.

Sachs war Ortners Mann für den Export, und das eben vorwiegend bei Einzelprojekten über die österreichischen Grenzen hinweg bis hin zur Grundsteinlegung für die Tochterfirma in Polen. „Als Projektleiter ging es immer um enorm aufwendige Auslandsprojekte, was die Planung, Disposition und Abrechnung zugleich samt der notwendigen Betreuung vor Ort bedeutete", so Sachs, und er erzählt auch gleich über die abenteuerlichen Anfänge: „Ein Projekt hatten wir zum Beispiel in Polen, 50 Kilometer nach der tschechischen Grenze. Dafür fuhr ich um vier Uhr früh hin und abends wieder zurück nach Wien, weil es damals einfach nur so ging."

Gerade durch solche Einsätze und seine unkomplizierte Art, die unmöglichsten Projekte selbstständig mit dem Blick für das Wesentliche und die besten Leuten unermüdlich voranzutreiben, galt Sachs als einer der erfolgreichsten Projektleiter.

Eines ist für ihn klar: „Wenn Herr Ortner persönlich etwas braucht, dann bin ich da!", und er hilft tatsächlich auch heute immer noch häufig bei speziellen Fällen aus.

Der Monteur für zwei Generationen

Adolf Heiss

Monteur Ortner Innsbruck

Zu Kriegsende im Jahr 1945 begann Adolf Heiss' Karriere bei Ortner als Sanitärlehrling. „Damals gab es sechs Schilling pro Woche im ersten Lehrjahr, neun Schilling im zweiten und zehn Schilling pro Woche im dritten Lehrjahr." Es war noch die Zeit, in der man sich das Lohnsackerl im „kaufmännischen Büro die Stiege rauf gleich links" abholte und ganz offiziell 48 Stunden an sechs Tagen die Woche arbeitete. Damals lebte auch Josef Ortner noch in einer Wohnung im ersten Stock der Firma und war nebenbei in der Tiroler Landesregierung für Finanzen tätig. „Aber als die Firma dann größer wurde, hat er sein Amt niedergelegt", erinnert sich Heiss. Er steckt voller Erinnerungen an Umzüge, Geschäftserweiterungen und Anekdoten über zwei Generationen Ortner. „Er war ein sparsamer Mann, der Herr Ortner Senior. Das sah man schon daran, dass er immer alle Lichter abschaltete, wo sie nicht mehr unbedingt gebraucht wurden." Und an eine nette Begegnung mit seinem Chef nach dem Umzug 1957 in der Materialausgabe erinnert sich Heiss heute noch gerne: „Ich habe ihn begrüßt mit ‚Grüß Gott Herr Kommerzialrat' und er hat nur gemeint – ‚Aber Herr Chef genügt schon!' Ja – so war er!"

1953 ging Heiss nach Luzern und lernte dort viele neue Techniken kennen, die er nach seiner Rückkehr im Jahr 1958 zu Ortner „perfekt einsetzen konnte". In den folgenden 30 Jahren war eines seiner allergrößten Highlights die Installation beim Bau zweier Hochhäuser im Olympischen Dorf in Innsbruck.

Ein Monsterprojekt der 1970er-Jahre, das er als Monteur nahezu im Alleingang abwickelte. „Damals haben wir im Akkord gearbeitet. Erst ging es nur um ein Hochhaus, dann wurden es zwei. Es gab in den 1960er- und 1970er-Jahren einen großen Bauboom und viel mehr Arbeit als Monteure. Das waren wahrlich ertragreiche Jahre", so Heiss zufrieden. Doch in den 1980er-Jahren wurde es dann ruhiger und die Arbeit verlief nicht mehr so extrem intensiv, dafür für Monteure wie Heiss weniger lukrativ ab als vorher. Schließlich gab es auch bald die Möglichkeit der Akkordarbeit überhaupt nicht mehr.

Noch heute verfolgt er mit viel Interesse und Respekt die großen Baustellen der Firma in aller Welt. „Es ist gewaltig, was der Senior und Junior Ortner auf die Beine stellten. Der Herr Josef Ortner muss eine Freude haben, wenn er das alles sieht." Mindestens einmal im Jahr trifft Heiss nicht nur pensionierte Kollegen, sondern die gesamte Belegschaft bei der geliebten Weihnachtsfeier zu der Ortner Jung und Alt, aktive und nicht mehr aktive Mitarbeiter und Wegbegleiter in Innsbruck einlädt.

Der Flüchtling, der zum Lehrling wurde

Mohammad Jaqubi

Montagelehrling Sanitär und Heizung bei Ortner Wien

Mit seinen 18 Jahren hat Mohammad Jaqubi, Montagelehrling Sanitär und Heizung im 2. Lehrjahr bei Ortner Wien, schon ein unglaublich bewegtes Leben hinter sich. Aus Afghanistan floh der Perser mit seinen Eltern und Geschwistern in den Iran und von dort ging es nach eineinhalb Jahren in der Illegalität als Maurer arbeitend weiter in die Türkei. Unterwegs verlor er außer dem Onkel seine Familie und musste alleine weiter. „Nach 20 Tagen in einem Keller an der Grenze zwischen der Türkei und Griechenland musste ich mich in einem Karton allein im Lkw verstecken und durfte die dreitägige Reise nicht aus dem Lkw raus", erzählt Jaqubi mittlerweile sehr gelassen und in einem erstaunlich guten Deutsch von seiner Odyssee. In Österreich angekommen, landete er im Flüchtlingsheim Traiskirchen und kam nach ein paar Wochen in ein Heim in Mödling.

„Da lernte ich Dr. Mückstein kennen, der mir riet, doch ein Praktikum bei der Firma Ortner zu versuchen", gesagt getan, und so kam es, dass er sich „ordentlich anstellte" und das Angebot bekam, eine Lehre bei Ortner zu starten. Der ehemalige Personalchef und Porr-Aufsichtsrat Mückstein engagiert sich seit Längerem für UMFs (unbegleitete minderjährige Flüchtlinge).

Jaqubi ist so ein Fall, bei dem es richtig gut funktioniert. „Bei den Baustellen ist es einfacher als in der Schule. Durch meine Arbeit früher als Maurer verstehe ich ja schon ein bisschen etwas vom Handwerk und lerne viel dadurch, dass es mir gezeigt wird", so Jaqubi schon wie ein reifer Mann, im nächsten Moment teilt er die Erfahrungen vieler Schulkinder: „Aber in der Schule, da ist es viel schwieriger mit dem Verstehen, weil ich die Fachausdrücke oft nicht im normalen Wörterbuch finde und alles sehr theoretisch ist. Darum freut es mich besonders, dass ich durch konsequentes Lernen in der Berufsschule sehr gute Noten bekomme. Auf der Baustelle sehe ich, welches Rohr oder welches Material gemeint ist. Wenn ich in der Berufsschule bin, dann kann ich wenig telefonieren oder ins Internet, weil ich wirklich viel lernen muss", ist er dann doch wieder ein echter Teenager.

Seine Familie hat es nicht bis hierher geschafft. „Sie wurden unterwegs aufgegriffen und wieder zurückgeschickt. Jetzt habe ich wieder Kontakt mit meiner Mutter im Iran und mein Vater ist irgendwo in Australien." Jaqubis Zukunftspläne liegen aber ganz in Österreich. „Ich habe mich gerade verlobt und möchte gerne nach der Lehre weiter bei der Firma Ortner als Obermonteur große Baustellen leiten." Sein Ausbilder meint, dass dies bei anhaltendem Fleiß sicher möglich ist.

Peter Drucker

geb. 1909 in Wien, † 2005 in Claremont, USA, US-amerikanischer Ökonom und Autor zu Themen der Managementpraxis und -theorie

An Jungen fehlt's nicht!

Natalie Mayr

Sanitärlehrling Ortner Innsbruck

Die 20-jährige Innsbruckerin Natalie Mayr hat sich keinen frauentypischen Beruf ausgesucht und ist damit bei Ortner gar nicht so allein. „Ich war drei Jahre lang an der HTL mit Schwerpunkt Hochbau in der gleichen Straße wie die Firma Ortner und habe so einiges von ihr mitbekommen. Die sind ja auch nicht irgendwer in Innsbruck und haben einen sehr guten Ruf." Als sie die Schule abbrach, war ihre erste Idee, sich bei Ortner zu bewerben. Auf ein Inserat für eine Lehrstelle als Technische Zeichnerin in der Sanitärabteilung meldete sich Mayr und wurde zum Test geladen. „Heute sind wir vier Technische-Zeichner-Lehrlinge in der Haustechnik im zweiten Lehrjahr und drei davon sind Mädls." Ist diese Lehre also eher was für die Mädchen? Nicht wirklich. „Es geht darum Sanitäranlagen anzuschließen und die Zu- und Abwasserleitungen zu koordinieren, die Wasseraufbereitung und einfach alles, was den Zugang zu Wasser betrifft", erklärt Mayr ihren Beruf. Man darf sie sich aber nicht Rohre schleppend an der Baustelle vorstellen. Es geht um die technischen Zeichnungen – also die Konzeption, wo welche Teile wie ins Ganze eingefügt werden. „Natürlich gehe ich oft mit meinem Ausbildner auf die Baustellen und schau mir an, was wir konstruiert haben und wie es in der Praxis funktioniert." Ihre Zukunftspläne? „Ich will nach der Lehre gerne noch mehr in Projekte gehen und mehr Verantwortung bekommen." Dass ihre Zukunft bei Ortner liegt, ist für sie eigentlich selbstverständlich.

„Nicht die Arbeit, das Kapital, das Land und die Rohstoffe sind die Produktionsfaktoren, die heute in unserer Gesellschaft zählen. Sondern das Wissen der Mitarbeiter in den Unternehmen."

Während wir an der Gegenwart arbeiten, gestalten wir schon heute unsere Zukunft

Erfolgscoaching für Lehrlinge

Ein Bekenntnis zur Ausbildung von Lehrlingen!

Iris Ortner und Oskar Kern über ein Mentoring-Programm.

Unsere Lehrlinge sind unsere Fachkräfte und daher unser Unternehmen von morgen! Um hier ein starkes und sicheres Fundament aufzubauen, investieren wir gerne in unsere Lehrlinge und damit in unsere Zukunft. Die technische und fachliche Ausbildung ist nur ein Teil der Lehre. Als genauso wichtig erachten wir die Persönlichkeitsbildung. Im fachlichen Bereich bieten wir unseren Lehrlingen bereits ein sehr breites Feld und eine solide Ausbildung. Mit dem Erfolgscoaching für Lehrlinge setzen wir verstärkt auch auf den zweiten Bereich der Ausbildung – die Persönlichkeitsentwicklung! Deshalb realisieren wir auf Initiative von Ortner und Elin gemeinsam mit Bacon, Babak und anderen Unternehmen ein Mentoring-Programm.

Mentoring – ein Hype?

Mentoring ist in aller Munde und scheint schon fast ein Modewort geworden zu sein. Aber was steht konkret dahinter? Es ist uns wichtig, den Lehrlingen erfahrene Personen an die Seite zu stellen, mit denen sie jederzeit in einer Atmosphäre des Vertrauens Wissen und Erfahrungen austauschen können und eine Anlaufstelle für ihre Anliegen haben. Das Mentoring-Verhältnis soll dem Lehrling helfen, im Betrieb erwachsen zu werden. Für MentorInnen ist es eine bereichernde Aufgabe, einen Lehrling zu unterstützen.

Vertrauenssache

Sich innerhalb des eigenen Unternehmens einer Person anzuvertrauen, ist oft mit Hemmschwellen verbunden. Aus diesem Grund haben wir das Mentoring-Programm mit Partnerunternehmen aufgesetzt. Jeder Lehrling, der an diesem Programm teilnimmt, erhält einen Mentor oder eine Mentorin aus einem Partnerunternehmen. Dies hat nicht nur den Vorteil, dass man sich gegenüber Personen außerhalb des Unternehmens leichter öffnet, sondern auch den spannenden Aspekt, einen Blick über den Tellerrand machen zu können, um zu erfahren, wie andere Unternehmen funktionieren.

Förderungswürdig

Das Mentoring-Programm dauert 16 Monate. Die Teilnahme steht allen Lehrlingen nach Abschluss der Probezeit offen, die Interesse und Potenzial zeigen, engagiert sind und

auf ihre Ausbildung viel Wert legen. Als MentorIn kommen alle MitarbeiterInnen im Unternehmen infrage, die Interesse an der Förderung junger Menschen und am Austausch in einem firmenübergreifenden Netzwerk haben.

Teamwork, Perspektivenwechsel und Erfahrungsaustausch für alle Junggebliebenen.

Die Lehrlinge vereinbaren individuell mit ihrer Mentorin beziehungsweise ihrem Mentor, je nach Zeit und Bedarf, aber zumindest einmal pro Monat ein Treffen, um gemeinsam an den vom und für den Lehrling definierten Zielen zu arbeiten und sich über alle Anliegen des Lehrlings auszutauschen.

Begleitet wird das Mentoring durch Workshops für Lehrlinge, in denen sie persönlichkeitsbildende Themen vertiefen. Die MentorInnen erhalten in einem Workshop eine Einführung in Coaching-Methoden – ein Werkzeug, das sie benötigen, um ihre Rolle perfekt auszuüben, das ihnen aber auch in anderen Lebensbereichen sehr nützlich sein kann. Die MentorInnen können in einem MentorInnen-Treffen ihre Erfahrungen austauschen. Die Lehrlinge haben die Möglichkeit, sich zusätzlich in spannenden Projekten und Exkursionen weiterzubilden.

Oskar Kern zum Mentoring-Programm

„Neben der fachlichen Qualifikation ist eine hohe Sozialkompetenz unserer MitarbeiterInnen genauso wichtig für den Erfolg unseres Unternehmens. Mit dem Lehrlingsprogramm legen wir einen Fokus auf diese zweite Tragsäule und erreichen einen Wettbewerbsvorteil für unsere Unternehmensgruppe. Unsere Lehrlinge sind ein wichtiges Fundament dieses Erfolges."

Iris Ortner zum Mentoring-Programm

„Während wir in und an der Gegenwart arbeiten, dürfen wir nicht vergessen, dass wir dabei schon heute unsere Zukunft gestalten. Deswegen ist die Ausbildung unserer jungen MitarbeiterInnen besonders wichtig für uns! – Das Erfolgscoaching hilft unseren Lehrlingen zu wachsen und zu MitarbeiterInnen zu reifen, mit denen wir gemeinsam die Zukunft aufbauen können. Der Blick über den Tellerrand ist für jeden von uns interessant und lehrreich."

Ortner, seine Akquisitionen, deren

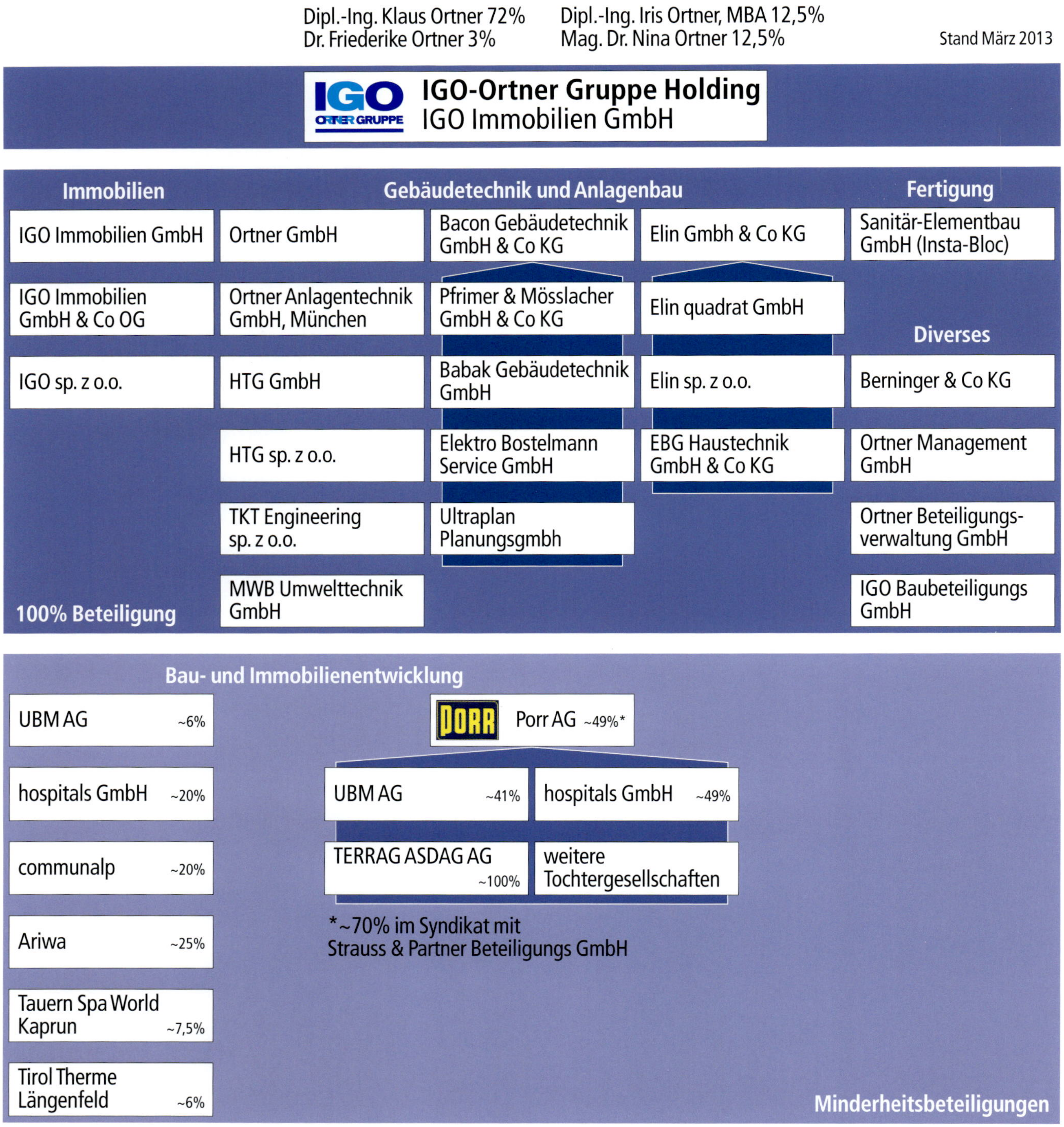

Geschichte und Entstehung

IGO Immobiliengesellschaft m.b.H.

Die IGO Immobiliengesellschaft mit beschränkter Haftung wurde mit Gesellschaftsvertrag vom 6. Mai 1976 von den Herren Kommerzialrat Ing. Josef Ortner und Dipl.-Ing. Klaus Ortner gegründet.

Der Zweck der Gesellschaft war ursprünglich die Herstellung, Verwaltung und Verwertung von Eigentumswohnungen und Bürohäusern sowie die Beteiligung und Geschäftsführung an Unternehmen mit dem selben Betriebsgegenstand. Fremdgenutzte Büro- und Wohngebäude an Standorten vor allem in Wien und Innsbruck wurden entwickelt, errichtet und teilweise auch zugekauft.

Heute ist die IGO das oberste Holding-Unternehmen der IGO-Ortner Gruppe (bzw. ehemals Ortner-Gruppe) – entsprechend der Übersicht auf der linken Seite.

Weiters besitzt sie mit ihrer Tochter IGO Immobilien GmbH & Co OG den Großteil der Firmenimmobilien.

Die Fakten 2012:

100% Beteiligungen:
Umsatz: ca. 520 Millionen €
Mitarbeiter: ca. 3.600

Wesentliche Beteiligungen:
Umsatz: ca. 3,2 Milliarden €
Mitarbeiter: ca. 13.600

Immobilien in direktem Eigentum:
Grundfläche: ca. 60.000 m^2
Büro- und Wohnnutzflächen: ca. 35.000 m^2

Fremdgenutzte Immobilien der IGO Immobilien GmbH in Wien und Innsbruck

Säule Nummer eins:

Ortner und HTG

Die frühe Gründungsgeschichte der Firma Ortner wurde bereits an anderer Stelle erzählt.

Mit Sitz in Innsbruck 1903 von Ignaz Ortner mitbegründet – daher das heutige IGO (Ignaz Ortner) der Dachgesellschaft –, war es ein Handwerksbetrieb im Installationsgeschäft von Wasser- und Gasleitungen. Josef Ortner führte das Unternehmen durch den Zweiten Weltkrieg und legte trotz Wirtschaftskrise, politischer Wirren, Zwangsschließung und Krieg den Grundstein für einen modernen Industriebetrieb.

1968 gründete Josef Ortner die Niederlassung in Wien und startete damit die Reise über die regionalen Grenzen. 1971 übernahm er die Firma AKP InstallationsgesmbH, die mit der Firma Ortner in Personalunion geführt wurde. So ist das Installationsunternehmen stetig gewachsen. Einige Jahre später musste der Name AKP – das war so vereinbart – geändert werden, da der Verkäufer, eine Baugesellschaft, so hieß. Klaus Ortner: „Ich habe die drei Buchstaben besonders gut und einprägsam gefunden und wir haben uns dann HTG – Haustechnische Gesellschaft genannt. Dies war ebenso einprägsam. Ich musste das damals mit größten Schwierigkeiten durchkämpfen, weil die Wiener Handelskammer im ersten Moment gemeint hat, der Name Haustechnische Gesellschaft sei für ein Unternehmen unseres Zuschnitts zu allgemein." Klaus Ortner machte aus der Firma ein Unternehmen der Installations- und Anlagentechnik, das nicht mehr nur bei den Großen mitmischt, sondern mitten unter ihnen mit starken zusätzlichen Unternehmen agiert und entscheidet.

Die Fakten 2011:

Portfolio: Gebäudetechnik: Heizungs-, Kälte-, Klima-, Lüftungs- und Sanitärtechnik
Anlagenbau: Umwelttechnik, Kläranlagen, Prozesstechnik, Ausführung, Planung, Beratung
Markt: Heimmarkt Österreich
Umsatz: 106 Millionen €
Mitarbeiter: ca. 800
Standorte: Innsbruck, Wien und Warschau

Betriebsgebäude von Ortner in Innsbruck

Betriebsgebäude von Ortner und HTG in Wien

TKT engineering

TKT Engineering sp. z o.o., Warschau

Die erste Auslandsniederlassung der Firma Ortner entstand bereits 1996 mit der Gründung der HTG sp. z o.o. in Polen. Der Grund hierfür war, dass Polen der größte Ostmarkt und die Entwicklung in diesem Land sehr positiv war.

Die Mehrheitsbeteiligung an der polnischen KMW-Gruppe erwarb Ortner im Jahr 2004. Dazu gehörten sowohl der Anlagenbauer TKT Engineering als auch der Montagebetrieb KMW Engineering. Damit wurde Ortner zum größten Haustechnikbetrieb in Polen. Der Umsatz der polnischen Tochterfirmen hat im Jahr 2009 schon die 50 Millionen Euro erreicht. TKT ist Marktführer zeitweise mit einem Wachstum von mehr als zehn Prozent. Dass auch das Engagement Ortners in Polen eine richtige Entscheidung war, davon zeugt, dass Ortner vor zwei Jahren sagen konnte: „Wir haben als Gruppe einen großen Teil aller Hochhäuser in Warschau ausgestattet, wir sind dort Marktführer. Das ist besser, als über den ganzen Ostmarkt verteilt zu sein." An die Bedeutung von Polen kommt kein Auslandsmarkt von Ortner heran. Neben der Zentrale in Warschau gibt es Niederlassungen in Breslau und Posen.

Die polnische Niederlassung agiert weitgehend selbstständig innerhalb der IGO-Ortner Gruppe. Auf Konzernebene ist Iris Ortner für das Polen-Geschäft verantwortlich. Das ist kein Zufall. Schließlich ging sie gleich nach ihrem Studium an der ETH 1997 nach Warschau, um das Geschäft zu lernen. So hat sie zum Beispiel die Bauleitung für das Warsaw Financial Center in Warschau übernommen und spricht verhandlungssicher Polnisch. Heute ist TKT unangefochtener Markführer in Polen.

Betriebsgebäude von TKT in Warschau

Betriebsgebäude von TKT in Posen

Die Fakten 2011:

Portfolio: Gebäudetechnik, HKLS-Anlagen
Markt: Polen, Nummer eins auf dem Markt
Umsatz: ca. 60 Millionen €
Mitarbeiter: 160 in Technik und Verwaltung

INSTA-BLOC
Installationssysteme

Insta-Bloc Installationssysteme

Die Sanitär Elementbau GmbH wurde 1975 vom Installationsunternehmen Pachernegg aus Schladming gegründet. Ursprünglich war der Betrieb ausschließlich dazu bestimmt, vorgefertigte Installationselemente aus Beton, für eine Fertighausfirma zu produzieren. Um eine bessere Auslastung zu erreichen, wurden die Installationselemente in ihrer Konstruktion auch der herkömmlichen Bauweise angepasst, damit war es möglich, projektbezogen für alle Bauvorhaben anzubieten. Im Laufe der Zeit wurde die Produktpalette um Sanitärbausteine, Sanitärzellen in Beton und Leichtbau sowie Wannenträger erweitert. Die Produkte werden unter dem Markennamen „Insta-Bloc" in Österreich, Deutschland, der Schweiz und Benelux vertrieben. Bekannt ist die Marke als Insta-Bloc, doch offiziell wird sie unter dem Namen Sanitär-Elementbau geführt.

1994 wurde die Sanitär-Elementbau GmbH von Ortner übernommen, seither wurde der Betrieb am Standort Haus im Ennstal ausgebaut und vergrößert. Geprüfter Brand- und Schallschutz, erheblicher Nutzflächengewinn und Bauzeitersparnis sind die wichtigsten Vorteile der Insta-Bloc-Installationsysteme, die sich seit Jahren im Hochbau, wie zum Beispiel in Wohnbauten, Studenten- und Seniorenheimen, Büro- und Verwaltungsgebäuden Krankenhaus- und Hotelbauten, bewähren.

Die Fakten 2012:

Portfolio: Sanitärwände, -elemente, Fertigzellen
Markt: Österreich, Deutschland, Schweiz
Umsatz: ca. 12 Millionen €
Mitarbeiter: 105

Verwaltungsgebäude und Fertigungsstätten der Sanitär-Elementbau in Haus im Ennstal

Berninger & Co

Berninger & Co KG

Die einzige Firma, die direkt als Komplementär Dipl.-Ing. Klaus Ortner gehört, ist die 1946 gegründete Berninger & Co KG. Damals war es noch gängige Praxis und eine teure Notwendigkeit, dass man Installationsmaterial wie Rohre und Zubehör wie Formstücke, Befestigungsmaterial, Sanitärkeramik oder auch Badewannen nur über verschiedene Großhändler und nicht direkt vom Hersteller kaufen konnte. So beschlossen Dr. Willi Berninger, Dkfm. Hans Raschner und KR Josef Ortner, sich endlich von den Händlern unabhängig zu machen und selbst welche zu werden.

Die Firma Berninger wurde gegründet, um in erster Linie natürlich für Ortner die Materialien günstig kaufen zu können und so konkurrenzfähiger zu werden, und in zweiter Linie, um auch andere Installateure mit Material zu beliefern und damit Gewinn zu machen.

1953 schied schließlich Raschner aus der Gesellschaft aus und nach einigem Hin und Her stieg 1957 auch Berninger aus. Die Firma Berninger wurde zu einer offenen Handelsgesellschaft mit dem Alleininhaber KR Josef Ortner.

Der Verkauf von Installationsmaterial an Firmen der gleichen Branche ging immer mehr zurück und Berninger ist heute fast nur noch ausschließlich eine Einkaufsgesellschaft für den Bedarf der Firma Ortner. Seit März 1981 ist Dipl.-Ing. Klaus Ortner persönlich haftender Gesellschafter der Firma Berninger und Dr. Friederike Ortner Kommanditistin.

Klein- und Ersatzteillager von Berninger & Co in Innsbruck

Bacon Gebäudetechnik

Säule Nummer zwei:

Bacon Gebäudetechnik

„Im Sommer 1999 ist einer unserer größten Konkurrenten in Wien, Herr Dr. Dirnbacher von der Firma Bacon, zu mir gekommen und hat gesagt: ‚Wir werden Insolvenz anmelden müssen, entweder Konkurs oder Ausgleich' und hat dann gemeint: ‚Herr Ortner kommen Sie und übernehmen Sie uns, machen wir das Management gemeinsam'", so Klaus Ortner über die Anfänge bei Bacon. Doch Ortner wollte das damals nicht und hat abgesagt. Aber dann kam Siemens auf ihn zu und meinte, „wir haben das auch gehört, machen wir das gemeinsam. Das hat Sinn. Siemens macht Elektro, Sie machen Heizung-Lüftung. Wir brauchen für das erfolgreiche Management einen Unternehmer wie Sie".

Das wurde also beschlossen und es kam dann rasch zu einer Übernahme. „Wir haben Tag und Nacht gearbeitet." Es gab noch ein Hin und Her, ob Siemens doch nicht einsteigt, und nach ein paar klärenden Gesprächen mit dem damaligen Vorstandsvorsitzenden Albert Hochleitner und dem damaligen Finanzvorstand Alfred Ötsch von Siemens war Bacon nach kurzer Zeit jeweils zur Hälfte übernommen.

„Die Übernahme von Bacon hat dann sehr gut funktioniert. Ich bin am Anfang ein halbes Jahr bei Bacon gesessen und habe das Unternehmen wieder in Schwung gebracht. Wir mussten 150 Aufträge übernehmen oder nicht übernehmen, welche bekommen wir überhaupt? Welches Personal behalten wir, von wem trennen wir uns?

Betriebsgebäude der Bacon Gebäudetechnik in Wien

Töchter: Pfrimer & Mösslacher, Babak, Bostelmann Services, Ultraplan

Es war aufregend." Alles in allem wurde es zu einer Erfolgsgeschichte.

Ein halbes Jahr nach der Übernahme wurde 2000 der gebürtige Schweizer Dipl.-Ing. Bernhard Berger als Geschäftsführer engagiert und blieb bis zur Pension 2012. Er war es dann auch, der tragend mithalf, die Elektrotechnik von Siemens in Bacon zu integrieren und so eine Gesamthaustechnikfirma mit Heizung, Lüftung, Sanitär und Elektrotechnik zu schaffen. Bacon, wieder in den schwarzen Zahlen, konnte schließlich die Siemens Elektrotechnik aufgrund der eigenen Reserven übernehmen und hieß ab 2003 Siemens Bacon. Durch den Kauf der VA Tech und somit auch Elin von Siemens mussten wieder einige Entflechtungen gestartet werden. Eine davon war, die Elektrotechnik offiziell an Elin zu verkaufen und somit wieder zum reinen Gebäudetechniker ohne Elektroanteil zu mutieren „Heute macht die Servicedienstleistung gut 20 Prozent des Geschäftes aus. Da hilft Bacon bei Elin und Ortner mit", erklärt Berger die Wandlungen im Geschäft. Erst seit dem Ausstieg von Siemens im Jahr 2011 wurde Bacon eine 100-prozentige Tochter der IGO-Ortner Gruppe, womit natürlich auch Siemens aus dem Namen gestrichen wurde.

Im Jahr 1933 gründete Dipl.-Ing. Werner Pfrimer gemeinsam mit Dipl.-Ing. Hans Mösslacher die Firma Pfrimer & Mösslacher mit Standort in Klagenfurt. In dritter Generation lagen schließlich die Schwerpunkte auf den Gewerken Lüftungs-, Kälte- und Heizungstechnik und dabei vor allem im Krankenhaus-, Gewerbe- und Industriebau. Nach schwierigen Nachfolgeregelungen kam im Jahr 2000 ein Angebot der VA Tech und 2001 wurden die Gesellschaftsanteile an die VA Tech verkauft. Unter dem neuen Eigentümer wurde ein Umsatz von 18 Millionen Euro erreicht und Bauvorhaben im Ausland, wie zum Beispiel die Allianz-Arena in München, realisiert. Im Jahr 2009 gingen dann die Gesellschaftsanteile an die Siemens Bacon über. Nach der kompletten Übernahme von Bacon durch Ortner blieb P&M weiterhin eine Bacon-Tochter.

Im Sommer 2011 ergab sich die Möglichkeit, die Firma Babak – ein HKLS-Installationsunternehmen im Besitz der Firma Bostelmann – als Tochter von Bacon zu übernehmen. Bostelmann ging in Konkurs und im November 2011 übernahm Ortner die Firma Babak und Bostelmann Services (Wartung) mit einem Umsatz von 20 Millionen Euro und 140 Mitarbeitern. Ortner damals: „Ich glaube, es wird eine gute Lösung und wir werden auf dem Wiener Markt noch erfolgreicher sein."

Schon im Jahr 1990 begann für die damals 300 Mitarbeiter starke Firma eine kleine Odyssee. Aus gesundheitlichen Gründen verkaufte Friedrich Babak H & F Babak an Hans Hiesmayr, zu dessen Firmengruppe auch die Firmen Small und Körting gehörten.

Nach dem Konkurs der Mutterfirma kaufte Alexander Maculan 1995 die H & F Babak mit 170 Mitarbeitern. 2004 wiederum wurde Babak von der Familie Zoglauer erworben. Unter dem Namen Babak-Bostelmann trat die neue Firmengruppe als TGA-Anbieter auf.

Die Babak Gebäudetechnik wurde 2011 schließlich von Bacon aufgekauft und kann somit nach 20 Jahren bewegtem Hin und Her in Ruhe arbeiten.

Die Ultraplan ist in Personalunion mit Bacon geführt. „Es ist eine reine Planungseinheit. Da sitzen die technischen Spezialisten für die Angebote und Planungen. Dadurch können wir uns von den anderen abheben, z. B. Simulationsrechnungen erstellen und Kunden besser aufzeigen, wie man Energiekosten sparen kann. Fast niemand bietet das an und doch ist es so wichtig", so der langjährige GF Bernhard Berger.

Bacon: Fakten im Jahr 2012:
Portfolio: Gebäudetechnik, HKLS-Anlagen, Servicetechnik
Markt: Heimmarkt Österreich
Umsatz: 120 Millionen € inkl. Töchter
Mitarbeiter: 729 inkl. Töchter
Standorte: Wien, P&M Klagenfurt, Linz, Graz

Säule Nummer drei

Elin Elektrotechnik

„Einige Jahre nach der Beteiligung an Bacon – anlässlich einer Veranstaltung in Wien – ist Albert Hochleitner, der Vorstandsvorsitzende von Siemens Österreich, zu mir gekommen und hat gesagt: „Es ist noch nicht offiziell, aber wir beabsichtigen die VA Tech zu übernehmen. Willst du da nicht mit uns innerhalb der VA Tech die Elin mit ihrer Tochter EBG übernehmen, die passt doch zu Bacon und es wäre die richtige Kombination für die Technische Gebäudeausstattung“, erzählt Ortner ganz nebenbei vom zweiten Riesendeal, der sich hier anbahnen sollte. So schnell ging es dann aber doch nicht, da sich der Übergang der VA Tech zur Siemens als eher schwierig erwies. Mit ein Grund waren die großen Verluste der VA Tech vor allem in Deutschland und Tschechien. Ortner wollte erst einsteigen, wenn alles einigermaßen saniert war. Diese Sanierung sollte dann noch zwei Jahre dauern.

Die Elektro Bau AG (EBG) und Elin waren zwei historisch gewachsene österreichische Unternehmen, die im Elektroanlagenbau tätig waren und im gegenseitigen Wettbewerb standen. In den 1980er und 1990er-Jahren befanden sich beide Unternehmen unter Führung des verstaatlichten Konzerns ÖIAG. Am 1. Juli 1997 fusionierten der Unternehmensbereich Energieanwendung der Elin und die Elektro Bau AG (EBG) zur Elin EBG Elektrotechnik GmbH. In weiterer Folge kam es durch die Neuformierung der verstaatlichten Industrie zum VA-Tech-Konzern auch zur Umfirmierung der Elin EBG zur VA Tech Elin EBG. Der verbleibende Teil der Elin, die damalige Elin Ener-

Betriebsgebäude von Elin in Wien

Neues Betriebsgebäude von Elin in Linz (Visualisierung)

gieversorgung, wurde in die VA Tech Hydro und VA Tech T&D (Transmission & Distribution) eingegliedert. Die Elin war für Österreich ein historisch gesehen geschichtsträchtiges Unternehmen und hat führend die Elektrifizierung Österreichs mit vorangetrieben.

Im Zuge der Übernahme der VA Tech durch die Siemens AG Österreich im Jahr 2005, wurde das Industriegeschäft und Facility-Management-Geschäft in die verschiedenen Siemens-Bereiche integriert. Das Gebäudeprojektgeschäft blieb als Tochterfirma unter dem Namen Siemens Elin Building & Infrastructure (B&I) eigenständig. Mit dem Einstieg von Ortner im Jahr 2008, der nun 50 Prozent der Anteile übernahm, trat die Firma unter dem neuen Namen Elin auf. Gleichzeitig wurde die bestehende 100-prozentige Tochterfirma Siemens EBG Haustechnik in Oberösterreich in EBG Haustechnik umbenannt. Seit Dezember 2011 ist die Elin zu 100 Prozent im Eigentum der IGO-Ortner Gruppe.

Das Jointventure mit Siemens hat sich aus der bereits langjährigen guten Zusammenarbeit ergeben. Die Entscheidung zur kompletten Übernahme von Elin resultierte dann vor allem aus der Möglichkeit, die IGO-Ortner Gruppe auf dem Gebiet der Elektrotechnik weiter zu verstärken und gemeinsam in der gesamten Gruppe, zum Marktführer aufzusteigen. Danach wurden schrittweise die elektrotechnischen Aktivitäten von Bacon (ehemals Siemens Installationstechnik) in die Elin integriert. Somit entstand die gewünschte Struktur der Unternehmensgruppen Ortner, Bacon und Elin unter der Führung und im 100-prozentigen Eigentum der IGO-Ortner Gruppe.

Schwerpunkt der Aktivitäten der Elin von heute sind der elektrotechnische Anlagenbau als produktunabhängiger Systemintegrator für Elektrotechnik und die kommunale Infrastruktur. Zur Elin-Gruppe gehören die EBG-Haustechnik mit sehr starker Kundennähe an den Standorten Ried im Innkreis, Steyr, Attnang, Kirchdorf und Linz in Oberösterreich. Ferner der Auslandsstandort in Polen und die vor Kurzem gegründete Elin quadrat, welche im Sinne einer Vorwärtsintegration komplette Dienstleistungen für Projektentwicklungen anbietet.

Das Team der Elin überschreitet für seine Kunden Grenzen und ist in Russland, Deutschland, Gabun, um nur einige zu nennen, im Einsatz.

Die Haustechnik ist heute bestimmend für den Hochbau geworden, die technischen Ansprüche und die Koordination der Gebäudetechnik sind um vieles komplexer. Es ist also notwendig, Projekte von Anfang an unter Betrachtung aller technischen, wirtschaftlichen und rechtlichen Gegebenheiten straff zu führen, um eine erfolgreiche Abwicklung zu garantieren. Lebenszykluskosten und Betriebskosten werden immer wichtiger. Genau diesen Anforderungen stellt sich Elin zusätzlich mit der Tochterfirma Elin quadrat. Elin quadrat positioniert sich auf dem Immobilienmarkt, mit dem Ziel, technisch anspruchsvolle und komplexe Immobilien mit zu entwickeln, zu planen und zu errichten. Dabei tritt Elin quadrat sowohl als strategischer Partner für und mit Projektentwicklern als auch als Partner für Endkunden bei Eigenentwicklungen auf. Der Fokus des Geschäfts liegt insbesondere auf Total-, Generalunternehmer- und PPP-(PublicPrivatePartnership-)Projekten. Elin quadrat stellt dabei auch ein wichtiges Bindeglied innerhalb der einzelnen Unternehmen der IGO-Ortner Gruppe dar.

Fakten im Jahr 2011:
Portfolio: Anlagenbau Elektrotechnik
Markt: Heimmarkt Österreich, Deutschland, Polen, Exportmärkte als Spotmarktgeschäft
Umsatz: 212 Millionen €
Mitarbeiter: ca. 1.850
Standorte: Hauptstandorte Wien, Linz

Beteiligungen: Porr AG – ca. 49 Prozent Aktien; UBM AG ca. sechs Prozent direkt, 41 Prozent über die Porr AG

Zentrales Verwaltungsgebäude der Porr in Wien

Im Jahr 1997 hatte Ortner erfahren, dass Hans Peter Haselsteiner die heutige Strabag übernommen hatte und so zu einem riesigen Unternehmen wurde. „Ich habe damals Bedenken gehabt, wie wird das in Zukunft werden. Ich muss bei den Ausschreibungen für GU-Aufträge durch diese Konzentrationen noch größere Anstrengungen machen und kann nicht am Development und zu einem früheren Zeitpunkt mitwirken. Ich habe damals überlegt, mich irgendwie an der Porr zu beteiligen", so Ortner über die geistigen Anfänge. Die Firma Ortner hatte damals eine Beteiligung an der Bank für Tirol und Vorarlberg.

Diese verkaufte er an die Bank Austria und bekam dadurch über den Aktionär Bank Austria Verbindung zur Porr. Der richtige Einstieg hört sich dann abenteuerlich an. Im Jänner 1998 rief Ortner den Beteiligungsvorstand der Bank Austria Kadrnoska an: „Ich würde gerne so rund fünf, sechs Prozent von der Porr erwerben, aber zugleich möchte ich dann ein Aufsichtsratsmandat. Kadrnoska hat gemeint, dass wird so einfach nicht gehen, hat mich dann aber eine Woche später angerufen und gesagt: ‚Gut – ich habe mit Herrn Randa gesprochen, wir hätten acht Prozent, diese könnten Sie übernehmen.' Ich war dann auch überrascht, nach so kurzer Zeit, rief aber zwei Tage später zurück. Wir hatten liquide Mittel, weil wir sehr sparsam gewirtschaftet haben. Und ich habe beschlossen, diesen Schritt zu machen." Um auch direkt einen Fuß in der Porr-Tochter UBM, die im Immobiliengeschäft aktiv ist, zu haben, kaufte sich Ortner auch dort erstmals mit 1,5 Prozent ein. Heute hält Ortner rund sechs Prozent direkt an der UBM.

Porr-Generaldirektor Pöchhacker wollte sich schon lange von den Banken lösen und mehr private Investoren. Also kamen sie ins Gespräch und Ortner begann, zwei Prozent von Herrn Radmer aufzukaufen, der sein Münchner Unternehmen an Porr verkauft hatte. Dann erwarb er weitere Anteile an der Porr von Raiffeisen und Uniqa, etwas über ein Prozent an der Börse und zweieinhalb Prozent der französischen Suez . Dieser Kauf war im Kontakt mit Haselsteiner entstanden, von dem er auch wieder zweieinhalb Prozent erwarb. Wie ein fleißiges Eichhörnchen kam er schließlich schön langsam auf 25 Prozent, was für die B+C, als Stiftung der Bank Austria beteiligt, dann doch sehr überraschend kam. Sie hatte plötzlich einen bedeutenden Mitaktionär mit Sperrminorität.

„Es hat damals ein Syndikat gegeben. Ich bin in das Syndikat hineingekommen. Später hat dann die Wr. Städtische Versicherung Anteile verkauft, ich habe Anteile der Städtischen anteilig übernommen, genauso wie die B+C. Ganz Wien hat mich bestürmt, ich müsste das tun, damit die Mehrheit bei Porr nicht in Richtung Bank Austria gehe. Es hat dann Kapitalerhöhungen gegeben, an denen ich mich ebenfalls beteiligt habe etc. etc.", so Ortner. Und auch jetzt, da die Bank Austria und die B+C ihre Anteile an Porr verkauft haben, hat die IGO-Ortner Gruppe 2013 Anteile übernommen, sodass sie nunmehr 49 Prozent des Gesamtkapitals hält und gemeinsam im Syndikat mit Strauss & Partner über mehr als 70 Prozent bestimmt. Ortner will gemeinsam mit Karl Heinz Strauss, den er nach Abgang von Wolfgang Hesoun zu Siemens, als neuen Vorstandsvorsitzenden vorgeschlagen hat, den Konzern, befreit von einer nicht optimalen Aktionärsstruktur, auf neue Grundlagen stellen, stärken und „fit for future" machen.

Die Fakten 2012:

Portfolio: Hochbau, Tiefbau, Infrastruktur, Umwelttechnik, Immobiliendevelopment, Facility-Management
Markt: Österreich, Deutschland, Schweiz, Polen, Bulgarien, Rumänien, Ungarn, Serbien, Tschechien, Slowakei, Oman, Katar
Umsatz: ca. 3,0 Millarden €
Mitarbeiter: ca. 13.000

hospitals Projektentwicklungsges.m.b.H.

hospitals Projektentwicklungsgesellschaft

Im Jahr 2002 wurde die hospitals Projektentwicklungsgesellschaft gegründet. Grundidee war, das bei Ortner, Porr und UBM vorhandene Know-how im Bereich Projektmanagement, Technische Gebäudeausrüstung und Generalunternehmerabwicklung verstärkt in das Gesundheitswesen zu tragen und die Wertschöpfungskette um Projektentwicklung und Betriebsführung zu erweitern. Zu diesem Zweck konnten PremiQaMed, die Dkfm. Mayr Privatstiftung und der langjährige Spitalsmanager Berndt Martetschläger als Mitgesellschafter gewonnen werden. Anfangs lag der Fokus auf Projekten im Ausland, wobei vornehmlich in Polen und Kroatien eine Reihe von Projekten über einen mehrjährigen Zeitraum entwickelt wurde.

Der erste große Projekterfolg für hospitals kam jedoch im Inland und zwar in Form des Zuschlags für die Teilprivatisierung, Generalsanierung und den Ausbau und die Betriebsführung des Rehabilitationszentrums der Sozialversicherungsanstalt der Bauern (SVB) in Bad Gleichenberg (2005). Dieses Projekt wurde und wird mit Partnern betrieben. Der Erfolg dieses PPP-Modells führte dazu,

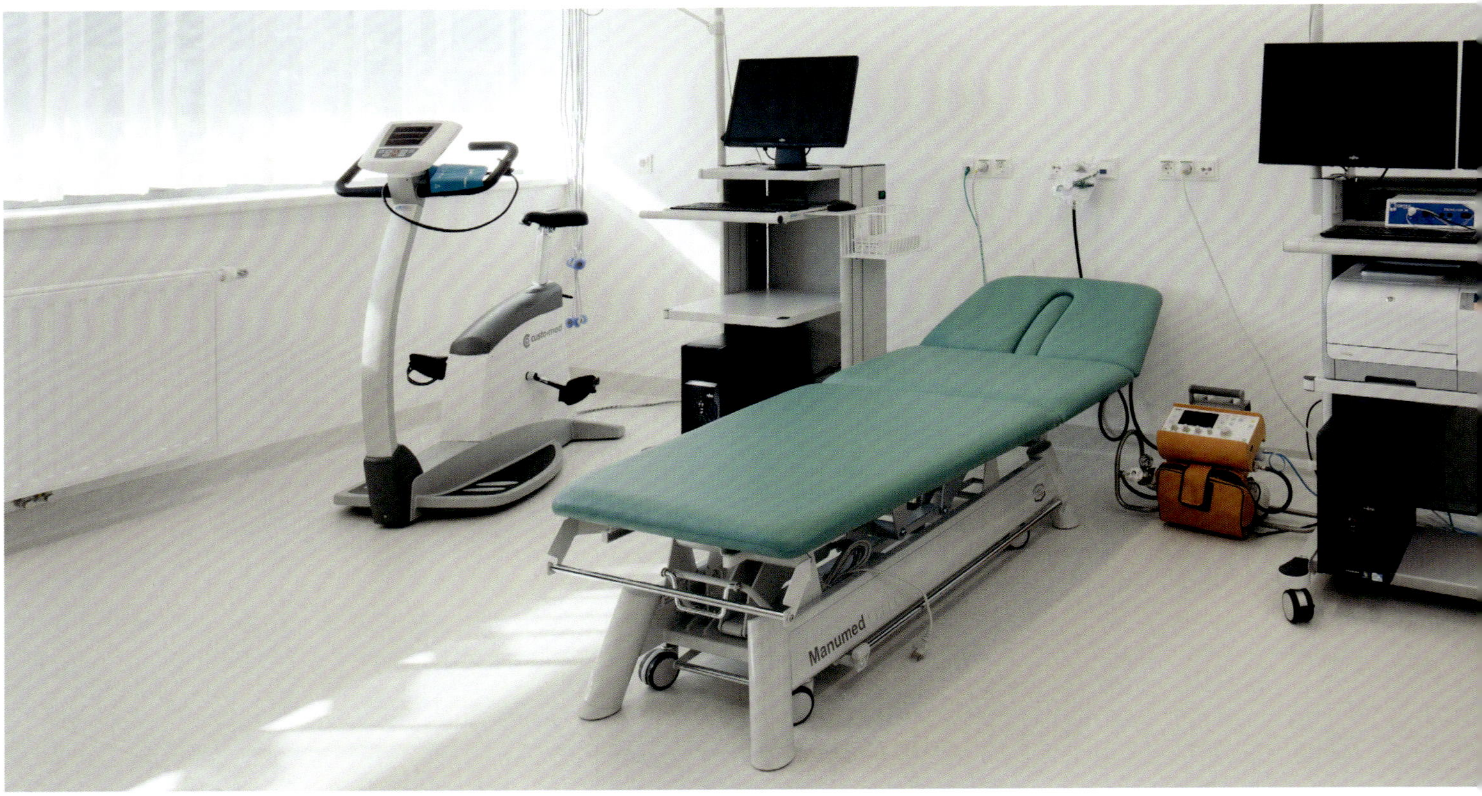

Reha-Zentrum Münster in Tirol, entwickelt, errichtet und betrieben von hospitals

dass mit Jahresbeginn 2010 weitere vier Rehabilitationszentren der SVB in Baden/Wien, Bad Hall, Bad Schallerbach und Bad Gastein in ein analoges PPP-Modell mit den selben Partnern eingebracht wurden. Heute gehört diese Zusammenarbeit zwischen öffentlichen und privaten Trägern zu den größten und erfolgreichsten Beispielen für Public-Private-Partnership im österreichischen Gesundheitswesen.

Parallel zu den Entwicklungen im PPP-Bereich hat hospitals im Spätherbst 2009 den Grundstein für ein 250-Betten-Reha-Zentrum in Münster in Tirol gelegt, um dem traditionellen Mangel an Reha-Betten im Westen Österreichs zu begegnen. Generalunternehmer dieses 35-Millionen-Euro-Projekts war die Arge Porr-Ortner. Auch dieses Haus, das hospitals gemeinsam mit Humanocare betreibt, entwickelt sich seit der Eröffnung Mitte 2011 prächtig.

Schließlich wurden in den letzten beiden Jahren (2011/2012) die Akquisitionsaktivitäten in Polen wieder massiv intensiviert und ein eigens Tochterunternehmen mit Sitz in Warschau und einem polnischen Business-Development-Manager gegründet. Es ist zu erwarten, dass noch im ersten Quartal 2013 in der Umgebung von Gliwice (Gleiwitz) ein Zentrum für Kardiologie und minimalinvasive Chirurgie in Bau gehen wird. Generalunternehmer wären Porr Polska und die TKT.

hospitals ist damit in den letzten Jahren zu einem fixen Bestandteil der österreichischen Gesundheitswirtschaft geworden und blickt auf eine erfolgreiche Weiterentwicklung sowohl im Inland als auch in ausgewählten Ländern Europas.

Die Fakten 2012:

Anzahl Reha-Betten in der Gruppe:
935 Betten in 6 Krankenanstalten
Anzahl Mitarbeiter in der Gruppe: 740
Umsatz in der Gruppe: 65 Millionen €

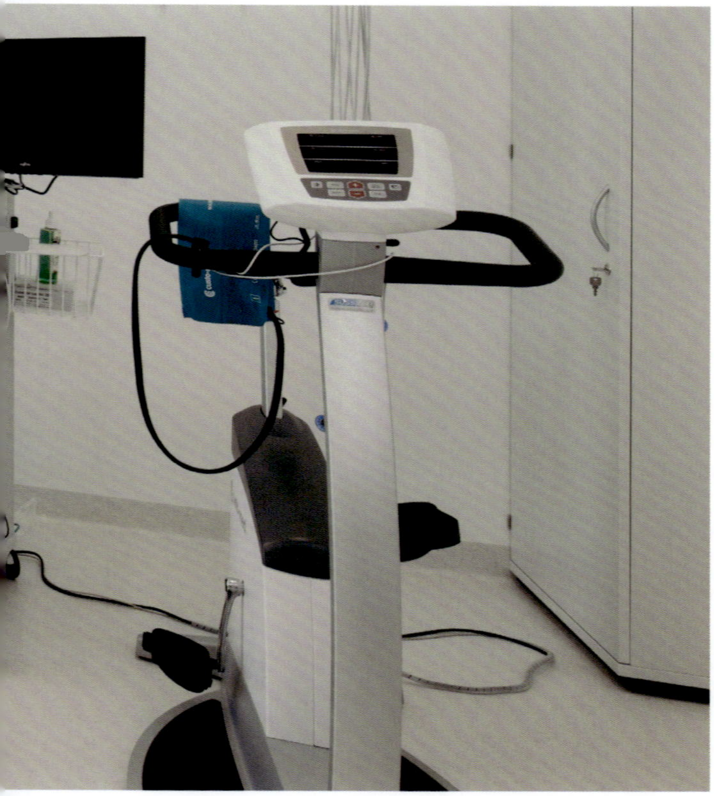

Medizinischer Training-Therapie-Raum im Rehabilitationszentrum Münster

„Vor dieser Leistung kann man nur den Hut ziehen!"

Siemens-Generaldirektor Ing. Wolfgang Hesoun über die Entwicklung der IGO-Ortner Gruppe.

Als Siemens-Generaldirektor gilt Ing. Wolfgang Hesoun nicht als Mann der Übertreibungen, sondern er formuliert eher präzise wie ein Uhrwerk. Zahlen hat er parat, klare Argumente ebenso. Seit 1. Oktober 2010 ist er Chef von Siemens Österreich, zuvor war er viele Jahre Manager bei der Porr, in den letzten Jahren vor seinem Wechsel zu Siemens sogar deren Generaldirektor.

Wie reagiert der so routinierte Hesoun aber, wenn es um eine ganz persönliche Frage geht? Beispielsweise, was er über den Unternehmer Klaus Ortner denkt?

Wolfgang Hesoun, elegant wie immer, zögert keine Sekunde mit der Antwort: „Ich habe ihn im Jahr 1988 kennengelernt – und zwar durch die Zusammenarbeit im Rahmen der Generalunternehmerplanung. Ich war damals bei der Porr und wir haben den Bereich der Umwelttechnik auf- und ausgebaut. Da kam mir mit Dipl.-Ing. Klaus Ortner ein richtiger, kerniger Tiroler Unternehmer entgegen. Und zwar einer, der angetreten ist, die damalige Phalanx der großen Installateure in Ostösterreich aufzurollen."

Die Konkurrenz zu dieser Zeit schien übermächtig, bestens vernetzt und kaum zu verdrängen. Und doch hat es Klaus Ortner geschafft, sich durchzusetzen. Wolfgang Hesoun: „Alle, alle sind sie inzwischen verschwunden – oder im Ortner-Reich aufgegangen. Vor so einer Leistung kann man nur den Hut ziehen! Aus einem kleinen Betrieb durch vollsten persönlichen Einsatz so etwas aufzubauen, ist mehr als respektabel. Ortner ist in allen, oft auch sehr harten Verhandlungen stets glaubwürdig geblieben, er war sich auch nie zu blöd, um Dinge rasch in Ordnung zu bringen, wenn etwas nicht gepasst hat."

Im Bereich der Haustechnik landete eine Firma nach der anderen letztlich bei der IGO-Ortner Gruppe, angefangen von Bacon über die Elin und andere. Hesoun: „Er

Wolfgang Hesoun:
„Ich wünsche ihm, dass er vom Markt jene Anerkennung für sein Lebenswerk bekommt, die ihm auch zusteht."

ist im Laufe der Jahre zu d e m Marketplayer geworden, den es in diesem Bereich noch gibt. Heute kann er sich mit internationalen Unternehmen messen, in Österreich ist er selbst das Maß der Dinge geworden."

Eine Entwicklung, die sich nicht negativ auf die persönliche Relation ausgewirkt hat: „Uns hat eigentlich immer eine wechselseitige Wertschätzung verbunden. Was mir besonders imponiert hat: Ortner hat sich stets als handschlagfähig erwiesen, das ist in der heutigen Zeit wahrlich keine Selbstverständlichkeit. Dieser gegenseitige Respekt hat sich auch nicht verändert, als er sukzessive Aktienpakete an der Porr, deren Generaldirektor ich damals war, zugekauft hat. Er blieb, wie er immer war: Zielorientiert, hart, aber fair – und all das doch mit einer menschlichen Komponente. Ich wünsche ihm, dass er vom Markt jene Anerkennung für sein Lebenswerk bekommt, die ihm auch zusteht."

Rätselhaft erscheint Hesoun die „irrsinnige Energie", die Ortner immer wieder ausstrahlt: „Er ist für mich der Prototyp eines Selbstständigen – und zwar in einem uneingeschränkt positiven Sinn. Wenn wir mehr Unternehmer von dieser Art hätten, dann hätte unser Land viel weniger Probleme . . ."

„Ortner hat die Porr wachgeküsst, das ist überhaupt keine Frage!"

Topmanager Horst Pöchackers Erinnerungen an seine Geschäfte mit Klaus Ortner.

Viele Jahre hindurch war Horst Pöchacker ein routinierter und umsichtiger Generaldirektor der Porr. Heute sitzt er in seinem Büro im Verkehrsministerium, weil er als Aufsichtsratschef der ÖBB agiert. Wenn er so zurückblendet und sich vergangener Zeiten entsinnt, so war das damals keine ganz einfache Aufgabe: „Die Porr hatte immer wenig Kapital gehabt. Für die damals vielen Aktionäre der Porr war das Unternehmen eher ein Randthema. Für eine Länderbank, eine Wiener Städtische, für die Stadtwerke etc. Daher war es immer mein Bemühen, Einvernehmen unter den unterschiedlichen Aktionären herbeizuführen, aber bis zu einer Kapitalerhöhung hat das Einvernehmen nicht gereicht . . ."

Dafür runzelten die Aktionärsvertreter meist gegen Jahresende die Stirn: Wie hoch ist die Rendite? fragten sie und zeigten sich enttäuscht. Was machen wir mit dieser Beteiligung, überlegten sie weiter. Was sind die Immobilien wert? Und sie reagierten schockiert, als ihnen die Risken des Projektgeschäfts erläutert wurden. „Um Gottes willen" stöhnten sie. „Eine geringe Rendite, aber ein riesiges Volumen?" Das flößte den Bankern eher Angst ein.

Im Jahr 2000 kam dann überhaupt die ganz große Wende. Pöchacker: „Da war plötzlich jede Substanzbewertung Schnee von gestern, es ging nur noch um maximalen Ertrag. „Was, in der Bauindustrie liegt der Gewinn in Prozent vom Umsatz bei mickrigen ein bis zwei Prozent? Es gibt genug Branchen, wo man zehn bis 25 Prozent verdient!"

Keine lustige Situation für einen Porr-General. Aber just da kam die große Stunde von Klaus Ortner. Pöchacker: „Ich kannte Klaus Ortner schon lange als höchst zuverlässigen Lieferanten, als Haustechnikspezialfirma, mit der wir nie Probleme hatten." Und just dieser Klaus Ortner hat sich damals Bankenwertpapiere gegen Aktien an der

Horst Pöchacker:
„Das Zusammenspiel zwischen Bau und Haustechnik, sowohl was Termine als auch was Qualität anlangt, ist meist entscheidend für den Gesamterfolg."

Porr eingetauscht. Einfach so. Damit hat er die Porr wachgeküsst und auch noch 35 Millionen Euro investiert. Diese Nachricht war besser als jede Due Diligence. Die Leute haben sich gesagt: „Wenn der Ortner dort investiert, dann ist das ein enormer Vertrauensbeweis, der schmeißt doch sein Geld nicht beim Fenster hinaus!"

Auf einmal waren Porr-Aktien auf dem Kapitalmarkt „sexy" und mit positiven Erwartungen aufgeladen.

Aber: Kann ein Porr-Aktionär weiterhin auch Porr-Lieferant bleiben? Ja, er konnte, denn im Aufsichtsrat wurde diese Frage sauber geklärt: Jeder Auftrag muss transparent ablaufen und beschlossen werden. Das machte auch Sinn, denn Ortner galt stets als hochgeschätzter Lieferant. Pöchacker: „Er war immer zuverlässig. Er hat die Termine eingehalten und er hat die vereinbarten Kosten nicht überschritten. Große Bauvorhaben bedürfen immer einer exakten Koordinierung – da ist eine Haustechnikfirma, die wie ein Uhrwerk liefert und funktioniert, von entscheidender Bedeutung. Das Zusammenspiel zwischen Bau und Haustechnik, sowohl was Termine als auch was Qualität anlangt, ist meist entscheidend für den Gesamterfolg."

Aber Ortner war nicht nur verlässlich, sondern er hatte stets seine Firma auch „im Kopf". Pöchacker zeigt sich heute noch verwundert: „Der hat mir immer viele Fragen über alle möglichen Details gestellt. Er selbst wusste offenbar alles, ich bei unserer Betriebsgröße natürlich nicht mehr. Das schien ihn zu irritieren. Erst als seine Firmengruppe dann gewachsen und gewachsen ist, erging es ihm dann ähnlich . . ."

Der selbstkritische Unternehmer

Klaus Ortner ließ sich von der Größe der Porr damals jedenfalls nicht beeindrucken. Pöchhacker entsinnt sich eines für Ortner typischen Satzes: „Die Bauindustrie ist ein größenwahnsinniges Gewerbe." Womit er ausdrücken wollte: Bauunternehmen müssen, egal wie groß sie auch sind, stets flexibel bleiben. Als Industrie – auch mit internationaler Expansion – läuft man Gefahr (siehe Maculan), den großgewordenen Dimensionen zu erliegen. Bis zum heutigen Tag versucht Klaus Ortner stets die Bodenhaftung zu behalten und sich nicht von irgendwelchen Zahlen zu sehr beeinflussen zu lassen.

Und Pöchacker stellt seinem früheren Lieferanten und späteren Großaktionär auch rückblickend ein Vorzugszeugnis aus: „Ich kenne wenige, die so kompetent und so fleißig sind wie er. Sie können mit Ortner sieben Tage in der Woche rund um die Uhr immer übers Geschäft reden – selbst wenn es Mitternacht sein sollte . . ."

Dass er so „fokussiert" ist, sei ein wesentlicher Teil seines beruflichen Erfolgs. Er wurde dabei aber nie zum (privaten) Langweiler, weil er sich vor allem als Kunstsammler auch mit Themen abseits der Aufträge und Bilanzen leidenschaftlich befasste.

Dennoch blieb er stets das krasse Gegenteil eines Party-Tigers, über edle private Einladungen (auch mit musikalischer Umrahmung) ging es nie hinaus.

Seine Freunde und guten Bekannten wissen: Klaus Ortner ist ein strikter Anti-Alkoholiker. Pöchacker: „Ihn einmal dazu zu bringen, dass er auch nur ein Achterl Wein trinkt, das stellt schon einen Gewaltakt dar. Dafür kennt er, glaube ich, sämtliche Apfelsaftsorten, die es weltweit gibt. Der ist immer hellwach und stocknüchtern . . ."

„Klaus Ortner hat das einzig Richtige gemacht."

Professor Alexander Van der Bellen über seine gemeinsame Schulzeit mit Klaus Ortner, warum er Studiengebühren einführen würde und wer die Schuld an der Finanzkrise trägt.

GEWINN: *Herr Professor, Sie haben vor 50 Jahren gemeinsam mit Diplomingenieur Klaus Ortner in Innsbruck maturiert. Wie ist Ihnen die Zeit am Akademischen Gymnasium in Erinnerung?*

VAN DER BELLEN: Gute Erinnerungen habe ich mehr an unsere damalige Klasse als an die Lehrer. Wir waren vom Durchschnitt der Leute eine sehr gute Klasse. Bei den Lehrern war es total unterschiedlich. Der Direktor, mit dem ich ausschließlich negative Erfahrungen hatte, war stockkonservativ und altmodisch. Andererseits war zum Beispiel Herr Gerber, unser Mathematiklehrer und langjähriger Klassenvorstand, ein sehr anständiger Mensch, den ich auch später an der Uni als Lektor wiedergesehen habe. Positiv in Erinnerung ist mir, dass es keine Form von Diskriminierung mir gegenüber gab. Ich war evangelisch und die überwältigende Mehrheit natürlich katholisch. Außerdem habe ich erst 1959 die österreichische Staatsbürgerschaft bekommen und war davor Este. Der einzige Este auf dem Gymnasium in Innsbruck.

GEWINN: *Klaus Ortner ist nach der Matura an die ETH Zürich gegangen, um Maschinenbau zu studieren. Sie haben in Innsbruck studiert. War das Ausland für Sie keine Option?*

VAN DER BELLEN: Mich hat gewundert, dass Klaus Ortner an die ETH gegangen ist. Das Fach, an dem ich fast gescheitert bin und nur mit Nachhilfestunden überlebt habe, war darstellende Geometrie. Aber ich kann mich nicht erinnern, dass er darin gut war (lacht). Die ETH hat er dann mit Glanz absolviert. Das hat mich beeindruckt. Meine Situation unterschied sich allerdings drastisch von der meiner Klassenkameraden. Im Juni haben wir maturiert, im Oktober habe ich geheiratet und wir haben unser erstes Kind erwartet. Da hatte ich andere Sorgen, als im Ausland zu studieren.

Werden die Studienplätze strikt begrenzt und stehen daher mehr Mittel pro Student zur Verfügung?

VAN DER BELLEN: Ich war im Herbst 2011 mit einer Delegation in der Schweiz und habe unter anderem die ETH Lausanne besucht, die sich innerhalb von zehn Jahren von einer relativ unbedeutenden Uni zu einer Spitzenhochschule entwickelt hat. Die ETH muss alle Schweizer mit Maturazeugnis aufnehmen. Allerdings gibt es nach dem ersten Jahr massive Prüfungen. Wer dort nicht besteht, muss das ganze Jahr wiederholen. Auf diese Art kommen ungefähr 70 Prozent der Studierenden weiter.

GEWINN: *Das klingt nach der klassischen Drop-out-Prüfung, die man doch auch von heimischen Unis kennt.*

VAN DER BELLEN: Ich halte das hehre Bild des freien Hochschulzugangs für eine Illusion. Nach dem ersten und zweiten Semester sind es immer viel weniger Studenten. Ob die Schranke schon vor dem Eingang besteht oder ob ich ein oder zwei Zimmer schon durchschritten habe, ist eine pragmatische Frage, aber keine ideologische. Wenn ich ein ernstzunehmendes Zulassungsverfahren habe, ist das für die Studierenden vielleicht sogar günstig. Wenn ich klar sage: Das kommt auf dich zu, diese Voraussetzungen brauchst du, warum willst du das studieren? Wenn ich in Harvard oder Yale anfangen will, setzen sich die Unis stundenlang mit mir auseinander.

„Der Staat ist kein Privathaushalt."

GEWINN: *Das Renommee einer ausländischen Uni hätte Sie aber gereizt?*

VAN DER BELLEN: Natürlich. Klaus Ortner hat das einzig Richtige gemacht. Er hat an einer Universität mit hervorragendem Renommee ein Fach studiert, das ihn interessiert hat und das wichtig für ihn war. Ich hingegen bin beim Wirtschaftsstudium gelandet und wusste nicht, dass ein Wirtschaftsstudium in Innsbruck Anfang der 1960er-Jahre das Letzte war. Wir waren alle Autodidakten. Das hat sich erst ab Mitte der 1960er-Jahre gewandelt. Die ersten drei Jahre waren verlorene Jahre.

GEWINN: *Die ETH Zürich gilt als eine der renommiertesten Unis der Welt. Warum schafft das keine heimische Uni?*

VAN DER BELLEN: Wie Sie es auch rechnen, die ETHs haben das Drei- oder Vierfache an finanziellen Mitteln gegenüber einer Technischen Uni in Österreich. Das wirkt sich aus.

GEWINN: *Warum funktioniert die Finanzierung dort besser?*

GEWINN: *Das System der Unis in den USA ist aber auch deutlich verschulter. Ist das der Weg, um die Studentenmassen in geordnete Bahnen zu lenken?*

VAN DER BELLEN: Ich halte das für eine Frage der richtigen Balance. Das totale Chaos wie in Innsbruck Anfang der 1960er-Jahre fördert nicht die Kreativität, sondern die Zeitverschwendung. Umgekehrt kann die strenge Verschulung auch nicht der richtige Weg sein.

GEWINN: *Die Unternehmen klagen über den Mangel an Technikern. Studien mit guten Jobaussichten wie Technik oder Naturwissenschaften sind nicht überlaufen. Ist das Problem die Verteilung der Studierenden?*

VAN DER BELLEN: Wenn es mangelndes Interesse gibt, dann fürchte ich, liegt die Ursache in den Schulen. Jemandem mit 18 zu erklären, dass ein naturwissenschaftliches oder technisches Studium das Richtige wäre, ist ein bisschen spät. Meine volle Bewunderung für Klaus Ortner und die ETH. Unser Physikprofessor kann das Interesse in ihm unmöglich geweckt haben. Der war knapp vor der Pensionierung und hat uns erklärt, dass ein Flugzeug zwei Flügel und ein Fahrwerk zum Landen hat.

GEWINN: *Sie haben als eines der Hauptprobleme die finanzielle Unterversorgung der Unis angesprochen. Wie soll man das in Zeiten des Spardrucks ohne Studiengebühren finanzieren?*

VAN DER BELLEN: Im Wesentlichen ist der Bund gefordert. Alles andere ist eine schöne Zugabe. Ich persönlich bin ein Befürworter von Studiengebühren. Man muss sich aber im Klaren sein, dass das allein die Unis nicht saniert. Über den Daumen gerechnet: Wir haben rund 300.000 Studierende. Bei 500 Euro Studiengebühren pro Semester würden wir auf 300 Millionen pro Jahr kommen. Bei der Einführung von Gebühren könnte aber die Zahl der Studierenden und damit der Einnahmen wieder zurückgehen. Das Ziel wären zwei Prozent des BIP für den tertiären Sektor. Da reden wir nicht von 300 Millionen, sondern von 1,5 bis zwei Milliarden Euro jährlich zusätzlich. Früher hätte man gesagt, das Geld ist über eine Verwaltungsreform aufzutreiben. Das erste Mal Mitglied in einer Verwaltungsreformkommission war ich im Jahr 1979. Viel hat sich seitdem nicht getan. Ich kann mir aber auch eine zweckgebundene Erbschaftssteuer vorstellen.

GEWINN: *Eine Möglichkeit zur Querfinanzierung wären auch Vermögenssteuern. Klaus Ortner hat mit Ihnen schon als Student über Vermögenssteuern diskutiert. Wie stehen Sie heute dazu?*

VAN DER BELLEN: Meine Priorität liegt bei Erbschaftssteuern, erst in zweiter Linie bei Vermögenssteuern. Für Erbschaftssteuern spricht, dass sie am wenigsten konjunkturschädlich sind, sie fallen nur einmal an, treffen nur bestimmte Personen. Deshalb geht die Konsumneigung der Volkswirtschaft nicht zurück. Und es ist eine Förderung der langfristigen Chancengleichheit. Bei Vermögenssteuern muss man schon aufpassen: Was ist die Grenze, wird die Substanz besteuert, was mache ich mit Leuten, die ein hohes Vermögen, aber kein Einkommen haben? Bei der Erbschaftssteuer sehe ich hingegen die Probleme nur bei Firmenübergaben. Das könnte man zum Beispiel durch Stundung auf zehn Jahre oder Ratenzahlung lösen.

GEWINN: *Ein erfolgreicher Unternehmer will naturgemäß das erarbeitete Vermögen ungeschmälert an die nächste Generation weitergeben. Gibt es andere Bereiche, wo Sie Spielraum für Steuersenkungen für Unternehmer sehen? Etwa durch die Entlastung des Faktors Arbeit?*

VAN DER BELLEN: Es gibt einige Steuern, die auf den Lohn aufgeschlagen, aber nur vom Unternehmer bezahlt werden, etwa Beiträge zum Familienlastenausgleichsfonds oder zur Wohnbauförderung. Diese Abgaben sind aber durch die Bank zweckgebunden. Spielraum sehe ich auf der steuerlichen Seite nur bei den Erbschafts- und Vermögenssteuern oder bei Umwelt und Energie. Würde man dort mehr einnehmen, könnte man die arbeitsbezogenen Steuern senken.

GEWINN: *Wie bleibt der Standort Österreich für die Industrieunternehmen attraktiv, wenn es höhere Abgaben bei Energie und Umwelt gibt?*

VAN DER BELLEN: Im Falle Österreichs ist die Industrie nicht das Problem bei den CO_2-Emissionen. Wir haben es mit zwei Großemittenten zu tun, der Verkehr und die schlechte Wärmedämmung bei Häusern. Wenn ich die beiden Dinge in den Griff bekomme, ist die Industrie mein kleinstes Problem.

GEWINN: *Hört die Politik zu wenig auf die Forderungen der Unternehmer, gerade in wirtschaftlich schwierigen Zeiten? Oder zu viel?*

VAN DER BELLEN: Politik ist ein eigenes Geschäft. Wenn jemand glaubt, weil er geschäftlich erfolgreich ist, wird er in der Politik erfolgreich sein, wird er auf die Nase fallen. Da würde ich hohe Beträge wetten. Zweitens: Bei den wirklich großen Fragen ist es meistens so, dass wir volkswirtschaftliche Expertise brauchen, aber nicht betriebswirtschaftliche. Die Metapher von der schwäbischen Hausfrau, die ihren Haushalt in Ordnung hält und deswegen muss der Staat das genau so machen, ist falsch. Das kann zu groben Irrtümern in der Politik führen. Der Staat ist kein Privathaushalt.

GEWINN: *Seit der Schuldenkrise wünschen sich aber viele Menschen, dass Staaten wie ein Privathaushalt geführt werden.*

VAN DER BELLEN: Das ist der größte Unsinn. Wer hat uns denn da reingeritten? Jeder, der von der Verschuldungskrise spricht, hat Griechenland im Kopf. Das ist ein Sonderfall. Irland und Spanien sind viel typischer für die Krise. Dort ist die Krise nicht durch den staatlichen Sektor, sondern durch die Banken entstanden, durch privates Verhalten, die unkontrollierte Kreditvergabe und ein Versagen der Finanzmarktaufsicht. Irland und Spanien waren die einzigen Länder, die die Maastricht-Kriterien bis dahin geradezu sklavisch eingehalten haben. In Wahrheit hätte man die Kreditvergabe bremsen müssen, z. B. durch simple Maßnahmen wie Kreditabgaben.

Vet. Med. Universität Wien,
errichtet von Porr als GU, sanitärtechnische
Anlage und Medienversorgung von Ortner

„Ich kann schon die Leute arbeiten lassen. Aber wenn jemand was von mir wissen will, dann kriegt er auch eine Antwort. Ob er dann will oder nicht . . .“

Dipl.-Ing. Klaus Ortner

Was ich öffentlich nie sagen würde . . .

Selbstbeweihräucherungen überlässt Klaus Ortner gerne lächelnd den anderen: Sie verraten viel von Eitelkeit und menschlicher Schwäche, da er nicht gerne im Rampenlicht steht, will er allzu Persönliches auch gerne aussparen.

Was aber bei einem so umfassenden Werk wie im Vorliegenden nicht durchhaltbar ist: Wer die Unternehmensgeschichte bis ins Detail ausleuchtet und auch kritische unternehmerische Phasen wiedergibt, der braucht auch ein „Gespür“ für eine Persönlichkeit, abseits der „Maske“, die im Unternehmensalltag aufgesetzt wird.

Wer Klaus Ortner bittet, Persönliches zu nennen, etwas, das er nie in der Öffentlichkeit sagen würde, erntet zunächst einmal blankes Unverständnis. „Was zu sagen ist, wird ohnedies gesagt und mehr zu sagen gibt es nicht.“ Aha. Oder doch?

Beginnen wir mit dem Alltag. Seit Jahrzehnten sitzt Klaus Ortner täglich schon um sieben Uhr früh in seiner Firma. Er weiß, dass seine Liebe zum Detail Stärke und Schwäche zugleich ist. Je größer die Firmengruppe, desto

Dipl.-Ing. Klaus Ortner im neuen Büro in Wien: Im Penthouse Am Hof laufen nun die Fäden zusammen

strategischer muss agiert werden. Er hält sich für lernfähig genug, auch diesen Veränderungsprozess hinzubekommen.

In der Schule war er stets besonders gut unterwegs, an der ETH in Zürich benötigte er nur die Rekordzeit von neun Semestern, um Maschinenbau zu studieren. Bei einer einzigen Prüfung jedoch ist er in seinem Leben mit Bomben und Granaten durchgefallen: Und zwar bei der Aufnahmeprüfung für das städtische Konservatorium in Innsbruck, wo er im Klavierspiel angetreten war. Was ihn heute erheitert und keineswegs die Liebe zur Musik vergällt. Zwölf Jahre lang spielte er Klavier, hat es dabei jedoch nie zu etwas gebracht.

„In Moskau müssten Sie bei einer Unternehmensübername drei Jahre lang verhandeln, um dann zu einem überhöhten Preis ein Wrack angeboten zu bekommen."

Dipl.-Ing. Klaus Ortner

Dafür konsumiert Klaus Ortner heute Musik lieber als passiver Liebhaber.

In Gesellschaften geht er ohne Überschmäh durchaus auf die Leute zu, nur Arrogante sind ihm zutiefst zuwider. Er selbst bleibt stets „verhandlungsbereit", er trinkt keinen Tropfen Alkohol, beherrscht den Small Talk durchaus, kann aber auch um zwei Uhr früh noch messerscharf kalkulieren, sollte es zur Sache gehen.

Seine Freunde aus der Schweiz hat er auch heute noch, sie haben ihm im internationalen Geschäft auch gute Tipps geben können. In manchen Regionen Südosteuropas hat er das Gefühl, „dass jeder jeden betrügt" und auch sein Büro in Moskau steht auf der Schließungsliste („dort müssten Sie bei einer Unternehmensübername drei Jahre lang verhandeln, um dann zu einem überhöhten Preis ein Wrack angeboten zu bekommen").

Beim Sport hält es Klaus Ortner eher mit Churchill:

„Geld will ich haben als Sicherheit, aber ich habe weder eine Yacht, noch ein Flugzeug, das will ich mir nicht leisten."

Dipl.-Ing. Klaus Ortner

„Ich schwimme und ich fahre auch Ski, aber wenn es anstrengend wird, höre ich auf . . ." Abgesehen davon lebt Klaus Ortner extrem diszipliniert, was seinen Führungsstil anlangt, so übt er sich schmunzelnd in Selbstkritik: „Ich kann schon die Leute arbeiten lassen. Aber wenn jemand, was von mir wissen will, dann kriegt er auch eine Antwort. Ob er dann will oder nicht . . ."

Von Stiftungen hält er herzlich wenig („das ist eine Form der Entmündigung der Erben"), Geld soll genug da sein, um gut zu leben, alles andere fällt in den betrieblichen Bereich. „Geld will ich als Sicherheit haben, aber ich habe weder eine Yacht, noch ein Flugzeug, das will ich mir nicht leisten."

Die Kunst hingegen schon, und da hat Klaus Ortner eine bei Kennern hochgeschätzte Sammlung im Lauf der Jahre aufgebaut – wieder etwas, was ihm die Wiener Society nicht zugetraut hätte. Heute beneiden sie ihn um seine Schätze und den Kunstsinn, der dabei zum Ausdruck kommt. Und obwohl das gänzlich privat ist, ist es uns gelungen, Herbert Giese für einen Beitrag zu diesem Thema auf den folgenden Seiten zu gewinnen.

Die Gebäude in denen seine Firmen tätig sind, gehören üblicherweise ihm bzw. den Unternehmen, da schätzt er Eigentum.

Also ein Mann ohne jede Schwäche? Nicht ganz. Seine Büros waren stets funktionell und schmucklos. In Innsbruck, dann am Beginn und selbst in weiterer Folge in Wien. Bezeichnenderweise residierte er lange in Meidling ausgerechnet in der Biedermanngasse, was schöne Zentralen sein können, entdeckte er erst anhand der von ihm gekauften Konkurrenten.

Bis er sich schließlich doch einen kleinen Luxus leistete: Er mietete von der Generali das vielleicht schönste Penthouse Am Hof in Wien, von wo aus er nun seine Fäden zieht. Lange haben die Wiener getuschtelt, wer dort wohl einziehen werde, jetzt wissen sie es.

Und Klaus Ortner genießt es mit dem für ihn typischen Understatement. So nach dem Motto: Eigentlich geht es ja niemand was an, aber wenn sie es schon wissen, dann spielt es auch keine Rolle und ich stehe selbstbewusst dazu.

Mehr als ein Ausgleich

DR. HERBERT GIESE

Galerie Giese & Schweiger

Dr. Herbert Giese, Kunstexperte, zur Sammlung Ortner.

Es gibt ein Vorstellungsbild vom erfolgreichen Industriellen, der auch Kunst sammelt. Umfassend, veröffentlicht, Image pflegend. Da wird schnell und gerne von Ausgleich zur täglichen Tretmühle gesprochen, vom Erholfaktor, von Entspannung, von einer benötigten Gegenwelt. Da wird das Kunstsammeln zu einer Art Vademecum stilisiert. Einer schicken, noch dazu erholsamen Freizeitbeschäftigung, die einem erfolgreichen Unternehmer durchaus ansteht. Solche Sammlungen werden auch gerne in die eigenen Unternehmen integriert, so als hätten sie dort eine wesentliche Funktion. Das bringt Prestige und gegebenenfalls so manche Abschreibungsmöglichkeit. Freilich wird Kunst – so behandelt – fast zur Beiläufigkeit, zu einem „Federl am Hut", wie es ein österreichischer Bundeskanzler einmal formuliert hat, zu etwas, das nicht durch sich, sondern durch die abverlangte Funktion wichtig wird.

In unserem Fall hat Kunst und das Sammeln von Kunst einen ganz anderen Stellenwert. Das beginnt schon damit, dass das, was gesammelt wird, kaum öffentlich gemacht wird. Es hängen zwar eine ganze Reihe von sehr guten Bildern in den eigenen Betrieben „herum" (von Franz Grabmayr etwa oder Jürgen Messensee), aber die sind bestenfalls Andeutung und dezenter Hinweis auf die Leidenschaft des Kunstsammelns. Für Klaus Ortner war Sammeln immer Privatsache. Schon um Privates und Betriebliches nicht ungebührlich zu vermengen, viel mehr aber noch, um sich den Freiraum zu bewahren, relativ unbeeinflusst sammeln zu können. Es ist so um vieles leichter, öffentlichem Druck auszuweichen. Man muss keine „Moden" mitmachen und auch von den sogenannten „Musts" des aktuellen Kunstbetriebes kann man sich fernhalten. Was zählt, sind die eigenen Augen, das eigene Gefühl, die Autonomie des auswählen könnenden Sammlers.

MARIA LASSNIG (geb. 1919)
„Feuerwehrfrau" (1983)
Öl auf Leinwand, 105 x 44,5 cm,
signiert

ALBIN EGGER-LIENZ (1868–1926)
„Tod und erster Bauer",
Teil von „Der Totentanz von Anno Neun" (1906/07, Erste Fassung)
Öl auf Leinwand, 102 x 78 cm,
signiert; betitelt: TOTENTANZ

Klaus Ortner hat früh begonnen, Bilder zu kaufen. Schon Anfang der Siebzigerjahre brachte er von den samstäglichen Besuchen in der Stadt immer wieder Beute heim. Durchaus überraschende Bilder. Bilder, die wie gegen den Strich gebürstet erschienen, die damals vielleicht etwas schräg wirkten, aber heute durchaus bestehen. Natürlich war am Anfang die optische Sensation Leitidee der Kaufentscheidungen: das farblich Extravagante, das Erzählerische, das Ungewöhnliche, aber eines stimmte schon damals, die malerische wie künstlerische Qualität.

Eine Sammlung ist auch Biographie. In unserem Fall die Biographie einer mittlerweile schon vierzigjährigen Auseinandersetzung mit Kunst. An ihr lassen sich Vorlieben wie Abneigungen feststellen, natürlich auch Einflüsse oder Sackgassen, aber ganz besonders auch die Entwicklung des Sammlers, das was er mitgebracht hat in diese ewige Liebschaft, das was er dazugelernt hat und vor allem, wie sich insgesamt Kennerschaft und Reife entwickelt haben.

Auf dem festen Fundament der Begeisterung wurden über die Jahre Entscheidungen getroffen, die von einem immer sichereren Wissens- und Gefühlsstand sprechen; die zeigen, dass hier einer aus Überzeugung und mit einer gewissen Sturheit sammelt, immer feinfühliger, qualitätsbewusster, autonomer.

Im Gegensatz zur Welt der Bilanzen und Betriebsentscheidungen kennt die Kunst keine messbaren Kriterien für Erfolg und Qualität. Sie lässt sich nicht abwiegen, zählen oder gar überprüfen, sie schreibt auch keine Wahrheiten fest oder einen Status quo. Sie ist vielfältig, unendlich interpretierbar und weicht jeder Rationalität aus wie die Katze dem Wasser. Ihr zu

EGON SCHIELE (1890–1918)
„Liegender Akt in gestreiftem Kittel" (1911)
Aquarell auf Papier, 44,3 x 30,6 cm,
signiert und datiert

„Eine Sammlung ist auch Biographie. In unserem Fall die Biographie einer vierzigjährigen Auseinandersetzung mit Kunst … "

Dr. Herbert Giese

RUDOLF VON ALT (1812–1905)
„Straße in Palermo"(1867)
Aquarell auf Papier, 55,2 x 39,3 cm,
signiert und datiert

begegnen, braucht ein ganz eigenes Instrumentarium: Sensibilität, die Bereitschaft Gefühle entscheiden zu lassen, einzudringen ins nicht Festgeschriebene. Für einen, der gewohnt ist, Entscheidungen zu treffen, Feuerwehr zu spielen oder Strategien zu entwickeln, ein reichlich „unsicherer" Boden und doch ein zweites Standbein, dem Leben zu begegnen. Das ist weit mehr als ein „Ausgleich", weit mehr als eine gefällige Freizeitbeschäftigung oder gar Hobby; das ist ein Ins-eigene-Ich-Hineinlassen spiritueller Kräfte, das Bejahen von Schwebezuständen, das Bekennen zur Uneindeutigkeit. Michel de Montaigne, dieser große Denker, Schreiber und Menschenfreund, der im 16. Jahrhundert angeschrieben hat gegen Dummheit und Boshaftigkeit, gegen Hochmut und Kleingeisterei, hat den Satz Sokrates' „Ich weiß, dass ich nichts weiß" um den Zusatz „und nicht einmal das weiß ich genau" ergänzt und damit vermutete Eindeutigkeit ad absurdum geführt. Kunst tut genau das auch. Sie führt uns zurück auf die Vielfalt an Wahrheiten. Und wenn man Kunst ernsthaft sammelt, lebt man mit diesem Wissen.

Die auch an Stücken reiche Sammlung beschäftigt sich vor allem mit der österreichischen Kunst der letzten zwei Jahrhunderte. Zentrales Thema ist der um 1900 stattgefundene Paradigmenwechsel in der bildenden Kunst. Der Wandel vom Abbild der Wirklichkeit zum Sinnbild unserer Vorstellungswelt. Sie illustriert die Wirklichkeitssuche des 19. Jahrhunderts wie die bildnerische Verwirklichung von Gedachtem und Empfundenem im 20. Jahrhundert. Die Entwicklung zahlreicher, neuer (mit der optischen Realität immer weniger am Hut habender) bildnerischer Sprachen und deren Anwendung in neuen Stilen. Von Rudolf von Alt und Karl Schuch über Egon Schiele und Oskar Kokoschka bis zu Markus Prachensky und Maria Lassnig spannt sich hier der Bogen. Ab und an akzentuiert durch Arbeiten internationaler Künstler: eines Paul Klee' zum Beispiel oder Georg Grosz', der Marianne Werefkin oder Pablo Picasso's.

Insgesamt eine Schatzkammer bildnerischer Auseinandersetzung mit der Welt, geeint und vereint durch Qualität und das Auge des Sammlers.

Palermo 8. Juni 67

AUTOREN: Dr. Herbert Giese, Prok. Dipl.-Ing. Heinz Gschnitzer, Dipl.-Ing. Dr. Manfred Gutternigg, Klaus Hilbert, Michael Hilti lic. oec. HSG, em. Univ.-Prof. Hans H. Hinterhuber, Dr. Herbert A. Hutar, Univ.-Prof. Dipl.-Ing. Hans Lechner, Mag. Friedrich Ruhm, Mag. Dr. Johann W. Seidl, Fini Trauttmansdorff, Prof. Dr. Georg Wailand, Mag. Robert Wiedersich, Dr. Michael Winischhofer

BILDNACHWEISE

akg-images: 19 1.v.l.
Pablo Picasso, Arlequin jouant de la guitare, 1914 © Succession Picasso/ VBK, Wien 2013; akg-images: 27 1.v.l.
Andreas Fischer: 194, 195, 197, 199
APA: 60 2. u. 3.v.l., 67 1.v.l., 69 oben l.,69 Mitte l., 74 2.v.l.,75, 82
APA/ullstein bild/Ullstein Bild/ picturedesk.com: 18,67 3.v.l.
APA/Österr. Nationalbibliothek/picturedesk.com: 19 2.v.l., 27 3. u. 4.v.l., 37 oben 3.v.l., 56,77
APA/United States Information Service/Österreichische Nationalbibliothek/picturedesk.com: 66 r.
APA/Science Source/PhotoResearchers/picturedesk.com: 19 3.v.l.
APA/allOver: 19 4.v.l.
APA/Everett Collection/picturedesk.com: 21 oben 1.v.l., 35 1.v.l.,37 oben 2.v.l.,50 4.v.l.,71,97
APA/TV-yesterday/Interfoto/ picturedesk.com: 21 oben 3.v.l., 37 oben l., 43 3.v.l., 66 l.
APA/Science Photo Library/ picturedesk.com: 21 unten, 91, 92
APA/ Science Source/PhotoResearchers/picturedesk.com: 50 2.v.l.
APA/Friedrich/Interfoto/picturedesk.com: 22 oben, 35 2.v.l., 36, 60 1.v.l., 74 1.v.l.
APA/akg-images/ picturedesk.com: 22 unten, 45, 50 3.v.l., 51, 60 4.v.l., 69 oben r.
APA/Ann Ronan Picture Library/TopFoto/picturedesk.com: 25
APA/action press/Action Press/ picturedesk.com: 95 2.v.l.
APA/SZ Photo/Scherl: 26, 29 oben l., 29 Mitte r., 33, 35 3.v.l., 39
APA/ullstein – ullstein bild/ picturedesk.com: 29 oben r., 34 r., 41, 87
APA/ullstein bild – Heinrich Hoffman/picturedesk.com: 50 1.v.l., 52,
APA/ullstein – BPA/Ullstein Bild/picturedesk.com: 61
APA/ullstein – Krohn/ Ullstein Bild/picturedesk.com: 76
APA/ullstein – Peters/ Ullstein Bild/picturedesk.com: 80
APA/ullstein – PAI-Foto.pl/ Ullstein Bild/picturedesk.com: 81 1.v.l.
APA/United Press International/eyevine.All Rights Reserved: 95 3.v.l.
APA/91040/dpa Picture Alliance/picturedesk.com: 29 Mitte l.
APA/91040/United Archives/ picturedesk.com: 81 2.v.l.
APA/91020/United Archives/ picturedesk.com: 31
APA/91050/United Archives/ picturedesk.com: 37 unten
APA/A2270 epa Ctk Libor Hajsky/dpa/picturedesk.com: 67 4.v.l.
APA/The Print Collector/ TopFoto/picturedesk.com: 32
APA/Mary Evans Picture Library 2010: 35 4.v.l.
APA/Ernst & Hilscher/Österr. Nationalbibliothek/picturedesk.com: 42
APA/Bildarchiv Hansmann/ Interfoto/picturedesk.com: 43 2.v.l.
APA/Marz/Interfoto/picturedesk.com: 46
APA/Roger Viollet/picturedesk.com: 47, 90
Oskar Kokoschka, Das rote Ei, 1938 © Fondation Oskar Kokoschka/VBK, Wien 2013; APA/ Victor Radnicky / Interfoto / picturedesk.com: 48
APA/amw/Interfoto/picturedesk.com: 49
APA/Interfoto/ picturedesk.com: 64
APA/The Image Works/Visum/ picturedesk.com: 69 Mitte r.
APA/Sammlung Dieter Meinhardt/Interfoto/ picturedesk.com: 57
APA/SOS-Kinderdorf/OTS: 59
APA/NASA/Eyevine/picturedesk.com: 68
APA/REX FEATURES/picturedesk.com: 69 unten
APA/Ducklau/dpa/picturedesk.com: 70
APA/Personalities/TopFoto/ picturedesk.com: 72, 86
Andy Warhol, Selbstportrait, 1970 © The Andy Warhol Foundation for the Visual Arts.Inc./VBK, Wien 2013; APA/ Binder / akg-images / picturedesk.com: 73
APA/Friedrich, Brigitte/SZ-Photo/picturedesk.com: 74 3.v.l.
APA/ War/TopFoto/picturedesk.com: 78
APA/AFP/picturedesk.com: 79, 81 4.v.l., 93, 98
APA/Robert Jäger: 81 3.v.l.
APA/MIKE SARGENT/AFP/ picturedesk.com: 83
APA/Kennedy Space Center, NASA/OTS: 84
APA/visum-images/Raupach: 88 1.v.l.
APA/PHILIP LITTLETOWN/AFP/ picturedesk.com: 88 3.v.l.
APA/TIMOTHY A. CLARY/AFP/ picturedesk.com: 94 1.v.l.
APA/Tamara Beckwith/Rex Features/ picturedesk.com: 94 2.v.l.
APA/KYODO NEWS/Action Press/picturedesk.com: 99
APA/KAMMERER, BERND/ Action Press/picturedesk.com: 100
APA/Eggenberger Gert/picturedesk.com: 95 unten
APA/KORCAK Vit/CTK/picturedesk.com: 119
Aqua Dome Therme Längenfeld: 166
BDO Austria GmbH.: 188 oben
EC: 88 4.v.l., 89, 101
Elin: 7 oben,144, 146 3.v.o., 161
Elin/Dürr: 146 1.v.o.
Emil P. Albrecht/National Geographic Society/Corbis: 30
Ernst Kainerstorfer: 190, 193, 196, 224, 226
Ernst Weingartner: 27 2.v.l.
Flughafen Wien AG/Roman Bönsch: 140
GEWINN: 185
Hilti AG: 113
Hilti AG/Roland Korner: 112
Hilti Austria GmbH.: 174, 175
Hinterhuber & Partners: 116
HTG Polska: 123, 127 r.,129
Infineon: 155
Klaus Hilbert Consulting: 176
kreatik – Fotolia.com: 117
Kunsthandel Giese & Schweiger, Wien: 228, 229, 230, 231, 233
MedAustron/Studio Baldauf: 157
2011 Miro Photography: 210
neig: 204 r.; neig.121018: 211
ÖBB Infrastruktur AG: 178
ÖNB: 34 l.
Ortner-Gruppe: 2, 3, 12, 17 unten, 20 unten, 28, 40, 44, 54, 63(4), 102, 103, 104, 107, 109, 124, 125, 127 l., 128(2), 130, 131 oben, 142, 149, 146 2.v.o., 152, 153 oben r., 153 unten(2), 156, 160, 162(2), 164(2), 165(4), 170 l., 182, 198, 201, 203(6), 204 l., 205(2), 206(2), 207, 208, 214, 215, 238, 240, 244
Ortner Gruppe/Ferdinand Neumüller: 163(2), 171,
Ortner-Gruppe/Peter Eder: 153 oben l.
Ortner-Gruppe/Sandoz: 15, 151, 169, 170 r., 177
Ortner Gruppe/2006 www.industriebild.at/Bildbearbeitung GEWINN: 138
Parlamentsdirektion/WILKE: 221
REUTERS/Alex Grimm: 95 1.v.l.
REUTERS/Lucas Jackson: 187
Stadt Innsbruck: 17 oben, 20 oben, 23, 29 unten, 43 1. und 4.v.l., 53, 62(2),67 2.v.l.
Studiohorst: 236
www.siemens.com: 115
TGA-Ingenieurgesellschaft Ebert und Scholze: 167
TMW – Technisches Museum Wien: 21 oben 2.v.l.,58,65
TR – www.pixelio.de: 94 3.v.l.
Trodat: 96
UBM: 126,131 unten,172
Vamed/Krause, Johansen: 154
voestalpine: 88 2.v.l.
Weywoda: 38
Wilke: 172
Schuppich Sporn & Winischhofer Rechtsanwälte: 184
Stephan Huger: 219
Studio Ehringer GmbH.: 85 l., 217
Pepo Schuster: 85 r., 94 4.v.l., 133, 135
Porr AG: Umschlag, 4, 6, 7 unten, 8, 9, 10, 11, 136, 158, 179, 183, 188 unten, 212, 242
Porr AG/ Krause, Johansen: 159, 223
Privat: 55
Archiv: 74 4.v.l.

IMPRESSUM

ISBN: 978-3-901184-47-5
EAN: 9783901184475

Erschienen im GEWINN-Verlag, Stiftgasse 31, A-1070 Wien
Coverfotos: Porr AG
Druck: Print-Sport Handels GmbH & Co KG, www.print-sport.at

INHALT

Vorwort von Klaus Ortner	10
Georg Wailand: „Ein Buch der besonderen Art"	11
Klaus Ortner: Ein Unternehmer, fest wie ein Handschlag – ein Porträt von Georg Wailand	12
Herbert Hutar: ORTNER – im Spiegel der Geschichte	17
1900: Aufbruch und Untergang – nach der Jahrhundertwende	18
1910–1920: Der Krieg wird industrialisiert – 17 Millionen Tote	27
1920–1930: Der Schilling kommt	35
1930–1940: Weltwirtschaftskrise und Krieg	42
1940–1950: Untergang des „Dritten Reiches" – Aufstieg des Westens	50
1950–1960: Aufbruch und Konjunktur	60
1960–1970: Kalter Krieg und Revolte der Jungen	67
1970–1980: Ölkrise und Terrorismus	74
1980–1990: Reaganomics und der Fall der Mauer	81
1990–2000: Österreich in der Europäischen Union	88
2000–2013: Von „9/11" zur großen Krise	94
Friedrich Ruhm: Familienunternehmen, aber nicht wegen der Familie	104
Michael Hilti: Familienunternehmen brauchen eine Familienstrategie	112
Klaus Ortner – ein Perpetuum mobile mit absoluter Verlässlichkeit, Mag. Brigitte Ederer im Gespräch mit Georg Wailand	114
Em. Univ.-Prof. Hans H. Hinterhuber: Erfolgsfaktoren der strategischen Unternehmensführung	116
Robert Widersich: Europa, für und wider. Und wieder	118
Robert Widersich: Von Polen über Kasachstan bis Ghana – internationale Projekte	122
„Man muss Altlasten beseitigen" – Porr-Chef Karl-Heinz Strauss im Gespräch mit Robert Widersich	132
Friedrich Ruhm: Faszination Technik – Anlagenbau und Gebäudetechnik	136
Friedrich Ruhm: „Der Reiz der Herausforderung"	147
Dipl.-Ing. Gerd Scholze: Voraussetzungen für ein energieeffizientes Gebäude	167
Nach der Fertigstellung: Serviceimpulse	168
Univ.-Prof. Dipl.-Ing. Hans Lechner: Bauen ist doch so einfach … oder? Projektmanagement als Lösung	172
Dipl.-Ing. Dr. Manfred Gutternigg: Eine langjährige strategische Partnerschaft – ein Wettbewerbsvorteil?	174
Klaus Hilbert: Der Einkauf zwischen Anspruch, Anforderung und Erwartung	176
Dipl.-Ing. Heinz Gschnitzer: Erfolgreiche Umsetzung von komplexen Bauvorhaben	178
Friedrich Ruhm: Tradition und Innovation, Kontinuität und Flexibilität	180
Dr. Michael Winischhofer: Wirtschaftsunternehmen in einer verrechtlichten Gesellschaft	184
Robert Widersich: Eigenkapital: Kein einziger Euro Kredit	186
Mag. Dr. Johann W. Seidl: Steuerklima für Familienunternehmen	188
Fini Trauttmansdorff: Mitarbeiter als intellektueller Schatz	190
Ein Bekenntnis zur Ausbildung von Lehrlingen – Iris Ortner und Oskar Kern über ein Mentoring-Programm	200
Fini Trauttmansdorff: Überblick: Ortner, seine Akquisitionen, deren Geschichte und Entstehung	202
„Vor dieser Leistung kann man nur den Hut ziehen!" – Siemens-Generaldirektor Ing. Wolfgang Hesoun im Gespräch mit Georg Wailand	216
„Ortner hat die Porr wachgeküsst, das ist überhaupt keine Frage!" – Horst Pöchacker im Gespräch mit Georg Wailand	218
„Klaus Ortner hat das einzig Richtige gemacht" – Professor Alexander Van der Bellen im Gespräch mit Robert Widersich	220
Was ich öffentlich nie sagen würde … – Klaus Ortner im Gespräch mit Georg Wailand	224
Dr. Herbert Giese zur Sammlung Ortner: Mehr als ein Ausgleich	228
Impressum, Autoren, Bildnachweise	234

Raum schaffen

Landeskrankenhaus Klagenfurt,
Die IGO-Ortner Gruppe hat die sanitär-,
heizungs-, klima- und elektrotechnischen Anlagen dazu beigetragen

Hochschule für Bodenkultur in Wien, Ortner hat die gebäudetechnischen Anlagen für alle drei Baustufen geliefert

Leistung fördern

Ideen verwirklichen

Therme Tauern SPA Kaprun – Zell am See, Freizeitzentrum und Hotel, die IGO-Ortner Gruppe ist an dieser Immobilie beteiligt und hat die gesamten haustechnischen Anlagen geliefert

Brücken in die Zukunft bauen

Schnellstraßenbrücke über die Drau bei der Stadt Ptuj, Slowenien, errichtet von Porr

ROYAL SPA
KITZBÜHEL